왜 우리는
행복을
일에서 찾고,

일을 하며
병들어갈까

ARBEIT
WARUM UNSER GLÜCK VON IHR ABHÄNGT UND WIE SIE UNS KRANK MACHT
by Joachim Bauer

© 2013 by Karl Blessing Verlag, a division of Verlagsgruppe Random House GmbH, München, Germany

Korean Translation Copyright © 2015 by Chaeck-Se-Sang Pub. Co.
All rights reserved.

The Korean language edition published by arrangement with Verlagsgruppe Random House GmbH, Germany through MOMO Agency, Seoul.

이 책의 한국어판 저작권은 모모 에이전시를 통해
Verlagsgruppe Random House GmbH사와 독점 계약한 책세상에 있습니다.
저작권법에 의해 한국 내에서 보호를 받는 저작물이므로
무단전재와 무단복제를 금합니다.

왜 우리는
행복을
일에서 찾고,

일을 하며
병들어갈까

번아웃 시대의 행복한 삶을 위하여

요아힘 바우어 지음 | 전진만 옮김

ARBEIT

—

WARUM UNSER GLÜCK VON IHR ABHÄNGT
UND WIE SIE UNS KRANK MACHT

책세상

차례

■제1장■ ⚡

일과 삶 : 공감하는 경험 또는 소외? · 9

'노동의 발명'에서 '신경제'까지 13 | 공명의 경험 또는 소외로서의
일 16 | 일을 하지 않는다고 해결되는 것은 아니다 : 가능성과 파괴,
두 얼굴의 일 19 | 일에 대한 찬반양론 : 구약성서에서 마르크스까
지 22 | 에른스트 윙거, 에른스트 블로흐, 한나 아렌트의 관점에서
본 인간의 노동 25

■제2장■ ⚡

일이 뇌를 만나다 : 신경생물학적으로 본 노동의 다양성 · 29

신체와 정신의 상호작용 32 | 동기체계 34 | 공감체계 37 | 두 가지
신경 스트레스 체계 42 | '고전적인' 스트레스 체계 43 | 디폴트 모드
네트워크(불안-스트레스 체계) 48 | '멀티태스킹 : ADHD 트레이닝
캠프' 52 | 공격 메커니즘과 우울 메커니즘 53 | '긴밀감' : 직장에서
의 의미 발견과 의미 상실 56 | 직업세계에서 안내 역할을 하는 신
경생물학 58

제3장 ⚡

노동환경 • 61

좋은 일, 나쁜 일 64 | 누가 일하는가? 그리고 얼마나? 66 | 비정규직과 미니잡, 낮은 임금 68 | 시간제 및 파견제 노동 70 | 빈곤의 위험과 가난 71 | 일반화된 노동 : 근무시간, 야간근무와 주말근무 72 | 육체적 고통과 정신적 고통 74 | 동료의식과 집단따돌림 75 | 누적화, 연속성의 단절 그리고 멀티태스킹 76 | 일자리 불안 78 | 기동성, 통근시간 78 | 사회계층에 따른 업무 부담 79 | 소진 81 | 일을 위한 도핑 82 | 휴직 사유로서의 정신 질환 83 | 휴직 사유로서의 일반 질환 85 | 노동으로 인한 소모 : 조기 은퇴 86 | 압박에 시달리는 직장인 : 〈2012년 독일 스트레스 보고서〉 87

제4장 ⚡

번아웃, 우울증, 스트레스 • 93

번아웃 연구의 시작 : 쿠르트 레빈 97 | 번아웃 증후군의 선구자 : 헤르베르트 프로이덴베르거 101 | 번아웃의 정의와 연구 영역 : 크리스티나 매슬랙 105 | 직무 스트레스 모델 : 카라섹, 테오렐, 샤우펠리, 데메루티, 지크리스트 108 | 직무 요구-통제 모델 110 | 직무 요구-자원 모델 112 | 노력-보상 모델 114 | 직무 스트레스 모델의 실증성 평가 115 | 번아웃과 우울증 : 교차점과 차이점 121

제5장

노동 세계에서 '신자본주의 문화'로 · 127

농업 국가와의 결별 130 | 기간산업으로서의 방직산업, 광산업, 철강산업 130 | 19세기~20세기 초반의 노동자의 삶 132 | 기계로서의 인간 : 소외와 테일러리즘 135 | 1945년 이후 : 사회복지 국가와 사회적 연대 138 | 1980년대와 그 후 : 신자본주의 문화 140 | 지속 상태의 불안정성 : '신자본주의 문화'의 결과 143 | 피로 사회의 협박? 146

제6장

노동과 여가 : 노동과 삶에 영향을 미치는 것에 대한 이론들 · 149

노동의 발명 153 | 노동력의 발명 157 | 자존감과 존엄성, 그리고 육체 숭배의 갈등 : 고대 그리스와 로마제국에서의 노동 159 | 나쁜 것은 없다 : 유대-기독교 전통에서의 노동 162 | '활동적 삶'과 '관조적 삶' : 중세 시대의 노동 165 | 종교개혁 : 노동의 해방과 새로운 강압 169 | 산업화의 전초전 : 베이컨, 로크, 흄, 스미스의 경제 이론 172 | 산업화 시대의 노동에 대한 관점 : 헤겔, 리카도, 마르크스 177 | 일중독에 맞선 폴 라파르그의 봉기 180 | 판타지와 대지 : 에른스트 윙거와 한나 아렌트의 노동 184 | '힘든 선'으로서의 노동 : 요한 바오로 2세와 교서 〈노동하는 인간〉 187

제7장

개인적 · 기업적 · 정치적 관점들, 그리고 양육의 의미 • 191

직장에서의 내적 태도와 행동 195 | 동료애와 리더십 203 | 기업 차
원의 노동자 건강관리 212 | 사회정치적 상황 216 | 양육과 교육 220
| 노동, 삶의 기쁨, 여유 225

주 230
찾아보기 286

일러두기

1. 이 책은 요아힘 바우어Joachim Bauer의 《왜 우리는 행복을 일에서 찾고, 일을 하며 병
   들어갈까Arbeit : Warum unser Glück von ihr abhängt und wie sie uns krank macht》(Karl
   Blessing Verlag, 2013)를 옮긴 것이다.
2. 원서에서 이탤릭체로 강조한 부분은 고딕체로 표기했다.
3. 주는 모두 미주로 처리했으며, 옮긴이의 주는 (옮긴이주)로 표시했다.

제1장

일과 삶 :
공감하는 경험 또는 소외?

"나는 완전히 망가질 수도 있었다. 거의 그랬다. 매일 아침 불안한 마음으로 일어나 두려움에 가득 차서 공장으로 갔고 노예처럼 일했다. 일요일이면 그 다음 날 다가올 일에 대한 두려움에 항상 짓눌렸다. 그것은 명령에 대한 두려움이었다."

_시몬 베유

일은 행복한 삶에 어떤 기여를 할 수 있을까? 이 책은 오늘날의 관점에서 이 질문에 답해보고자 한다. 우리에게는 일에 대한 새로운 생각, 새로운 논의가 필요하다. 일은 그 자체로 의미가 있을 뿐만 아니라 시대사마다 특별한 의미를 지니며 사람들 삶 속에서 크고 특별한 자리를 차지한다. 지금 우리의 일이 필요로 하는 노동 방식은 단지 한 세대 안에서 근본적인 변화를 겪었고, 앞으로도 계속해 변해갈 것이다.[1]

인간의 노동은 엄청난 생산 자원Ressource이다. 또한 창의력 발현의 공간이자 기쁨, 자부심, 인정, 사회적 연대감의 원천이다. 또 하나 덧붙이자면, 직업상의 활동은 개인의 정체성을 확립해가는 과정에서 본질적 요소로 작용한다. 이 책은 일이 인간에게 열어둔 잠재적 가능성을 진지하게 논하는 데 도움이 되고자 한다. 또한 오늘날의 변화된 환경에서 일에 동반되는 여러 위험성에 대해서도 들여다보고자 한다.

'오늘날의 일'을 특징짓는 것으로 가속화, 압박, 정보의 홍수, 노동의 파편화, 멀티태스킹, 유연한 소통 능력, 장거리 통근, 항시 연락 가능한 상태, (겉만 그럴싸하게 포장된) 고용 불안감 등이 있다. 하지만 필자는 이 특징들이 소위 '번아웃Burn-out' 현상하에서 어떻게 우리 사회에 광범위하게 확산되었는지를 언급할 생각은 없다. 동시에 일하는 사람들에게 늘 나타나는 중대한 (무엇보다 건강상의) 문제들을 비꼬거나 가볍게 여기지 않을 것이며, 최근 들어서는 그들의 정신을 어떻게 감정하는지도 다루지 않을 것이다.

현대사회에서 노동이 건강에 미치는 영향에 대해서는 오래전부터 연구되어왔다. 번아웃 증후군은 우울증과는 진단 양식부터 다르다. 20세기로 거슬러 올라가는 번아웃 증후군에 대한 학문적 연구는 제4장에서 상세히 다룰 것이다. 앞으로 언급하겠지만 건강상의 문제, 특히 정신적인 문제는 일터를 갖고 있는 사람뿐만 아니라 기꺼이 일하고 싶지만 일이 없는 사람에게도 나타난다. 자신과 가족을 부양할 수 없는 사람이나 자아실현, 삶의 가치 추구 등 일에 내포된 다양한 가능성을 확보할 수 없는 사람도 정신적인 재앙을 경험한다. 심지어 실직자들의 아이들까지도 이런 재앙에 말려든다. 왜냐하면 실직으로 인한 부모 세대의 우울증이 자식들에게 광범위하게 영향을 끼치기 때문이다.

일과 건강의 상관관계는 오래전부터 필자가 관심을 갖고 연구해온 분야다.[2] 그동안의 수많은 연구 프로젝트 중 베를린 산업안전보건부, 연방정부 산하기관과 공동으로 진행한 연구에서 필자는 업무에 수반되는 건강 장애의 원인을 조사하고 이에 대한 해결책을 모색해왔다. 이 연구 성과물들이 여러 국내외 학술지나 전문 저널을 통해 발표되었다. 이 책에서도 일의 내재적 위험성을 신경생물학·의학·심리학적 관점에서 분석하고자 한다. 하지만 문제 분석에 그치지 않고 더 나아가 일에 대해 고민하는 모든 사람들, 말하자면 기업가와 직원들, 임원들, 고용주와 종업원들, 노동조합원들과 정치인들이 고민하는 문제를 해결하는 데 있어 이 책이 유용한 지침이 되도록 노력할 것이다.[3]

'노동의 발명'에서 '신경제'까지

우리는 일에 대해 다시 한 번 새롭게 고민해볼 필요가 있다. 노동환경이 급변하는 시대에 살고 있기 때문이다. 인간이 노동을 시작한 이래로[4] 일은 놀라운 가능성과 위험성이라는 이중성을 띤 프로젝트였다. 이 이중성은 오늘날까지도 변함이 없다. 다만 인간과 노동이 만나는 환경과 상황이 새롭게 변화했을 뿐이다.

오늘날 우리는 급격한 인구 증가와는 반대로 자원이 점점 줄어들고 있는 글로벌한 세상에서 살고 있다. 자원 부족에서 비롯된 고전적 문제와 항상 새롭게 등장하는 문제를 해결하기 위해서 인간은 엄청난 노력과 에너지를 필요로 한다. 그뿐만 아니라 '진화'되었다고 자부했던 인간이 일에서만큼은, 오늘날의 일하는 방식에서만큼은 그리 '진화'되지 않았다는 점에 대해서는 반론의 여지가 없을 것이다. 그런데도 우리의 한계를 더 끌어올리라는 요구는 여전히 계속되고 있는 것 같다.

글로벌 세계 경제, 국제 금융 시스템, 새로운 자동화 방식, 정보 테크놀로지, 끊임없는 구조 조정, 삶의 가속화로 야기된 변화는 엄청난 힘을 발휘한다. 수많은 이들이 (설령 자기 자신과 자기 식솔들이 물 위에 어느 정도 떠 있을 수 있다 하더라도) 어디로 향할지 아무도 알 수 없는 해일의 가장 높은 수면 위를 위태로이 부유하는 것만 같다. 그래서 인간을 해치고 자원을 파괴하는 해일의 발생 지점에 물길을 완전히 차단할 댐이 건설되어야 한다. 댐이 가장 시급히 들어서야 할 곳은 우리의 노동에 가장 악영향을 끼치는 국제 금융 시스템 분야다.[5] 하지만 고삐 풀린 이 시스템은 이 책의 주제에서 벗어나 있기에 여기서는 무엇보다 우리의 건강과 밀접히 관련된 노동의 영역을 굳건히 할 수 있는 여러 댐에 대해서 다루고자 한다. 이 책은 현대 뇌과학과 의학 연구 측면에서 일종의 교과서 역할을 할 것이며, 어떤 방향에서 오늘날의 노동환경에 주목해야 하는지를 제시해줄 것이다. 그러므로 이 책을 통해서 우리는 일을 함으로써 발생하는 아픔보다는 기쁨을 맛볼 수 있게 될 것이다.

'건강과 일'이라는 주제를 논할 때는 일 그 자체뿐만 아니라 경제를 작동시키는 여러 메커니즘에 대해서도 언급해야 한다. 무엇보다 노동자들이 어떻게 현장에 배치되고, 고용주와 상사에게 어떻게 다뤄지는지를 거론해야 한다. 이는 금융기관과 대기업만이 조직적인 체계를 갖추고 있는 게 아니라, 직원들과 그들의 건강도 '조직 체계와 연관되어' 있기 때문이다. 그런데 오직 인간이 일에 적응하기만 하는 것은 아니다. 오히려 일도 ('테일러리즘Taylorism'[6]의 창시자인 프레더릭 테일러Frederick Taylor 이후로 줄곧 시도되어온 것처럼) 인간에게 적응하고 있다. 오늘날 수많은 분야와 업종을 장악하고 있는 노동환경은 폴란드 출신의 전 교황 요한 바오로 2세가 일에 관한 교서에서 강조한 바 있는, "노동이 인간을 위해 있는 것이지 인간이 노동을 위해 있어서는 안 된다"[7]라는 원칙에 역행하고 있다.

경제 활동에 참여하고 있는 경영자와 임원들과 직장인들은 행복한 삶을 살기 위해 어느 정도 성공해야 한다는 의무감을 갖고 있다. 그런데 성공하기 위해 필요한 건강, 사회적 능력, 직업 경쟁력의 중요한 기반은 이미 성장기에 다져진다. 하지만 우리는 많은 아이들이 나중에 커서 실직자의 심정을 경험하게끔 일조하고 있다. 아이들에게 충분한 지원과 독려를 하지 않고 아이들의 미래에 관심을 두지 않으며 각종 언론매체마저도 이를 등한시하고 있기 때문이다.

일이 건강을 위협할 수 있다는 사실은 전혀 새로울 게 없다. 일에 대한 압박감은 현재 서구인들에게 매우 다양하게 나타난다. 경제적으로 부유한 사람이나 그렇지 않은 사람이나 모두 저마다 일에 대한 압박감을 느낀다(여러 통계자료에서 확인할 수 있듯이 부자와 그 밖의 사람들 간의 간극은 최근 몇 년 사이 더욱 급격히 벌어지고 있다). 그런데 많은 사람들은 세계화된 경제가 예측 불가능한 방향으로 흘러가고 있지만 정작 자신들의 경제 상황과는 무관하기 때문에 현재 자신들이 처한 노동환경에는 큰 변화를 주지 못할 것이라고 여긴다. 그래서 빈익빈 부익부라는 숙명론이 확산될 것이라는 위기감이 높아진다. 물론 이러한 일이 실제로 일어나서는 안 된다. 지난 1980년대의 폴란드 상황은 오늘날의 중유럽 상황과 동일하지는 않지만 분명 참고할 만하다. 그 당시 폴란드의 개혁을 주도한 '솔리다르노시치 운동 Solidarność'[8]은 전제주의적 정부에 저항한 노동 혁명이자 폴란드 사회단체 사이에서 촉발된 노동에 대한 첨예한 논쟁이기도 했다. 더욱이 이 운동은 소통의 장이라고도 불리는 '대화로서의 노동'[9] 개념을 만들었다.

공명共鳴의 경험 또는
소외로서의 일

일을 하면서 우리는 여러 세계와 만난다. 첫 번째로 접하는 것이 외부 세계다. 이 세계는 아주 오래전에는 때 묻지 않은 곳이었지만, 1만 2천 년 동안 인간이 문명을 세우면서 서서히 변해갔다. 세계와의 두 번째 만남은 우리 자신과의 조우이다. 여기서 우리는 일이 정한 특별한 방식으로 우리 몸과 마음과 마주할 뿐만 아니라 우리의 가능성과 한계까지 경험한다. 또한 생명을 유지하고 욕구를 충족시키는 것도 우리 자신과의 만남에 속하며, 이 만남은 일을 하면서 얻은 경험과 능력으로 우리 자신의 정체성을 확립하는 데도 기여한다. 마지막으로 일은 타인과 우리 주변 사회와 만난다. 이 세 번째 만남은 우리가 타인과 함께 일할 때만 유효한 것은 아니다. 혼자 일을 할 때도 우리는 직간접적으로 타인과 관련될 수밖에 없다. 더욱이 일은 타인과의 불가피한 만남에서 사회적 소속감과 위계, 경쟁에 관한 질문들을 우리에게 끊임없이 제기한다. 이 세 번째 만남에는 후대를 잇는 것도 포함된다. 우리가 타인과 만나야만 세대를 이어갈 수 있기 때문이다. 이것은 인간이 일을 하는 유일한 동기는 아니지만 여러 동기들 가운데 중요한 한 가지다.

세 가지 차원의 만남은 다양한 형태로 서로 관련되어 있으며, 신경생물학적으로도 밀접하게 '연결'되어 있다. 이 차원들은 심신의 욕구와 인간 유기체의 작동 시스템과 연관되어 있기 때문에 우리를 건강하게 할 수도 있고 병들게 할 수도 있다. 일의 세 가지 차원 모두 한편으로는 창조적인 (그리고 일반적으로 건강을 유지시키는) 가능성을 포함하고 있지만, 유기적 시스템의 통제를 벗어나 별도의 프로세스가 작동할 경우에는 해로운 (질병에 노출되는) 결과도 초래한다.

첫 번째 만남의 긍정적인 가능성은 우리 주변의 자연환경이 삶의 터전으로 바뀐 곳에서 잘 인식된다. 두 번째 차원의 가능성은 우리가 우리 안에 자라나는 경쟁심을 맛보고 일이 우리 자신의 정체성의 한 부분으로 귀속될 때 인식된다. 사회적 차원으로서의 세 번째 가능성은 일을 하면서 인정을 받고 소속감을 느끼며 사회의 일원임을 경험할 때 나타난다. 이와 상반된 파괴적인 가능성들은 첫 번째 차원에서는 자연 파괴로, 두 번째 차원에서는 일중독, 소진, 번아웃, 우울증으로, 세 번째 차원에서는 인정받고 자원을 얻기 위한 폭력적인 다툼으로 드러난다.

일을 통해 원하는 것을 얻고 기쁨을 만끽하는 곳에서, 또한 하고 있는 일에서 우리의 정체성을 재인식하는 곳에서, 그리고 한 일에 대해 인정과 존중을 받는 곳에서 일은 '공명의 경험Resonanzerfahrung'이 된다. 성찰과 공명의 경험 추구는 신경생물학적 관점에서 볼 때 인간의 삶을 추동하는 기본 동기다.[10] 이는 철학적이며 사회적인 관점에서 볼 때도 마찬가지다.[11] 또한 공명의 경험은 성공과 행복을 맛볼 수 있는 의미심장한 체험이다. 이처럼 일이 의미심장한 체험을 가져다준다는 견해에 독일 노동자의 84%가 동의한다.[12] 신경생물학적 관점에서 보자면, 건강 유지에 필요한 신경전달물질이 분비될 때 우리는 공명을 느낀다. 따라서 공명을 경험할 수 없는 곳에서 하는 일은 곧 고통이자 고뇌이다.

노동자들이 자신의 존재와 능력을 인정받지 못하고 일의 의미를 찾지 못하고 자신이 만든 노동 생산물과 어떤 관계도 맺지 못하는 노동 과정은, 헤겔Georg Wilhelm Friedrich Hegel의 소외 개념을 계승한 마르크스Karl Marx가 '소외Entfremdung 이론'을 통해 규명한 바 있듯이, 결국 소외감을 낳을 뿐이다.[13] 소외란 노동의 삶에서 성찰의 반대편에 있는 것으로, 공명이 배제된 것이자 허무의 경험일 뿐이다.

일을 하지 않는다고 해결되는 것은 아니다
: 가능성과 파괴, 두 얼굴의 일

일의 이중성과 관련해 실존적인 딜레마가 발생할 수 있다. 일을 하지 않으면 우리는 살 수 없다. 일 없이는 스스로를 부양하고 생계를 꾸려나가고 생물학적인 재생산에 필요한 것들을 만들어낼 수 없기 때문만은 아니다. 신경생물학적 관점에서 볼 때 일을 하지 않고는 사회 참여, 존중과 인정, 정체성, 의미 부여 역시 얻지 못하기 때문에 우리 인간은 살 수가 없다. 그런데 만약 자기 부양을 위해 어쩔 수 없이 일을 해야 한다면, 그래서 일을 통해 얻을 수 있는 여러 긍정적인 경험들을 충분히 혹은 전혀 하지 못한다면 어떻게 해야 할까?

반대로 만약 인간이 불신, 과도한 업무와 경제적 착취, 경멸과 굴욕, 적대감이 만연한 환경에서 벗어나 편히 쉬고 있다면 또 어떨까?

일로부터의 해방이 일의 딜레마를 해결하는 방법이 될 수 없다는 것은 꾸준한 구직 활동에도 일자리를 쉽게 찾지 못하는 사람들에 관한 통계가 보여준다. 과중한 업무 조건에서 일하는 사람들 외에는 오직 다음과 같은 한 무리의 집단만 있을 뿐이다. 건강과 평범한 삶의 기쁨을 누리지 못하고 오히려 자기 가족과 함께 더 열악한 환경에 내몰리는 수백만의 실업자들 말이다. 일이 없다는 것은 결코 해결책이 아니다.

인간에게 일은 지고한 의미를 갖는다. 동시에 일과 얽혀 있는 맥락에 따라 (일을 둘러싼 배경에 따라) 일은 인간에게 고난과 고통이 되기도 한다. 다음의 설문조사 결과를 보면 이러한 일의 딜레마를 쉽게 이해할 수 있다. 독일 전체 고용 인구의 84%가, 앞서 언급한 것처럼, 삶의 의미와 자신의 정체성을 일을 통해 찾는다고 응답했다. (구체적으로 보면 학자 97%, 기술자 85%, 판매원 81%, 기계공 76%, 임시직공 60%로, 여기에서도 분명한 차이가 보인다.)[14] 또한 전체 노동인구의 70% 이상이 경제적으로 완전히 자유롭다 하더라도 일은 계속할 것이라고 답했다.[15] 한편 전체 응답자 중 86%는 일을 하면서 동료와 감정적 교류를 거의 혹은 전혀 하지 않는다고 했으며,[16] 독일 직장인의 33%가 자신의 일을 전체적으로 '형편없는 것'으로 여겼다.[17] 프랑스에서는 노동인구의 61%가 일을 삶에서 가장 중요한 것으로 꼽은 반면, 24%는 지속되는 업무 스트레스 때문에 (이웃나라에서는 좋은 문화로 여기는) 성생활이 방해받는다고 호소한다.[18]

독일 프라이부르크 대학의 경제학과 교수 베른트 라펠휘센Bernd

Raffelhüschen과 마음심리연구소의 클라우스-페터 쇠프너Klaus-Peter Schöppner는 경험 데이터를 근거로 '행복지도Glücksatlas'를 고안해냈다. 여기서 그들은 삶의 만족을 위해 가장 중요한 열 가지 요인으로 일을 설명한다.[19] 이들에 따르면 실업은 삶의 만족도를 구성하는 요소 중 세 번째로 중요한 조건인데, 다른 연구 결과에서는 실업이 삶을 불행하게 하는 1순위 요인으로 꼽히기도 했다.[20] 더욱 흥미로운 점은 성별에 따른 차이다. 일을 자아실현의 가장 중요한 원천으로 생각하는 여성이 전체 여성 응답자의 40%를 차지했지만,[21] 이 비율은 남성의 경우보다는 낮았다. 여성보다 남성이 실업을 훨씬 더 불행한 요소로 받아들이고 있는 것이다.[22] 직업은 우울증 예방 차원에서 남녀 모두에게 효과적으로 작용하지만, 실직으로 우울증을 앓게 될 확률은 여성보다 남성이 더 높다.[23] 또한 남성들의 경우 다른 이유보다 실직을 이유로 정신 치료를 받아야 하는 기간이 7배 더 긴 것으로 나타났다.[24]

휴식 형태에 따라 일의 건강 유지가 좌우된다. 육체적으로, 정신적으로 피곤하다면 당연히 휴식을 취해야 하지만 사정이 여의치 않다. 휴식 형태에는 두 가지 이면이 있다. 라펠휘센과 쇠프너의 행복지도에 따르면, 한 번이라도 실직 상태에 있었던 사람은 휴식을 최악의 대안으로 여긴다. 그런 사람에게 파견 근무, 계약직, 또는 시간제 근무는 삶의 만족을 높이는 긍정적인 수단으로 작용했다.[25] 이를 뒷받침해주는 객관적 연구 자료에 따르면 특별한 건강상의 문제가 없음에도 현업에서 일찍 물러난 사람들의 평균 수명이 독일인 평균 수명에 비해 눈에 띄게 짧다.[26] 흥미롭게도 이런 결과는 남성들에게서 더 분명하게 나타났으며, 몇몇 다른 연구 자료에 따르면 여성에게는 아예 해당되지 않는다.[27]

일에 대한 찬반양론
: 구약성서에서 마르크스까지

기회와 파괴로서의 일의 이중적 본성은 오늘날에 와서야 발견된 새로운 사실은 아니다. 일에 대한 고민과 이를 문자화하는 노력은 오래전부터 지속되어왔다. 대략 3천 년 전에 (짐작건대 이보다 이미 훨씬 오래전부터 구술로 전승되었을) 창조설화가 기록된 구약성서에는 일이 일종의 선택("땅을 정복하라"[28])일 뿐만 아니라 벌을 받아 행하는 의무("네 얼굴에 땀이 흘러야 빵을 먹을 수 있다"[29])로 묘사되어 있다. 카인이 아벨을 죽인 사건의 발단은 자기가 행한 일을 인정받기 위한 다툼이었다.[30] 고대 그리스에서는 (로마제국 시대에도 마찬가지로) 일 자체가 경시되었기 때문에 능력 있는 자는 직접 일하지 않고 타인에게 일을 시켰다. 이와 달리 유대 기독교 전통에서는 자신의 일을 직접 하는 사람들이 존경을 받았다. 그 일이 비전문적이거나 '하찮은' 일이라 할지라도 말이다. 목수의 아들이자 그 자신도 목수였던 예수 그리스도는[31] 신자들을 포도원 일꾼에 비유했다.[32] 하지만 그에게 일중독자는 낯선 존재였다("공중의 새를 보라 심지도 않고 거두지도 않고 창고에 모아들이지도 아니하되 너희 하늘 아버지께서 기르시나니"[33]). 기독교의 첫 선교사로 직업이 장막지기였던 바울은 "일하지 않는 자는 먹지도 말라"[34]라는 유명한 말을 남겼다. 이 말은 거의 2천 년 뒤 소비에트 연방을 건국한 레닌에 의해 '사회주의 원리'를 공표하는 구호로 쓰이기도 했다("일하지 않는 자 먹지도 말라").[35]

대부분의 위대한 사상가들은 인간 노동의 불가피함에 대해 이의를 제기하지 않았고, 사람들에게 종종 경종을 울리기도 했다. 마르틴 루터Martin Luther는 "새가 하늘을 날기 위해 태어난 것처럼 사람은 일을 하기 위해 태어났기"[36] 때문에 "게으름 부리지 말고 노력하라"[37]고 설교했으며, 교회 앞에서 구걸하는 동냥아치들을 꾸짖었다. 또한 도덕적 가치로서의 노동의 의무를 강조한 이마누엘 칸트Immanuel Kant는 아이들이 일에 대한 충동과 열정을 느낄 수 있도록 학교 교육을 실시해야 한다고 보았다.[38] 그는 "일에 열중할수록, 그리고 살아 있음을 느낄수록 우리는 삶을 더욱 자각하게 될 것이다"[39]라고 말했다. 하지만 칸트는 "쉼 없는 노동을 참지 못하는 것도 인간 본성의 일부"라며 "주체는 오랫동안 혹은 반복적으로 에너지를 소비하는 것을 견뎌낼 수 없으며, 회복을 위한 모종의 휴식을 필요로 한다"라고 강조했다.[40] 오늘날의 관점에서 보자면 놀라운 통찰이 아닐 수 없다. 프랑스 혁명의 정신과 거의 일치하는 생각을 갖고 있었던 프리드리히 실러Friedrich Schiller는 〈종의 노래Die Glocke〉라는 시에서 일을 가리켜 '시민의 명예'라고 표현했다.

프로테스탄티즘, 칼뱅주의, 독일관념론에 의해 정립된 노동윤리가 사회주의운동의 지지를 받지 못했다고 믿고 싶은 사람들에게는 실망스러운 이야기가 될 수도 있겠다. 마르크스는 "세계사 전체는 인간의 노동으로 만들어진 결과물과 다르지 않다"고 보았다.[41] 그가 비판한 대상은 노동 자체가 아니었다. 그는 자본주의 생산방식과 노동 여건을 단조로움, 작업에서의 무의미한 존재로서의 경험, 타인의 결정에 대한 절대적 복종과 경제적 착취로 규정하고, 이 경우 노동자가 일로부터 소외될 수밖에 없다고 비판했다. 또한 1875년 사회민주주의의 '고타강령Gothaer Programm'[42]에서 '일반노동의무allgemeine Arbeitspflicht'가 계획되었고, 카를 카우츠키Karl Kautsky[43]는 "노동자에게 필요한 휴식이 주어져야 한다"[44]고 촉구했다. 마르크스의 사위이자 프랑스 사회주의운동의 지도자인 쿠바 출신의 폴 라파르그Paul Lafargue는 프로테스탄티즘의 노동윤리와 대립각을 세웠으며, 일부 좌파들이 프로테스탄티즘의 세속성과 연합하는 것도 비판했다.[45] 그는 지금까지도 널리 읽히는 책 《게으를 권리Le droit à la paresse》에서 '게으름의 권리'를 예술과 숭고한 미덕의 어머니로 묘사했다.[46] "일 중독이 만국의 노동자 계급을 엄습했다"고 생각한 라파르그는 레싱 Gotthold Ephraim Lessing[47]의 시를 인용했다. "모든 일에 게으름을 피우자/ 사랑과 와인을 제외하고/ 게으름에 게을러지는 것을 제외하고."[48]

에른스트 윙거, 에른스트 블로흐,
한나 아렌트의 관점에서 본 인간의 노동

인간의 노동은 20세기의 수많은 사상가들이 관심을 기울여온 대상이었다. 여기서는 당대에 뜨거운 논쟁을 불러일으켰고 지금까지도 많은 영향을 끼치고 있는 세 명의 사상가에 대해 다뤄보고자 한다. 정치적으로 우파 성향이 짙은 에른스트 윙거 Ernst Jünger[49]는 1932년에 발표한 《노동자Der Arbeiter》에서, 좌파 지식인으로 분류되는 에른스트 블로흐Ernst Bloch[50]는 《희망의 원리Prinzip Hoffnung》에서, 또한 특정 정치성향에 편입될 수 없는 한나 아렌트 Hannah Arendt[51]는 주저 《비타 악티바 혹은 활동적 삶Vita activa oder Vom tätigen Leben》(한국어판 《인간의 조건》)에서 인간 노동의 문제와 의미에 대해 논했다.

윙거는 세계를 총력을 다해 일을 해야 하는 공간으로 구상했다. "일의 공간은 한계가 없습니다. 마치 하루 근무시간이 24시간인 것처럼 말입니다. ……일과 관련 없는 시간이란 존재하지 않습니다." 윙거는 《힘에의 의지Macht zur Wille》에 나타난 니체 사상에 기대어 '준비, 파괴, 장악'이라는 노동의 성격에 집중했다. 아우크스부르크 대학의 철학교수였던 제버린 뮐러Severin Müller도 명저《현상학과 일에 대한 철학적 이론Phänomenologie und philosophischen Theorie der Arbeit》에서 노동의 성격에 대해 언급했지만, 윙거와 달리 '합리성과 이성'을 강조했다.[52]

윙거는 노동자를 결코 그 무엇으로도 멈춰 세울 수 없는, 시민 사회를 파괴할 수도 있는 기계적 인간으로 묘사했으며, 니체의 위버멘쉬Übermensch와 같은 존재로 노동자를 미화하기도 했다. 국가사회주의자들은 한때 국가사회주의에 경도되었던 윙거의 총동원에 대한 구상을 선취해 자신들의 '총력전totaler Krieg' 슬로건에 차용했다. 또한 윙거는 노동을 "말도 안 되게 가공되어 판타지에 가까운, 오로지 상상 속에만 있을 법한 것"[53]으로 설명했다. 그에게 노동은 모든 현 차원을 와해시키는, 과대망상에 가까운, 위협적인 새로운 세계를 구체화하는 그런 수단이나 다름 없었다.

반면 에른스트 블로흐는 마르크스와 엥겔스Friedrich Engels의 뒤를 이어, 노동을 '인간화 과정의 수단'으로 파악했다. 그는 인간과 노동 사이에서 발생하는 상호작용에 주목하고, 이 상호작용에서 자아실현의 기회가 발생한다고 보았다. "인간은 노동을 하면서, 그리고 그 노동을 통해서 매번 새롭게 자신을 변화시킨다."[54] 블로흐는 노동하는 인간에게서 인류의 희망, "결코 포기해서는 안 되는, 미래를 향해 있는 꿈"[55]을 보았다.

남성 호르몬이 넘치는 유토피아적 관점에서 노동을 추적한 니체,

윙거, 블로흐와 달리 한나 아렌트는 인간의 생물학적, 심리학적 상황에 주목했다. "노동은 인간 육체의 생물학적 과정, 자연으로부터 생존에 필요한 영양소를 섭취하는 인간 유기체로서의 행위"이며 "노동이라는 행위의 근본적인 근거는 삶 자체"[56]라고 확신하는 아렌트는 노동이 욕구뿐만 아니라 인간 가능성의 표현임을 분명히 한다 (특히 아렌트는 인간이 살면서 하는 활동을 노동Arbeit, 작업Herstellung, 행위 Tätigkeit로 구분하는데, 이들의 차이점은 이 책의 제6장에서 살펴보겠다). 여성적, 생물학적으로 노동의 개념에 접근한 아렌트의 관점은 신경생물학자이자 의학자 겸 정신과전문의의 시각에서 노동을 조명하고자 하는 필자의 시선과 매우 유사하다.

제2장

일이 뇌를 만나다 :
신경생물학적으로 본 노동의 다양성

"모든 일에 게을러지자,
사랑하고, 술을 마시고, 게으름 부리는 것만 빼고."

_고트홀트 에프라임 레싱

일은 인간의 건강을 지켜주는가? 아니면 오히려 우리의 건강을 해치는가? 이를 판단하는 기준은 무엇인가? 일이란 원래 우리의 건강을 위협하는 것이라고 '너무도 많은' 사람들이 생각한다. 하지만 이것은 너무나 단순하고 완전히 잘못된 생각이다. 또한 일을 거의 하지 말아야 한다거나 아예 하지 말아야 한다는 생각은 인간을 파괴할 뿐만 아니라 일 자체도 파괴할 수 있다. 스트레스가 병의 원인이라는 것도 마찬가지로 터무니없는 생각이다. 오히려 스트레스는 일정한 전제조건만 갖춰지면 건강 유지에 도움이 될 수 있다.

그런데 스트레스는 우리 시대의 발명품이 아니다.[1] 인간은 확실히 수많은 도전 과제를 수행하는 데 '적합하도록' 진화해왔다. 만약 인간과 일 사이에 적합한 전제란 것이 있다면 그것은 과연 어떤 것인가? 인간의 심신 상태에 일이 어떤 긍정적, 부정적 영향을 끼치는지를 밝혀내는 데 있어 필자에게 중요한 것은 의학적, 특히 신경생물학적 징후이다. 이번 장은 이를 위한 학문적 토대가 될 것이다.

신체와 정신의
상호작용

　　　　　　인간과 일이 서로 만날 때 발생하는 자극에 인간의 물리적(육체적), 심리적(정신적) 체계는 서로 반응을 한다. 하지만 수천 년 동안 지속되어온 인간의 일에 관한 논의의 중심에는 늘 물리적 부하의 문제만이 있었다. 일에 관한 편향된 논의는 19세기 산업혁명과 더불어 변하기 시작했다. 그런데 안타까운 것은 육체적인 부하 위에 정신적 부하를 하나 더 얹어놓은 변화밖에 없었다는 점이다.

　산업혁명의 시작과 함께 많은 사람들에게 가장 먼저 강요된 것은 기계에 매달려 일하거나 단조로운 작업을 수행하는 것이었다. 이는 어째서 19세기 기계화 시대의 등장과 함께 새로운 의학적 장애인 '신경쇠약증Neurasthenie'[2]이 발생했는지를 설명해준다. 오늘날 우리가 알고 있는 '우울증'은 당시만 해도 의학 범주에 포함되지 않았다.

　일과 관계된 **육체적 부하**는 1980년대 이후 서구에서는 감소되고 있고 오늘날 서유럽의 많은 직업 영역에서도 중요한 문제로 부각되지 않고 있다. 당연히 육체적 부하로 인한 질병들도 줄어들고 있다. 그 대신 서유럽 국가에서는 가속화, 조급화, 파편화, 멀티태스킹과 같은 새로운 스트레스 요인이 증가하고 있다. 정신적 부하, 신경생물학적 부하가 늘고 있으며, 그 결과로 정신 건강 문제가 전면에 등장하고 있다. 물론 공업, 운수업, 숙박요식업, 청소와 세탁업뿐만 아니라 간병, 수공업과 같은 직업군에서는 예나 지금이나 여전히 육체적 부하가 문제가 된다. 그 때문에 육체적인 부당 처우나 과도한 요구를 방지하는 규정이 마련되고 있다.

몸의 건강은 육체적 차원뿐만 아니라 정신적 차원에서도 보호되고 유지되어야 한다. 충분히 몸을 움직이고 저지방, 저당분 음식을 섭취하고 가능한 한 금주와 금연을 하고 충분한 숙면을 취하는 것이 매우 중요하다. 이런 것이 육체적, 정신적 건강 유지에 큰 도움이 되기 때문이다. 그런데 지난 몇 년 사이에 몸을 단련시키는 피트니스에 대한 논의가 수많은 곳에서 있어왔고 현재는 차고 넘칠 정도이다.

물론 그동안 우리가 일을 할 때 정신적, 신경생물학적 체계가 어떻게 작동하는지에 대한 논의도 이루어졌지만 아주 미미한 수준에 머물렀다. 신체 건강과 정신 건강은 서로 분리될 수 없기 때문에 정신적, 신경생물학적으로 쇠약해진 유기체가 물리적 힘을 요하는 성과를 낼 수 없다는 것은 자명하다. 그에 반해 건강한 정신을 가진 사람은 설령 신체적 약점이 있다 해도 극복할 수 있기 때문에 부가가치가 높은 일을 해낼 수 있다.

정신 건강을 위한 신경생물학적 체계로는 어떤 것이 있으며, 일이 그 시스템에 어떤 영향을 끼치는가?

동기체계

동기체계Motivationssystem는 일의 실행에서 근간이 되는 신경생물학적 구조다. 이 체계는 뇌의 중앙에 위치한 신경세포로 이루어진 신경망으로, 이곳의 신경전달물질은 동기부여와 인생의 즐거움을 만들어낸다.[3] 독일어 '동기부여Motivation'는 라틴어의 'movere(움직이다)'에서 파생된 단어로, 정신적으로든 육체적으로든 어느 곳을 향해 나아가는 능력을 가리킨다.

동기부여에는 정신적, 육체적 측면이 있다. 이는 동기체계의 전달물질인 '도파민'이 우리의 계획을 의욕적으로 실행하기 위한 정신적 에너지뿐만 아니라 몸을 움직이게 하는 육체적 에너지도 생산한다는 사실을 통해 분명해진다.

동기체계의 신경세포에서는 세 종류의 물질이 서로 혼합되어 분비된다. 이 세 종류의 물질은 앞서 언급한 도파민과 고통을 완화해주는 '내인성 오피오이드', 공감과 신뢰감을 불러오는 '옥시토신'이다.

인간처럼 감정을 느끼는 생명체는 좋은 감지능력을 갖고 있다. 찰스 다윈Charles Darwin으로 거슬러 올라가는[4] 이 감지능력은 나중에 지크문트 프로이트Siegmund Freud에 의해 '쾌락원리Lustprinzip'라고 명명되었다. 인간 유기체는 유쾌한 감정을 동경한다. 하지만 이 감정은 신경생물학적으로 뇌의 동기체계에서 (위에서 언급된) 세 종류가 혼합된 전달물질이 분비될 때에만 느껴진다. 이 사실은 인간의 모든 행동이 왜 특정한 패턴을 보이는지를 설명한다. 우리가 특정 체험을 좇고 일정한 행동을 반복하려고 하는 것은 모두 동기체계의 혼합된 전달물질의 분비 때문이다. 최근에 진행된 수많은 연구에 따르면 타인이 우리에게 존경, 인정, 공감, 사랑을 표할 때 특히 우리 뇌의 동기체계는 원활히 작동한다고 한다. 그래서 사회는 동기체계의 활성으로 우리가 유쾌한 감정을 갖는 것을 독려하고 우리는 이를 위해 노력하고 희생을 감수한다. 이런 배경에서 인간이 일을 한다는 것은 무엇인지를 이 책에서 논하고자 한다.[5]

대부분의 사람들이 의식하지 못하지만, 인간이 일을 하는 신경생물학적인(!) 동기는 직간접적으로 인간이 인정받고 싶어 한다는 데 있다. 인정이란 흔한 격려나 입에 발린 칭찬이 아니다. 또한 인정은 타인을 격조 있게 대하거나 타인의 비위를 맞추는 것도 아니다. 더구나 교양인이라면 공허한 미사여구, 틀에 박힌 말, 입에 발린 말에 흔들리지 않는다. 인정은 무척이나 복잡한 과정이다. 누군가를 인정한다는 것은 그 사람을 '주시'하고 그와 그가 한 일에 의미를 부여하는 것이다. 무조건 노력을 높이 사고 보상해주는 것도 인정이라 할 수 있겠지만, 엄밀히 말해 인정을 받는다는 것에는 비판을 받는다는 것도 포함된다. 이는 동료와의 어울림에서도, 협업에서도 마찬가지이고 교육학에서도 통용된다. 누군가를 항상 치켜세우거나 매번 아무런 쓴소리도 하지 않는 것은 (요즘 교육학에서도 자주 언급되다시피) 경멸의 한 방식이자 '외면'의 표현이다.

인정은 칭찬 못지않게 비판도 받으면서도 끝까지 일을 완수한 사람들에게 주어지는 가치다. 그래서 직장에서 공식적으로, 개인적으로 인정받기 위해서는 좋은 리더십과 동료들과의 좋은 관계가 전제되어야 한다. 직장인들에게 인정을 보여주는 방식에는 여러 가지가 있다.

첫 번째는 노동의 대가로 지불되는 보수다. '노동의 발명'이 낳은 또 하나의 발명품인 돈은 수행한 업무에 대한 보상이다. (여기서 확장된 의미, 자본주의에서의 돈을 번다는 의미는 논외로 한다.)[6] 직장 생활에서의 폭넓고 중요한 인정은 통상 개인의 사회적 공간을 통해서도 경험된다. 일을 해서 가족을 부양하고 가족 간의 유대감과 사랑을 지켜가는 것 역시 종종 의식하지 못하지만 노동의 중요한 동기이다. 하지만 이러한 동기가 원하는 결과로 이어지지 않고 인내하면서 일해야 하는 고통의 원인이 될 때 이혼이라는 극단적 선택이 나타나기도 한다.

누구나 자기가 한 일에 대한 합당한 경제적 보상을 기대한다. 보수는 인정받는지 아닌지를 알 수 있는 중요한 기준이다. 자원이 부족한 우리 현실세계에서 노동을 통해 창출된 잉여가치는 타협을 하거나 필요시 투쟁을 해서라도 노동자들이 정당하게 챙겨야 하는 몫이다. 물론 직장에서의 인정과 사적 영역에서의 존중을 포함해 모든 방식의 인정이 결여되어 있다면, 아무리 좋은 보수를 받는다고 해도 끝까지 참고 일을 해낼 수 없다. 돈은 사회적 인정, 존중, 좋은 근무

환경이 갖춰질 경우에만, 말하자면 인간의 동기체계와 동기부여 전달물질 분비가 잘 이루어질 때에만 자기 역할을 할 수 있다.

상호 간 존중이 부족하고 굴욕감을 안겨주는 인간관계, 억압적인 조직 분위기, 협업의 부재, 동료 간의 괴롭힘 등은 동기부여를 말살하고 질병을 초래한다. 그에 반해 즐거운 노동은 삶의 기쁨을 낳아 건강을 더욱 단련시킨다.

공감체계

공감능력Fähigkeit zur Empathie이 직장에서의 건강 유지와 일의 성공을 위한 전제조건이라고 말하면 어떤 사람들은, 특히 남성들은 의아해한다. 남성이 여성에 비해 공감의 의미를 이해하는 데 어려움을 겪는 것은 바로 남성의 뇌와 관련 있다. 이에 대해서는 추후 다시 언급할 것이다.

'공감'을 뜻하는 독일어 'Empathie'는 타인을 이해하는 능력뿐만 아니라 감정적으로 기꺼이 그의 입장에 서보는 자발적인 능력까지도 함께 의미한다. 이에 반해 영어에서는 두 가지가 구분돼 있다. 영어의 'empathy'는 타인의 감정을 느낄 수 있는 능력만을 의미한다. 이 단어에는 타인을 도와주는(이에 상응하는 독일어는 'Einfühlungsvermögen'인 것 같다) 자발성이 내포되어 있지 않다. 영어에서 타인의 입장에 서서 그를 도와주는 자발성은 'sympathy'로(이에 상응하는 독일어는 'mitfühlende Anteilnahme') 표현된다.[7] 감정적 특징을 나타내는 두 단어 'empathy'와 'sympathy'에는 제3의 특성, 즉 다른 사람들이 세계를 어떻게 바라보는지, 다른 사람들로 하여금 행동하게끔 하는 동기가 무엇인지를 이성적으로, 감정을 배제한 채 객관적으로 생각할 수 있는 능력이 추가된다. 여기서 우리는 독일어 표현에 의지해 '관점 전환의 능력Fähigkeit zum Perspektivenwechsel'에 대해 다루고자 한다(영어 표현으로는 '마음 이론theory of mind'[8]).

이제는 두 가지, 즉 'empathy'와 'sympathy'의 의미가 내포된 공감과 관점 전환 능력이 인간의 일에서 매우 중요하다. 일은 대체로 협업이다. 직접적이든 간접적이든 상관없이 말이다. 일하는 사람들은 동료들과 함께, 또한 상사나 부하직원과 함께 일한다. 자영업자도 거래처와 협력하며 일한다. 협업의 모든 양식에서, 특히 팀 단위의 협업일 때 다른 사람들이 무슨 일을 하고 왜 그 일을 하는지, 그리고 어떤 마음을 갖고 하는지 알아야 한다.

여기에 한 가지 덧붙이자면, 우리가 하는 일은 특정 고객이나 사용자를 위한 것이다. 모든 일이 그런 것은 아니지만, 고객과 직접 소통해야 하는 서비스업종에서는 더욱 그렇다. 생산업에서 서비스업으로 전환된 서구 사회의 변혁은 고객과 클라이언트, 환자, (대)학생, 또는 보호가 필요한 아이들과 직접 접촉하는 시간을 늘려놓았다. 타인과 접촉하는 서비스업은 특별한 기쁨을 주기도 한다. 왜냐하면 타인의 욕구를 충족시켜주기 때문이다. 이런 이유로 서비스업은 힘들 수밖에 없다. 결과적으로 서비스업에서의 '감정노동'은 사람을 행복하게 하기도 하고 소진시키기도 한다.

타인의 감정을 이입해 그 사람의 관점을 이해하고 수용하는 것을 허용하는 신경계의 존재는 20세기 후반에 들어서야 우리에게 조금씩 알려지기 시작했다. 타인의 감정을 이입하고 그 사람을 직관적으로 이해하는 능력은 신경계의 공명체계Resonanzsystem에 의존한다.[9] 공명이란 무엇인가? 일상생활에서 관찰되고 많은 사람들에게 잘 알려진 공명 현상은 손가락으로 튕겨서 울리는 현의 음이 다른 음을 울리면서 공진을 일으키는 현상이다. 이와 비슷한 현상이 두 사람의 뇌 사이에서 발생할 수 있다. A라는 사람의 행동과 감정은 A를 관찰한 B의 뇌 신경상태에 마치 거울처럼 반영될 수 있다.

A의 행동과 감정을 B의 뇌에 반영시키는 거울상의 공명은 타인이 의도하거나 느낀 것을 직관적으로 이해시킨다. 그것도 큰 고민 없이 말이다. 더불어 이러한 공명은 관찰한 행동을 그대로 따라 하거나('롤 모델을 통한 배움') 타인이 느꼈던 감정을 그대로 느끼는('감정 전염') 경향으로 이어진다.

인간의 뇌에서 일어나는 공명 작용은 마술이 아니다. 공명의 발생은 타인 A가 내 안으로 들어온다는 것으로, 이는 A가 내 지각영역인 내 오감 안에 있을 때 가능하다.[10] 타인이 자신의 (좋거나 나쁜) 기분을 나에게 전염시킬 수 있다. 내가 그의 말을 듣거나 그의 몸짓을 주시한다면 말이다. 신경계의 공명체계는 내가 깊이 생각하지 않아도 내 주위에 있는 동료들이 말하는 것, 의도한 것, 느낀 것을 내게 알려줄 수 있다. 또 다른 가능성도 있다. 나는 동료나 직원들, 고객, 클라이언트, 환자 앞에 나타나는 것만으로도 그들의 공명체계를 '전염'시킬 수 있다. 전염시키는 사람은 '영향력'을 갖고 있다. 모든 사람은 이론적으로 (물론 저마다 다르겠지만) 공명을 수용하고 발산할 수 있다. 다른 직원들을 직관적으로 이해하고 그들에게 효과적으로 자신의 '영향력'을(가령 긍정주의, 에너지, 호감) 퍼뜨릴 수 있는 능력은 좋은 리더십의 중요한 기준이 된다.

통계상으로는 남성과 여성 중 누가 더 나은 공명체계를 갖고 있으며 타인의 감정에 더 잘 공감하는 것으로 나타날까? 우리의 예상은 과학적으로도 증명 가능하다. 타인을 이해하고[11] 그 결과 더 나은 공감을 보이는 능력은 남성보다 여성이 더 탁월하다(예외를 보면 규칙이 보인다). 통계를 보면 여성이 남성보다 더 나은 팀 플레이어다. 여러 실험을 통해 밝혀진 바대로 팀원 가운데 여성의 비율이 '높을수록' 팀의 지능지수와 성과도 높아진다는 점은 그리 놀랄 만한 사실도 아니다.[12]

팀 전체의 지능지수는 팀원 평균 지능지수가 아니라 팀원들 간의 협업 능력으로부터 산출된다. 협업 능력과 여기서 나오는 팀의 지능지수와 업무수행지수는 감정이입 능력이 좋은 팀원들(특히 여성들) 때문에 상승한다는 사실이 여러 연구를 통해 증명되고 있다. 그렇다고 남성 전체가 이 능력을 갖고 있지 않다는 것은 아니다. 남성에게는 공감능력과 상호 신뢰감을 높여주는 호르몬, 앞서 언급한 옥시토신이 여성보다 적은 것뿐이다.[13] 이는 조직 내 협업 능력이 그 어느 때보다 강조되는 위기 시대에 왜 여성의 리더십이 더 요구되는지를 뒷받침해주는 신경생물학적 근거이다.

직장에서 협업 능력을 개선시키는 방안은 무엇인가? 감정의 공명과 타인에게 공감하는 직관 능력은 모두가 알고 있듯이 매우 천천히, 그리고 오랜 기간 훈련을 함으로써만 얻어질 수 있다.[14] 하지만 훈련만 잘하면 관점 전환이라는 이성적 능력을 (앞서 언급한 '마음 이론'과 관련된 능력을) 가질 수 있다. 이 능력을 관장하는 곳은 전뇌이다.

타인의 관점을 수용하는 능력은 생후 3년부터 학습되며, '양육' 과정에서 발달시켜야 하는 핵심 능력이다. 이미 많은 연구 결과에서 알 수 있듯이[15] 나의 행동이 타인에게 어떻게 비치는지 생각하는 법을 어린 시절에 배운 사람은 나중에 커서도 이런 생각을 쉽게 한다.

전뇌는 일생 동안 끊임없이 학습할 수 있다. 특정 상황에서 타인이 어떻게 반응하고, 그런 반응의 근거가 무엇인지 생각해보는 것은 성인이 되어서도 연습할 수 있다. 물론 혼자서는 할 수 없다. 이를 위해 타인과 적절한 연습 상황이 필요하다. 이상적인 연습 장소로 슈퍼비전 그룹Supervisionsgruppen과 리더십 세미나를 꼽을 수 있다.[16] 이 연습을 하는 데 경제적인 어려움이 없는 사람들뿐만 아니라 모든 직장인에게 이런 훈련의 기회가 주어져야 한다는 의견에 독일 연방노

동사회부Bundesministerium für Arbeit und Soziales도 공감하고 있다.[17]

두 가지
신경 스트레스 체계

삶에는 스트레스가 있기 마련이다. 모든 스트레스가 무조건 나쁜 것은 아니다. 스트레스는 어린아이 때부터 관찰되지만 인간은 도전을 사랑한다. 물론 성취될 수 있는 도전일 경우에 말이다. 난제를 해결했다는 것은 인정받는 것을 의미한다. 스스로는 자부심을 느끼고, 타인으로부터는 칭찬을 받는다. 그래서 도전은 동기체계가 제대로 작동하기 위한 중요한 전제가 된다. 어째서 스트레스는 우리의 건강을 지켜주기도 하고 우리를 병들게도 하는가? 스트레스가 영향을 끼치는 뇌 체계로 시선을 돌리면 이 문제의 답을 찾을 수 있다. 그런데 한 가지 스트레스 체계만을 언급해서는 충분한 답을 얻을 수 없다. 몇 년 전까지 알려지지 않았던 두 번째 스트레스 체계가 발견되었기 때문이다. 새롭게 발견된 스트레스 체계는 잘 알려져 있는 '고전적' 스트레스 체계만큼이나 오늘날의 노동환경에서 중요하다.

20세기 중반부터 알려진 고전적인 스트레스 체계는 구체적인 과제를 해결해야만 할 때 활성화된다. 이에 반해 최근에 발견된 두 번째 스트레스 체계는 구체적인 과제를 수행할 때가 아니라 혼란스러운 상황을 감시해야 할 때, 무슨 일인가 일어날 것 같은 분위기가 지배적인 상황일 때, 상황의 실체가 불확실할 때 작동한다. 이 두 번째 스트레스 체계를 '디폴트 모드 네트워크Default Mode Network'(불안-스트레스 체계)라 하며, 이 체계는 오늘날 대부분의 직장에서 과도하게 작동하고 있다.

'고전적인'
스트레스 체계

특정 과제를 당장 해결할 필요도 없고 긴장할 일도 없다면 인간의 신체는 평온이나 균형의 상태, 의학적으로는 '호메오스타시스(항상성, Homöostase(독), homeostasis(영))'라고 하는 상태에 있게 된다. 즉 호흡, 심장박동, 혈압이 평온 상태에 있는 것을 말한다. 만약 우리에게 반드시 처리해야만 하는 도전 과제가 갑작스럽고 명확하게 주어진다면 호메오스타시스 상태는 중지된다. 그 대신에 '고전적' 스트레스 체계가 작동하고, 신체는 소위 '알로스타시스(신항상성, Allostase(독), Allostasis(영))' 상태로 전환된다.

우리의 진화론적 선조들은 스트레스 체계를 작동시키고 '알로스타시스'를 야기하는 도전 과제를 이미 체득하고 있었다. 맹수들로부터 피신할 때, 사냥할 때, 나무 위를 기어오를 때, 강을 건너거나 아이를 구할 때 선조들의 신체는 재빨리 움직일 수 있는 상태로 전환되었다. 이런 스트레스 상황에서는 무엇보다 호흡과 순환계, 뇌와 운동기관이 활성화된다. 위급한 상황이 발생한 지 얼마 되지 않아 심장박동이 빨라지고 혈압이 올라가고 에너지 공급원인 포도당의 분비가 급격히 증가한다.

맹수를 피하거나 활과 화살로 사냥하는 것은 현대인이 갖추어야 할 덕목은 아니다. 하지만 비록 도전 과제를 해결하는 조건이 근본적으로 변했다고 해도 '고전적인' 스트레스 체계는 여전히 현대인에게 작동하고 있다. 업무를 처리하거나 해결할 문제가 있다면(육체적인 것이든 정신적인 것이든 간에) 언제든지 고전적인 스트레스가 작동한다.

처리해야 할 업무가 굉장히 까다롭고, 업무량이 많고, 시간의 압박이 가해질 때 우리 몸은 위험한 맹수를 피해 달아나거나 사냥을 했던 진화론적 선조들과 같은 방식으로 반응한다. 그뿐만 아니라 현대인의 신체도 호메오스타시스에서 알로스타시스로 바뀐다. 이 전환 조절을 뇌가 담당한다. 이때 뇌의 스트레스 센터Stresszentrum에서 스트레스 인자가 활성화되고, 그 결과로 수분 내에 신체에서 스트레스 반응물질인 코르티솔[18]이 급격히 분비된다.[19] 동시에 '교감신경계'[20]가 작동한다. 교감신경계는 (교감신경의 자극 전달물질인) 아드레날린의 분비로 호흡, 심장, 순환계를 활성화시킨다(더불어 뇌줄기Hirnstamm에서 유사물질인 노르아드레날린이 분비된다).

앞서 언급한 대로 '스트레스' 자체는 나쁘기만 한 것이 아니다. 특정 도전 과제를 수행할 때 스트레스 반응이 나타나는 것은 축적된 힘을 발휘하는 과정이다. 작동되고 있는 순환계, (에너지원으로서) 포도당을 공급받는 뇌, 그리고 산소를 흡수하는 유기체는 과제를 해결하고 통제하기 위한 더 좋은 환경을 제공한다. 도전 과제를 수행할 때 발생하는 스트레스는 '좋은 스트레스(유스트레스Eustress)'와 '나쁜 스트레스(디스트레스Distress)'로 구분된다. 좋은, 통제할 수 있는 스트레스(beherrschbarer Stress(독), escapable stress(영))는 우리 몸을 알로스타시스 상태로 전환시키지만, 건강을 해치는 한계선을 넘지 않는다. '알로스타시스 부하(allostatische Last(독), allostatic load(영))'가 걸리면 일단 몸은 휴식을 취한다. 그래서 스트레스는 제한적이다.[21]

나쁜, 통제할 수 없는 스트레스(nicht beherrschbarer Stress(독), inescapable stress(영))는 '알로스타시스 부하'를 높인다(그리고 건강을 해치는 선을 넘는다). 나쁜 스트레스일 경우 문제를 성공적으로 해결한 뒤에도, 말하자면 도전 과제를 완수한 뒤에도 스트레스 반응이 계속 활성 상태를 유지하고서 잦아들지 않는다. 나중에는 몸이 만성 스트레스 상태에 빠지거나 또는 어느 순간 스트레스 체계가 완전히 소진된다. 스트레스 체계의 소진은 대부분의 경우 나쁜, 통제할 수 없는 스트레스가 장기간 활성 상태로 지속되면서 나타난 결과다.[22]

만성 스트레스로 인한 '알로스타시스 과부하'의 결과는 정신 건강 뿐만 아니라 신체 건강에도 상당한 부담을 준다. 내과 영역에서만 보자면 혈압이 증가하고, 혈중 지방 수치가 올라가고, 당뇨 위험이 높아지고, 이 결과로 동맥경화증, 관상동맥 질환, 심근경색의 위험성도 상승한다.[23] 이 외에도 만성 스트레스가 장기간 지속되다 보면, 뇌의 신경세포에 해로운 영향을 끼쳐 정신 능력까지 손상시킬 수 있다.[24]

스트레스에 대한 개별적 평가

앞서 언급한 대로 고전적인 스트레스 체계는 특정 업무를 처리해야 할 때 작동하고, 각 도전 과제가 해결되지 않는 동안에는 계속 활성 상태를 유지한다. 그런데 동일한 외적 상황에 놓인 사람들 가운데 어떤 이는 강한 스트레스 반응을 보이는 반면에 다른 사람은 그보다 덜한 스트레스 반응을 보인다는 사실이 스트레스 연구를 통해 밝혀졌다. 이를 어떻게 설명할 수 있을까? 특정 도전 과제가 어떤 사람에게는 '통제 가능한' 것으로, 어떤 사람에게는 '통제 불가능한' 것으로 구분되는 근거는 무엇인가? 그리고 어떤 사람이 도전 과제를 해결하기 위해 일정한 노력을 기울였다면 과연 그 과제는 충분히 해결되었다고 볼 수 있을까? 이를 누가 판단할 수 있으며, 그때 판단 기준은 무엇인가?

우리 주변에는 시급하게 처리해야 할 일 때문에 잠을 설치는 사람들이 있는 반면, 어떠한 상황에서도 여유 있어 보이는 사람들이 있다. 이처럼 다른 성향의 사람들이 한 팀에서 함께 일한다면 (또는 부부로 함께 살고 있다면) 갈등이 빚어질 수밖에 없다. 또한 많은 품을 들여 진행한 일이 성공적으로 처리되었는지 아닌지 평가하는 데에도 시각차가 있을 것이다. 완벽함을 추구하는 사람들(이들의 스트레스 체계는 높은 수준의 활성 상태를 유지하고 있다)과 느긋하고 차분한 '레세페르Laissez faire' 스타일의 사람들(그들의 스트레스 반응은 늘상 다시 잦아든다)이 한 조직에서 일할 경우 종종 심한 갈등이 야기될 수 있다.

사람들은 주어진 도전 과제를 해결해야 하는 하나의 상황에 저마다 다른 생물학적 스트레스 반응으로 대처한다. 따라서 외부의 요구사항과 생물학적으로, 정신적으로 받아들이는 인간의 부담감은 서로 일치하지 않는다.[25] 각 개인의 스트레스 체계가 주어진 하나의 상황에 얼마나 민감하게 반응할지 또는 저항할지는 각 개인이 지금까지 살면서 겪은 경험과 사회적 지원의 충분한 사용 여부에 달려 있다. 과거에 과도한 요구를 받았거나 확실한 도움을 받지 못했던 사람은 (특히 어린 시절에 이런 경험을 했다면) 성인이 되어서 어떤 상황에 직면했을 때 다른 사람들보다 더 큰 스트레스를 받는다. 이와 달리 동료나 상사로부터 필요한 지원이나 도움을 받은 기억이 있는 사람이라면 그는 스트레스를 덜 받을 것이다.

직원들이 혹사당하면서 또는 부당한 대우를 받으면서 업무를 수행하고 있을 때, 다른 직원은 그와 같은 상황에서도 일을 잘 해냈다고 말한다면 바보 같은 짓이다. 언제나 중요한 것은 업무를 처리해야 하는 '사람'이다. 일이 사람에게 맞춰져야지 사람이 일에 맞춰서는 안 된다. 업무를 처리하기 위해 직원들이 필요하다면 직원들이 갖고 있는 능력을 믿고 지원을 하며, 이를 위한 만반의 준비를 하는 것이 (직원 탓을 하는 것보다) 낫다.

디폴트 모드 네트워크
(불안-스트레스 체계)

뇌 과학의 관점에서 건강에 이로운 스트레스는, 이미 언급한 대로, 구체적이고 명확하며 장악할 수 있는 도전 과제에 우리가 집중할 수 있도록 도와준다. 하지만 오늘날의 업무 현장에서는 한 가지 업무에만 집중하는 것이 더 이상 허락되지 않는다. 대부분의 직장인들은 여러 일들을 동시에 생각하고 처리하고 관리해야 하는 업무환경 속에서 일한다. 이런 상황에서 그들은 복잡한 사무기기에 수시로 눈을 돌리며 상황을 점검해야 하고, 이곳저곳에서 생기는 예측할 수 없는 수많은 신호에 반응해야 한다. 처리해야 할 일이 책상에 있는 서류만이 아니라 모니터 속에도 쌓여 있다. 여기에 전화가 울리고 바로 확인해야 할 이메일도 들어온다. 게다가 직접 일을 들고 와서 묻고 지시하는 동료와 상사도 있다. 병원 진료

실의 상황도 이와 별반 다르지 않다. 의사와 간호사들은 짧은 시간에 환자 개개인을 세심히 살펴야 하고, 많은 환자들을 진료하면서 필요한 조치를 취해야 하고, 돌발 사고가 발생하지 않도록 예방해야 한다.

대다수의 직장에서는 한 가지 일에만 집중하지 말라며 직원들을 압박한다. 폭넓지만 피상적인 집중력을 요구한다. 베를린 조형예술대학 한병철 교수의 지적처럼, 오늘날 직장인들에게 던져진 엄청난 양의 자극, 정보, 충동이 "주의력의 구조와 효율성을 급격하게 변화시켰다".[26]

이러한 변화의 양상을 소위 '멀티태스킹'이라 한다. 1999년 설문자료에 따르면, 전체 직장인 중 42%가 멀티태스킹으로 인한 업무수행의 파편화를 경험했고, 2006년에는 59%가 여러 개의 과제를 동시에 수행했다고 한다.[27] 전체 직장인 중 3분의 2가 멀티태스킹을 하고 있는 셈이다. 한병철 교수는 "시간과 주의력 활용에 상당한 기술을 요하는 멀티태스킹은 문명의 진보가 아닌 퇴화를 의미한다"고 분석했다. "멀티태스킹은 드넓은 자연에서 사는 동물들 사이에서 광범위하게 발견되는 습성으로, 야생에서의 생존을 위해 절대적으로 필요한 기술에 지나지 않는다"는 것이다. 그는 또한 "최근의 사회적 발전과 주의력 구조의 변화는 인간 사회를 점점 더 야생의 상태와 유사한 곳으로 만들어가고 있다"고 지적했다. 한병철 교수의 통찰이 놀라운 것은 생물학자도 아닌 그가 뇌 과학의 관점에서 이를 정확히 꿰뚫고 있기 때문이다.

앞서 언급한 '고전적인 스트레스 체계'와 더불어 우리의 뇌는 특정 과제를 수행할 때는 작동하지 않지만, 산만하고 광범위하며 피상적인 집중력이 요구될 때 활성화되는 두 번째 스트레스 체계도 갖고 있다. 학계에서 디폴트 모드 네트워크[28]라고 지칭하는(흔히 불안-스트레스 체계 또는 휴지 상태 네트워크라고도 함) 이 스트레스 체계는 주변의 자극과 위험을 감지해내는 역할을 한다. 뇌 과학자들은 우리 두뇌가 인지 활동을 멈추고 아무런 생각을 안 하고 있는데도 분명 뇌의 특정 부위가 활성화되는 것을 관찰하면서 새로운 의문을 제기했다.[29] 연구에 따르면, 특정 업무나 외부 자극에 대한 반응 및 판단과 같은 과제를 수행하지 않을 때 우리 뇌는 고도의 주의력을 기울이지 않아도 되는 상태로 접어든다. 이 상태에서 뇌는 내부 혹은 외부로부터 전혀 의도 없이 전해진 자극들을 추적한다. 아무것도 하지 않고 쉬고 있을 때 뇌의 반응을 일으키는 내부 자극은 우리가 살면서 겪어온 일들 혹은 앞으로 겪게 될 일들을 회상하거나 상상하는 중에 들게 되는 생각과 걱정이다. 이에 반해 외부 자극은 뭔가 일이 일어날 것 같은데 그 실체가 무엇인지 알 수 없는 상태에서 오는데, 보통 우리는 이러한 자극을 감지하기 위해 촉각을 곤두세우고 있다. 새롭게 발견된 디폴트 모드 네트워크에서는 구체적이고 이미 알고 있는 위험을 극복하는 것이 중요하지 않다(이 경우에는 '고전적인 스트레스 체계'가 작동한다). 여기서 관건은 우리 뇌는 언제 어떤 일이 일어날지 모르는 상태에서 이를 계속 주시하고 있어야 한다는 것이다.

우리 뇌에 자극과 위험을 추적하는 데 특화된 체계가 존재한다는 것은 진화론적으로 의미가 크다. 수백만 년 동안 우리 진화론적 선조들은 사바나와 야생의 위협이 도사린 곳에서 사나운 맹수들과 함께 살았다. 그들은 무언가에 몰두하지 않을 때도 항상 주변을 살폈고 언제 어떻게 닥칠지 모르는 위험에 대해 경계를 늦추지 않았다. 즉, 달갑지 않은 일이 불시에 일어날 것을 예상하면서도 그것이 언제 어떻게 닥쳐올지 알 수 없는 상태로 살아야 했다. 이와 매우 비슷한 광경이 오늘날의 직장에서 흔하게 목격된다. 그곳에서는 마치 수공업 장인처럼 한 가지 일에 집중해 그것을 잘 마무리하는 것이 미덕이 아니다. 오히려 한 가지 일에 너무 오래 붙들려 있어서는 안 되고, 그 일이 어떤 큰 그림의 조각이 될지 모른 채 일하는 것이 중요하다. 이 상황에서는 한 가지 일에만 매달렸다가는 오히려 손해를 볼 수도 있다. 이는 오늘날의 직장인의 상황과 야생에서 맹수들과 함께 살았던 선조들의 상황을 비교, 분석한 한병철 교수의 통찰이 왜 옳았는지를 보여주는 근거다.

멀티태스킹
: 'ADHD[30] 트레이닝 캠프'

           멀티태스킹과 함께 광범위하고 지속적인 주의력을 요구하는 직장은 뇌의 '디폴트 모드 네트워크'를 최고치로 작동하게 한다. 더욱이 이는 직장인들의 업무 수행 능력을 현격히 저하시키는 치명적 결과를 초래하기도 한다. 여러 연구 결과가 말해주듯이, 사람들은 디폴트 모드 네트워크의 과부하 상태에서 고도의 집중력을 요하는 일을 맡아 할 때 종종 적지 않은 실수를 한다.[31] 장기나 체스, 독서, 숙제, 운동 등 한 가지의 인지 활동에 집중하기보다는 텔레비전, 인터넷, 게임기, 스마트폰 사이를 오가며 시간을 보내는 청소년들과 별반 다르지 않다.

    우리 일상에서도 멀티태스킹과 매우 유사한 상황이 있다. 목적 없이 장시간에 걸쳐 인터넷 서핑을 하는 것이다. 한 연구에 따르면 독일의 14~24세 인구 중 15%가 '잘못된 인터넷 사용 습관'을 가지고 있고, 14~16세 인구 중 올바른 인터넷 사용법 기준을 모두 만족시킨 사람은 6% 정도라고 한다.[32] 젊은이들은 이미 청소년기에 주의력 장애 훈련을 받고 있었던 셈이다. 그래서 학교에서 더 이상 한 가지에 집중할 수 없게 되자 아이들은 별다른 제약 없이 (집중력 강화의 목적으로 사용되는) 리탈린이나 그와 유사한 약물을 복용한다. 그런데 아이러니한 사실은, 어린 시절부터 멀티태스킹에 익숙한 사람보다 한 가지 일에 집중하는 습관이 몸에 밴 사람이 요즘같이 멀티태스킹을 요하는 직무에 더 부합한다는 것이다. 자극과 위험을 좇는 디폴트 모드 네트워크가 장기간 과도하게 활성화 상태로 있을 경우 집중력과 인지능력이 손상될 뿐만 아니라,[33] 지적 장애와 같은 여러 정신 질환의 발생 가능성이 현격히 높아진다.[34]

공격 메커니즘과 우울 메커니즘

일을 하면서 간혹 예외적인 상황에서는 공격적인 태도를 보이는 것이 중요하다고 생각할 수 있다. 가령 파업이나 개혁, 혁신과 같이 목소리를 높여 적극적으로 감정을 표출하고 생각을 드러내야 하는 경우 말이다. 공적 집단행동 자체에는 적극적 행동의 의미로서 공격성이 함의돼 있기 때문이다. 문제는, 평범한 일상 업무 과정에서 잘 드러나지 않는 다양한 양상의 공격성이다. 은폐된 공격성은 보통 동료와의 심한 갈등으로 나타나며, 상사들과의 관계도 불편하게 만들 수 있다. 이러한 공격성을 정신의학계에서는 '수동적 공격성passive Aggressivität'이라고 한다. 수동적 공격성은 화나 분노 같은 감정을 외향적으로 표출하는 것이 아니라 '지시에 따른 업무'만 하면서 업무 진행을 방해하는 복수의 형태로 나타난다. 그래서 짐작하기 어렵고, 알아챘다고 하더라도 증명하기가 어려워 당사자를 비난할 수도 없다. 물론 주변의 가까운 동료들이 쉽게 눈치챌 수 있는 이러한 문제 행동은 은밀한 태업으로까지 이어질 수 있다.

직장 내 공격성은 관계된 모든 사람에게 그리 유쾌한 태도는 아니다. 동료와 상사에게는 스트레스이고, 업무상으로는 협업 방해, 비효율, 손실이다. 직장 내 갈등과 그에 따른 공격성은 어느 곳에서나 있을 수 있는 일로, 불가피한 측면이 있다. 그래서 갈등을 불식한다거나 옆으로 제쳐두는 것은 우리의 목표가 될 수 없다. 오히려 우리는 갈등을 인정하고 이에 대해 주저 없이 이야기를 나누면서 가장 신속한 방식으로 공정하게 갈등을 풀어나가고자 한다. 이 책에서는 분쟁 조정 프로그램을 다루지 않겠지만, 직장 내에서의 공격성을 최대한 줄이기 위해 뇌 과학으로부터 어떤 도움을 받을 수 있을지 잠시 설명하고자 한다.

왜 사람은 화를 내고, 왜 분노는 가라앉지 않고 점점 커지며, 무엇이 공격성의 온상이 되는가? 타인에게 가장 확실하게 공격성을 드러내는 방법은 육체적인 고통을 가하는 것, 즉 뇌의 통각중추痛覺中樞Schmerzzentren를 자극하는 것이다. 통각중추가 자극되면 사람은 외부의 공격성을 즉시 인지한다. 현대의 뇌 과학이 밝혀낸 바에 따르면 인간의 통각중추는 사회적으로 배제되거나 굴욕감을 느낄 때 육체적인 고통에 시달릴 때와 같은 자극을 받는다.[35] 이 때문에 우리는 육체적 고통뿐만 아니라 사회적 고통에도 공격적으로 반응한다. 속에서 끓어오르는 (대부분 불안이나 심리적 압박에서 오는) 분노를 조절하지 못하는 사람들 중에는 공격성보다는 우울증으로 반응하는 사람도 있다.[36]

이로부터 우리는 사회적 따돌림과 굴욕의 모든 결과가 공격성과 갈등을 조장할 수 있다는 것을 알 수 있다. 또한 직장 내의 모든 부당하고 불공평한 처사는 직원들에게 차별대우를 받는다거나 소외당한다는 느낌을 줄 수 있기 때문에, 부당함과 불공평함이 비생산적이며 비건설적이라는 사실을 명확히 인식해야 할 것이다.

물론 모든 직원을 동등하게 대우하거나 모두에게 똑같은 급여를 지급해야 한다는 의미는 아니다. 오랜 기간 돈과 시간을 들여 전문성을 갖춰온 직원, 사업 운영에 대한 책임과 위험부담을 떠안고 있는 직원, 타 직원들보다 더 많이 경영에 직접 참여하는 직원은 공정하게 그 일에 합당한 보수를 받아야 한다. 여기서 중요한 점은 이 원칙이 투명하고 합당하게 적용되어야 한다는 것이다. 같은 일에 대해 다른 보수가 지급되는—무엇보다 여성 노동자나 파견 노동자, 이주 노동자들이 종종 겪게 되는 부당 사례가 자행되는—곳에는 당연히 분노, 갈등, 공격성이 잠재되어 있을 수밖에 없다. 마지막으로 상기해야 할 것은 일을 하는 사람만이 사회적으로 소외되는 경험을 하는 것은 아니라는 점이다. 기꺼이 일하고 싶어도 일자리가 없는 사람에게 실업은 사회적 따돌림의 또 다른 형태다.

'긴밀감'
: 직장에서의 의미 발견과 의미 상실

의미에 대한 질문은 유난히 현학적으로 학식을 앞세웠던 사람들에 의해서 오랫동안 비교秘敎적이고 비학문적인 영역으로 내몰렸다.[37] 의미 추구와 관계성에 대한 인식은 인간의 뇌가 갖고 있는 생물학적 특성이자 기본 욕구다. 지속적으로 극심한 의미 상실을 경험하고 게다가 심한 폭력까지 당한 사람은 종국에는 미쳐버리고 만다. 신경생물학에 기초를 두고 있는 인간의 욕구, 즉 의미 있음Sinnhaftigkeit을 경험하고 그것에 기여하려는 인간의 욕구는 회사에서라고 잠시 접어둘 수 있는 것도 아니고 회사 경비실에 맡겨놓을 수 있는 것도 아니다. 의미 있음을 경험하는 것이 직장 생활을 건강하게 해나가는 데 중요한 기여를 한다는 (또는 의미 상실이 건강을 해친다는) 것은 독일 연방노동사회부에서도 인정하고 있다.[38]

의미 있음의 경험이 어려운 (노동)환경에서도 건강함을 유지하는 데 기여한다는 인식은 의료사회학자인 유대계 미국인 에런 안토노프스키Aaron Antonovsky, 1923~1994로부터 시작되었다.[39] 좁은 의미에서 '긴밀감(통합성Sense of Coherence)'[40]은 이해할 수 있음Verstehbarkeit, 장악할 수 있음Bewältigbarkeit, 의미 있음을 기본 전제로 한다. 그러면 직업세계에서 이러한 전제들은 어떤 의미를 가질까?

'이해할 수 있음'은 회사 정책의 신뢰성, 의사 결정의 투명성, 권한과 책임의 적절한 위임을 통해 완성된다. '장악할 수 있음'은 명확한 업무 지시와 달성 가능한 업무 목표 설정, 그리고 건강한 리더십과 동료애를 전제로 한다. 좁은 의미에서 '의미 있음'은 자신의 일에 스스로 책임을 지고 적극적으로 관여할 수 있는 곳에서 일하는 사람들에게서 찾을 수 있다. 대단히 틀에 박힌 업무나 하도급으로 맡겨진 업무, 비인간적인 노동 조건, 리더십 부재, 문제 많은 조직 문화, 불공정한 임금체계는 노동자들의 '긴밀감'을 (더불어 그들의 면역력까지) 파괴한다.

'긴밀감'을 파괴하는 또 다른 힘은 트라우마의 경험이다. 어떤 직업의 종사자들은 업무상 폭력에 희생될 위험이 적지 않다. 위험 부담을 안고 있는 직업으로는 은행의 현금수송 직원과 보안 담당 경비원, 경찰관, 군인, 교도소 직원, 법정에 참고인으로 출석하는 정신과 의사 등이 있다. 물론 이들뿐만 아니라 업무 특성상 폭력의 위험성과 직접적인 연관이 없는 사람들 또한 사적인 공간에서 폭력을 경험할 수 있다. 가령 유년기와 청소년기에 이미 폭력을 경험했을 수 있다. 개인적인 폭력 경험, 그중에서도 특정 개인으로부터 당한 폭력 행위의 경험은 '긴밀감'에 심각한 손상을 입힐 수 있다.[41] 비록 단기간의 경험일지라도 통제력을 완전히 빼앗긴 경험은 소위 '트라우마' (외상 후 스트레스 장애)라는 심각한 후유증을 낳는다. 트라우마의 증세로는 전에 느꼈던 공포와 실패를 예감하며 불안을 느끼는 예기불안expectation anxiety, 수면 장애, 트라우마 경험이 갑자기 기억 속에서 생생하게 떠오르는 플래시백flashback, 밤마다 찾아오는 악몽, 감정마비, 갑작스러운 자살 충동 등이 있다. 트라우마로 고통받는 사람은 종종 의사소통 장애를 겪으며, 그로 인해 직장 내에서 따돌림을 당하고 집단 괴롭힘의 대상이 되기도 하며,[42] 과거에 이와 비슷한 경험이 있어 상대하기 어려운, '까칠한' 동료로 쉽게 인식되기도 한다.[43]

직업세계에서
안내 역할을 하는 신경생물학

인간의 노동은 우연의 산물이 아니라 신경생물학적인 원리에 따른 결과물이다. 이 원리를 유념하는 사람들—회사 대표, 임원, 상사 또는 기업체 전속 의사—은 자신을 비롯한 직원들의 동기부여, 업무 효율성, 복지, 그리고 건강과 병가에 영향을 끼칠 수 있다. 우리 몸과 일의 만남이 어떤 원리로 진행되는지 주의 깊게 살피는 노력은 비단 고용주와 상사들에게만 필요한 것이 아니다. 이 원리는 일하는 사람 모두에게 적용되는 기준일 수 있다. 또한 이 원리는 직장 생활과 업무 수행을 방해하는 요인들이 무엇인지 정확히 파악할 수 있게 하며 필요할 경우 그때그때 알맞은 처방을 내리는 데 도움을 줄 수 있다. 또한 상술한 바와 같이 긴밀감은 무엇보다 회사 대표와 노조에게 영감을 주어, 전 직원의 복리와 동시에 회사의 번영에까지 그들의 활동영역을 확장시킬 수 있다.

　신경생물학적 관점에서, 직원들에게 도전할 과제가 있고, 이를 충분히 해결할 능력이 있다는 것은 중요하고 좋은 일이다. 하지만 도전 과제가 명확해야 한다. 또한 직원들이 집중해서 일할 수 있게 해야 하고, 멀티태스킹을 제한적으로 요구해야 한다. 상사는 직원들과 너무 깊지도 않고 너무 가볍지도 않은 적절한 관계를 계속 유지해야 하며, 직원들이 한 일에 대해 반드시 피드백을 주어야 한다. 비판적인 피드백은 사려 깊고 솔직하지만, 차별과 따돌림과 모멸감을 주는 행동은 비건설적이며 조직파괴적이다. 불과 몇 년 전까지만 해도 철저히 경시되었던 중요한 사실, 즉 업무를 효율적이고 성공적으로 수행하는 데 있어서 프로다운 관계 형성과 불안감 없는 업무 환경이 중요하다는 사실이 지금까지 언급한 신경생물학적 맥락에서 명백히 밝혀졌다.

제3장

노동환경

"인간은 그가 종사하고 있는 노동 속에
그의 세계관의 기초를 구하지 않으면 안 된다."

_요한 하인리히 페스탈로치

노동환경에 대한 진술은 부정확하거나 대략적인 설명에 근거해서는 안 된다. 따라서 노동자가 처한 상황을 통계 자료에 기초해 명확하게 짚는 것이 필자에게는 불가피한 일이 되었다. 여러 통계가 전하는 메시지는 각각의 숫자에 대한 해석과 분석의 맥락에서 이해되어야 한다. 통계 결과는 정확히 활용되어야 하며, 흥분과 감상을 가라앉히고 숫자가 가리키는 상황을 조작하거나 축소·확대 해석하는 것을 엄중히 경계해야 한다.

우리의 공공 언론이 관심을 갖는 주목경제Aufmerksamkeitsökonomie[1]에 대해 비판적 질문을 제기할 수 있다. 수백만 명의 시청자들, 더욱이 대다수가 종속 노동자에 속하는 그들은, 시장에서 통용되는 가치를 만들어내는 사람들의 세계를 흥미롭게 담아낸 프로그램도 있는데, 왜 증권 애널리스트들이 억지웃음을 보이며 무비판적으로 전하는 금융시장 동향에 대한 보고를 저녁 시간 내내 보고 있어야 하는가? 여기에 저널리즘이 창조적으로 구현될 만한 영역이 있던가. 아동의 노동 착취[2]가 여전히 근절되지 않고 성인의 노동 조건[3]도 매우 열악한 아프리카나 아시아 일부 국가의 상황에 대해 보고할 거리가 대단히 많아 보이지 않던가.

잘못된 방향으로 나아가려는 시도가 있다. 글로벌 경쟁력이라는 명목하에 아시아와 지구상의 다른 국가들의 납득할 수 없는 비참한 노동환경과 그에 비해 상대적으로 조금 나은, 하지만 결코 충분하다고 할 수 없는 유럽의 노동 상황을 대비해 보여주려는 시도 말이다. 노동 비용이 가격에 포함되기 때문에 이른바 글로벌 경쟁력은 열악한 노동환경을 더욱 위협하고 있고, 전 세계 노동자들의 건강에 부정적인 영향을 끼치고 있다.[4]

좋은 일, 나쁜 일

마케팅 조사연구기관으로 공신력이 있는 인프라테스트Infratest가 실시한 여론조사에 따르면 독일 전체 고용인의 33%가 자신이 하는 일을 '나쁘다'고 평가했다.[5] 심지어 노동 임금으로는 생계를 유지할 수 없는 하위 계층의 노동자(소위 '불공정한' 고용관계에 있는 노동자)들을 대상으로 한 설문조사에서는 전체 응답자 중 51%가 자신의 일을 '나쁜 일'이라 여기는 것으로 드러났다.[6]

독일 연방보건부 산하 질병통제센터Robert Koch Institut가 독일 성인 남녀 1만 3,000명을 대상으로 실시한 여론조사에서 여성의 14%, 남성의 21%가 자신의 노동 조건이 건강에 심각하게 혹은 매우 심각하게 해롭다고 답했다.[7] 그리고 현재 하고 있는 일을 은퇴할 때까지 계속할 수 있느냐는 질문에 전체 노동자의 36%가 '그렇지 않다'고 대답했고, 이런 (부정적) 경향은 지속적으로 증가하고 있다.[8] 자신의 생업에 대해 '나쁜 일'이라고 응답한 사람들 중에서 정년퇴직 때까지 일하는 것을 비관적으로 보는 사람이 60%에 달했다. 인구통계학상 최근 10년 동안 평균 은퇴 연령이 점점 높아졌다는 점을 고려하면, 전체 노동인구의 3분의 1이 정년퇴직 이전에 건강상의 문제를 갖게 되는 우리 사회는 더 이상 노동사회로서의 역할을 수행하지 못할지도 모른다.

또한 질병통제센터는 독일에 거주하는 성인 남녀를 대상으로 어떤 상황에서 일에 대한 부담을 가장 많이 느끼는지 조사했는데, 시간 압박과 성과 압박을 꼽은 사람이 40%로 가장 많았다. 그다음으로 장시간 근무와 출퇴근(35%), 추위나 더위(34%), 육체노동(27%), 허리를 구부리는 등 불편한 자세로 지속되는 일(26%), 교대근무(21%), 엄격한 규율과 통제가 따르는 일(19%) 등을 차례로 꼽았다.[9] 그리고 건강을 위협하는 요인으로 지목된 것은 1위가 '업무 환경 침해'였다. 2위와 3위의 결과는 남녀가 달랐는데, 여성은 시간과 성과에 대한 압박(2위), 그리고 무거운 물건을 들고 나르는 일(3위)을 꼽았고, 남성은 소음, 추위나 더위(2위) 그리고 교대근무(3위)라고 답했다.[10]

누가 일하는가?
그리고 얼마나?

독일 전체 인구는 8,200만 명으로 이 중 51%가 여성이다. 1,600만 명에 달하는 19.5%가 이민자 출신이고, 이들 가정에서 태어난 5세 미만의 어린이 비율이 35%를 차지한다.[11] 이를 근거로 20여 년 뒤에는 성인 노동인구의 3분의 1이 이민자 출신이 될 것으로 예상된다.

사회생활에 적응하는 데 교육은 결정적 역할을 한다. 청소년기와 청년기의 사람들은 직장 생활에 적응할 준비를 얼마나 잘하고 있을까? 고등학교를 졸업하지 못한 사람들 중에서 비이민자 출신은 1.8%인 반면, 이민자 출신은 14%에 달한다. 또한 비이민자 출신 중에서 직업교육을 받지 못한 이들은 16%인 반면에 이민자 출신 중에서는 이 비율이 41%를 웃돈다. 비이민자 출신의 청소년 중에서 고등학교 졸업장 없이 사회로 진출하는 비율은 연간 9%(이민자 출신은 19%), 직업교육을 받지 못한 비율은 14%(이민자 출신은 38%)이다. 유년기·청소년기 아이들이 제대로 교육을 받지 못하는 것은 몇몇 저자들이 줄곧 암시하는 것과 달리 생물학적인 (특히 유전적인) 원인 때문이 아니다.

인간의 뇌는 유년기에 외부로부터 받은 자극들에 의해 지속적으로 발달한다. 이처럼 뇌가 환경과 경험에 의해 변하는 현상을 전문

용어로 '신경가소성neuronale Plastizität'이라 한다. 실제로 신경생물학적 발달 장애는 아이에게 충분한 자극이 주어지지 않은 데 따른 (원인이 아닌) 결과다. 유년기·청소년기 아이들, 특히 이민자 가정에서 태어난 아이들에게서 심각한 교육 문제가 드러나는 것은 취학 전 아동의 학습을 위한 (특히 언어적·사회적) 자극과 지원이 심각하게 부족하기 때문이다. 교육과는 거리가 먼 환경에서 성장했더라도 만 3세 이상 아동에게 지원되는 유치원 의무교육을 제대로 받았더라면 그들의 미래는 좀 더 나아졌을 것이다.

2013년 현재, 전체 인구의 절반을 차지하는 4,100만~4,200만 명의 독일인이 일을 하고 있으며, 이 중 46%가 여성이다(1999년에는 여성 노동자의 비율이 42%였다).[12] 설문 응답자 중 4분의 3이 여성의 사회 활동이 여성 스스로 자의식을 찾아가는 데 중요한 역할을 한다고 답했다.[13] 하지만 사회 지도층의 여성 비율은 단 30%에 머물러 있으며, 여성 비율이 특히 저조한 분야는 농업과 어업(22%), 건설·기계업(15%), 수공업(9%)으로 나타났다.

2013년 초에만 독일 전체 노동자의 7%에 달하는 300만 명이 직장을 잃었고, 독일 노동시장 개혁정책인 하르츠Hartz IV의 일환으로 실업수당Arbeitslosengeld II을 받았다.[14] 그리고 전체 독일 아동 중 15%가 실업수당을 지원받는 가정에서 자라고 있다. 이 아이들은 많은 경우 불우한 환경으로 인해 의기소침하고 소극적인 모습을 띠게 된다. 유년 시절의 가난의 경험은 그 어떤 경험보다 유년기·청소년기

아이들의 마음에 깊이 각인된다.

다른 유럽 국가와 마찬가지로 독일에서도 규정된 근무시간보다 더 많이 일을 한다. 독일의 주당 평균 근무시간은 (일반 사업장의 전일제 근무를 기준으로) 41~43시간이다.[15] 전일제와 시간제를 모두 합하면 독일의 평균 근무시간은 주 35~38시간으로 다른 유럽 국가들과 비슷한 수준이다.[16] 물론 독일 내에서도 큰 차이가 있다. 앞서 언급한 대로 전일제 노동자들의 근무시간은 주당 평균 41~43시간인데 반해, 시간제 노동자들은 주 18시간 일을 한다(시간제 노동자의 21%는 어쩔 수 없이 시간제 근무를 하는 것이며, 종일 근무가 가능한 일을 원하고 있다).[17] 사실상, 전체 전일제 노동자 중 약 30%가 최대 48시간까지 일을 하고, 13~16%는 48시간 이상을 일한다. 주 60시간 넘게 일하는 사람도 5%나 된다.[18] 또한 종속 노동자 중 64%는 토요일에도 상시 출근해야 하고, 38%는 일요일과 공휴일에도 일해야 하며, 정기적으로 교대근무나 야간근무를 하는 직장인도 17~27%에 달한다.[19]

비정규직과 미니잡, 낮은 임금

'비정규직'의 증가는 현대 노동환경의 변화를 특

징짓는다. 비정규직은 근로시간이 정해져 있는 계약직이나 '미니잡 Minijob'(2003년 독일에서 처음 도입한 월 소득 450유로 이하의 시간제 고용 형태)을 포함해 정규 근로시간보다 짧게 일정 시간을 정해서 일을 하거나 상시 근로를 하지 않는 시간제 노동자를 망라한 개념이다.

비정규직 노동자의 비율은 지난 20년 사이 2배로 증가했고, 이는 전체 노동 시장의 25%를 차지한다.[20] 일반적으로 비정규직 노동자들은 정규직 노동자들에 비해 최저 수준의 급여를 받는다. 그들 대부분이 학력 수준이 낮고 충분한 직업교육을 받지 못했다.[21] 비정규직의 산업군별 분포를 살펴보면, 사무직에서 28%, 농업 분야에서 27%, 판매업에서 40%, 보조 업무에서 51%의 노동자들이 비정규직으로 일을 한다.

적지 않은 비정규직 노동자들이 매우 '힘겹게' 살아가고 있다. '힘겹다'라는 말은 노동 임금만으로 생계가 불가능한 상태임을 뜻한다.[22] 그들은 끊임없이 존재의 위협을 느끼면서 불안한 삶을 살고 있으며, 그들 상당수가 두 가지 일을 해야만 근근이 생계를 유지할 수 있다. 실제로 전체 노동인구의 5%가 두 가지 일을 하고 있다.[23] 그리고 전체 비정규직 노동자 중에서 최소 20%가 두 가지 일을 하는데, 이들은 비정규직 가운데서도 최하위층에 속한다.

이처럼 고단한 비정규 노동은, 앞서 언급했듯이, '현대 노동'의 변화를 보여주는 전형적인 특징이다. 이러한 변화 과정을 나타내는 또 다른 특징은 저임금이다.

전체 노동인구 가운데 저임금 노동자의 비율이 20%를 넘는다. 평균임금의 3분의 2 수준을 저임금이라 하며, 또한 독일에서는 시급이 세전 10유로 미만인 경우에도 저임금으로 간주한다.[24] 저임금 노동자 중 절반(49.8%)이 비정규직 종사자들이다.[25] 87%의 택시 기사, 86%의 미용사, 82%의 환경미화원, 77%의 요식·숙박업소 종업원, 74%의 세탁업 노동자들이 저임금 노동에 시달리고 있다.

또한 직업교육을 받지 못한 사람은 도제식 수업을 받거나 직업학교를 졸업한 사람들에 비해 추후 저임금 노동자로 전락할 위험이 30%가량 높은 것으로 나타났다(좀 더 높은 계층과 비교하면 격차는 2배 이상 벌어진다).[26]

시간제 및 파견제 노동

시간제 및 파견제 근무는 비정규직 유형 가운데서도 가장 열악한 경우라고 할 수 있다. 시간제 및 파견제 근무는 파견업체가 노동자를 고용한 다음 (고용관계를 유지하면서) 인력을 필요로 하는 업체에 소위 '고용인 양도'라는 형태로 노동자를 '파견하는' 제도다. 본래 시간제 및 파견제 노동의 목적은 기업이 노동자와 장기간 고용계약을 맺지 않고도 노동자들을 고용할 수 있게 해주는 것이었다. 하지만 많은 기업의 시간제 및 파견제 노동은 (말 그대로) 한

시적 완충장치에서 (목적과는 어긋난) 영구적 해결책으로 퇴색되었다. 그 결과 기업은 값싼 노동력을 얻는 동시에 장기근속자를 견제하고 위협할 수 있게 되었다.[27]

낮은 급여와 열악한 처우의 노동자들이 맡는 역할은 업무 보조가 일반적이다(파견직의 24%).[28] 비정규직 중에서도 특히 시간제 및 파견제 노동은 고용 안전성을 보장받지 못한 채 언제든 일자리를 잃을 위험에 처해 있다. 이미 언급한 것처럼 전체 노동자의 22%는 지속적으로 고용 불안에 내몰려 있다고 한다.[29]

빈곤의 위험과 가난

평균임금의 60% 미만을 받는 노동자는 규정된 개념에 따라 소위 '빈곤위험층'에 해당된다. 하지만 실제로 독일에서는 평균임금의 50% 이하인 경우를 '빈곤층'으로 간주한다.[30] 앞서 말한 대로, 약 300만 명의 실업자가 실업수당을 받고 있다.[31]

실업은 (편부모 가정에서 자랐다면 더더욱) 빈곤의 주요 원인으로 작용한다. 실업은 성인뿐만 아니라 아이들의 운명에까지 영향을 끼친다. 이미 지적한 대로, 전체 아동 중 15%는 실업수당을 받는 가정에서 살고 있다. 빈곤 위험에 노출된 가정에서 성장하는 아이들에게 가장 위험한 영향을 끼치는 요인은 가장의 실직이다(편부모 가정, 다

자녀 가정, 이민자 가정 또한 아이들 성장의 위험 요인으로 지목된다).[32]

일반화된 노동
: 근무시간, 야간근무와 주말근무

주당 근무시간

　　독일에서 전일제 노동자의 주당 근무시간은 평균 41~43시간이다.[33] 몇몇 직군에서는 연장근무가 상시적으로 행해진다. 직업별로 살펴보면 자영업자와 의사를 제외하고[34] 농부의 노동시간이 가장 길다. '농업 종사자들' 중 42%는 매주 48시간 이상 일한다. 그다음은 기업의 경영자와 간부(37%), 교수와 연구직 종사자(21%) 순이다.

　일일 근무시간과 주당 근무시간은 건강과 매우 밀접한 관련이 있다. 평균 노동시간을 초과해 매일 10시간씩 일하는 이들은 우울증 위험이 눈에 띄게 높아진다. 또한 하루 11시간씩 장시간 노동을 하는 사람은 우울증에 걸릴 확률이 일반인에 비해 2.5배 높았다.[35] 이와 관련해 영국의 공무원들에게서 흥미로운 사실이 발견되었다. 제한적으로 초과근무를 하되, 규정된 근무시간을 '살짝' 초과하는 선에서, 즉 하루 최대 9시간을 넘지 않게 일할 경우 오히려 우울증의 위험이 낮아지는 것이다.[36] 물론, 연장근무가 바람직하다는 것을 옹호하기 위해 이 조사 결과를 인용한 것은 절대 아니다. 다만, 규정된 업무시간을 초과해 좀 더 일한다고 해서 무조건 건강에 문제가 되는 것은 아니라는 점을 지적하고 싶다.

야간근무와 주말근무, 그리고 항시 대기

주당 노동시간이 얼마나 되는지를 살피는 것도 중요하지만, 하루에 몇 시간 일하는지, 주말에도 일을 하는지도 중요하게 다뤄야 할 주제다. 정기적으로 오후 6시부터 밤 11시까지 일하는 사람들의 비율은 20여 년 전보다 2배 정도 증가했다(2011년 기준 27%).[37] 또한 규칙적으로 밤 11시부터 새벽 6시까지 일하는 밤샘 노동자들의 비율 역시 과거에 비해 9% 상승했다. 이뿐만 아니라 농업과 서비스업 종사자들은 상시적으로 주말에도 일을 한다. 〈2012년 독일 스트레스 보고서Stressreport Deutschland 2012〉에 따르면 토요일에 평상근무를 하는 종업원의 비율은 (같은 분야 전체 종업원 중) 64%를 차지했고(전체 노동자의 27%), 또 38%의 종업원이 일요일과 공휴일에도 일을 하는 것으로 나타났다(전체 고용인의 14.5%).

또한 전체 노동자 중 29%는 근무시간이 아닐 때도 업무 지시에 대비해 '항시 대기' 상태에 있어야 한다(종업원의 경우에는 이 비율이 '단지' 18%이다).[38] 자영업자의 63%, 사무직원의 54%가 업무시간 이외의 시간에도 언제든 회사와 연락이 가능해야 한다고 답했다.[39]

육체적 고통과
정신적 고통

전체 노동자의 11%(남성 13%, 여성 9%)가 일 때문에, 건강에 심각한 무리를 줄 정도의 육체적 고통에 시달리고 있다.[40] 몸이 힘든 것은 무거운 물건을 들고 나르는 육체노동 때문이기도 하고 소음과 진동, 화학약품, 먼지, 연기 또는 증기와 같은 사고 위험이 있는 곳에서 일하기 때문이기도 하다. 육체적 고통을 가장 많이 호소하는 노동자들을 업종별로 살펴보면 공업 21%, 수공업 20%, 농업 19% 순이었고, 이에 비해 사무직은 5%에 불과했다.

일로 인해 정신적 고통을 느끼고 이 때문에 건강까지 위협받는다고 응답한 사람은 전체 노동자 중 12%였다.[41] 업종별로는 교수와 연구직이 17.6%로 가장 높았고, 그다음으로 관리직 및 임원직이 16.9%, 전문기술직이 13.6%, 설비 및 기계 관리직이 11.5%였으며, 사무직과 영업직이 9%로 가장 낮았다.

독일은 심리적 부담이나 고통의 문제에 대해서는 때때로 여전히 대수롭지 않게 여기고 평가절하하며 경시하는 경향이 있다. 이는 역사적 배경에서 원인을 찾을 수 있는데, 정신병을 앓는 사람들에게 오명을 씌우고 정신단련을 강요했던 사회다윈주의(사회진화론)와 국가사회주의의 영향이 크다.

동료의식과
집단따돌림

앞서 언급한 바와 같이 직장 내 분위기도 노동자의 건강에 많은 영향을 끼친다. 노동자의 건강을 해치는 여러 위험 요인 중 하나로 나쁜 조직 분위기를 꼽을 수 있다.[42] 직장인의 50%는 상사들로부터 충분한 관심과 지원을 받지 못한다고 느꼈고, 약 30%의 직장인들은 동료와의 협업에 대한 불만을 토로했다.[43] IT업종에 종사하는 노동자들을 대상으로 실시한 설문조사에서는 그들 중 17%가 직장 내 대인 관계에서 늘 긴장한다고 응답했다.[44] 그리고 전체 업종을 통틀어 10명 중 1명(8.9%)은 직장 내 차별을 경험한다고 답했다. 이런 차별의 원인으로는 나이를 가장 많이 꼽았는데, 노동가능인구의 연령이 점점 높아지는 추세로 볼 때 이는 주목할 만한 지표다.[45]

직장 분위기를 해치는 또 다른 요인으로 모빙Mobbing, 즉 집단따돌림이 있다. '직접적인 따돌림direktes Mobbing'과 수년 전부터 새로운 현상으로 등장한 '사이버 따돌림Cyber-Mobbing'은 차이가 있다. 주로 대인 관계에서 빚어지는 직접적인 따돌림은 반복적으로 위협을 가하거나 비난과 경멸을 드러내며, 다른 직원들 앞에서 모욕을 주고, 업무에서 계획적으로 배제하거나 무시하는 행위로 나타난다. 사이버 따돌림은 특정인의 명예를 훼손할 목적으로 이메일, 문자, SNS,

인터넷 웹사이트 등의 사이버 공간에서 특정인을 모욕하고 위협하며 반복적·계획적으로 악의적인 소문을 퍼뜨리는 것을 말한다.

집단따돌림으로 어려움을 겪는 직장인의 비율은 5~11%에 이른다.[46] 특히 사무직, 사회봉사직, 의료보건직, 교사직 등에서 집단따돌림의 문제가 더욱 심각한 것으로 나타났다.[47] 눈여겨볼 점은 안타깝게도 집단따돌림으로 고통을 당하는 사람들의 연령이 대체로 높다는 것이다.

누적화, 연속성의 단절 그리고 멀티태스킹

업무 증대와 누적, 업무 연속성의 단절(업무 파편화), 그리고 이와 밀접한 멀티태스킹이 최근 몇 년 사이 크게 늘었다. 이에 반해 업무의 자율성은 점점 줄었다. 직장인의 약 30%는 업무 처리 방식에서 자율적 권한을 보장받지 못한다고 했고, 정해진 속도에 맞춰 강도 높게 일하는 방식에 무조건 적응할 수밖에 없다고 답한 사람도 40%에 이른다. 더욱이 전체 직장인의 50%는 업무에 대한 권한이 없기 때문에 업무 처리 과정에서 종종 잘못이나 실수를 저지르게 된다고 토로했다.[48] 제4장에서 설명하겠지만, 로버트 카라섹Robert Karasek과 퇴레스 테오렐Töres Theorell의 공동 연구조사에서도 밝혀졌듯이 업무 자율성의 부재는 건강을 해치는 스트레스의 주요 요인으로 작용한다.

업무 증대와 누적, 업무 파편화가 점점 더 증가한다고 생각하는 지 묻는 질문에 전체 직장인의 63%가 '그렇다'고 응답했다.[49] 40[50]~52%[51]의 직장인들은 업무 처리 과정에서 끊임없이 시간의 압박을 받는다고 답했다. 또한 46%는 업무 연속성의 단절을 겪고 있으며, 다른 업무를 동시에 처리해야만 한다고 응답했다(이것은 2006년의 수치이며, 1999년에는 34%였다). 특히 IT업종 노동자들의 절반 이상(54%)이 이러한 업무 연속성의 단절을 경험하고 있는 것으로 나타났다.[52] 그리고 직장인의 59%(2006년 수치, 1999년에는 42%)는 직장 내에서 멀티태스킹에 대한 요구를 강하게 받고 있다고 했다.[53] 제2장에서 살펴본 바와 같이, 연속성의 단절과 멀티태스킹은 인간의 뇌를 '디폴트 모드 네트워크(불안-스트레스 체계)'로 전환시킨다. 끊임없이 신속하게 처내야 하는 업무, 많은 업무량, 업무 연속성의 단절, 멀티태스킹은 수면 장애, 소진, 정신·육체 부담과 우울증으로 이어질 수 있다.[54]

일자리 불안

또 다른 스트레스 요인으로 지목되는 일자리 불안을 직장인의 22%가 느끼고 있다.[55] 실제로 전체 취업인구의 15〜17%는 고용기간이 미리 정해진 상태에서 일한다.[56] 또한 이들 중 7%는 일자리에 대한 불안 때문에 극심한 스트레스를 호소하며,[57] 이들 중 몇몇은 신경증을 앓고 있다. ("고용주를 자주 교체해볼 수 있다면 어떨까?") 실제로 많은 통계 수치들이 빈번한 일자리 교체와 질병 간에 분명한 상관관계가 있음을 보여준다.[58] 보조직이나 서비스직처럼 특별한 전문성이 필요 없는 업종의 사람들이 자주 일자리를 옮겨 다녀야 하는 처지에 있다.[59]

기동성, 통근시간

업무를 위해 이동하는 시간이 길수록 스트레스, 좌절, 분노 등을 유발할 가능성이 높다는 것을 수많은 연구 결과가 뒷받침한다. 그럼에도 현실에서는 이 문제가 과소평가되고, 오히려 많은 직장인들에게 업무를 위한 장거리 이동이 요구되는 경우가 많다. 매일같이 반복되는 출퇴근과 외근, 장기 출장 등을 포함해 업무상 이동하는 거리는 직장 생활에서 큰 부분을 차지하면서 많은 영향을 끼친다.[60] 독일 지역의료보험조합Allgemeine Ortskrankenkasse, AOK의 연구 조사에 따르면 직장인들 중 12%는 출퇴근으로 매일 왕복 25km를 이동하고, 집과 직장 간 거리가 50km 이상인 통근자도 4%에 이른다.[61] 특히 전문직 종사자일수록 출퇴근에 더 많은 시간을 소비한다.

TK 보험사Techniker-Krankenkasse[62]에 따르면, 자사 전체 보험 가입자의 45%가 업무상 전문성을 갖춘 사람들인데, 이들 중 집과 직장 간 거리가 50km 이상인 사람이 12%를 차지한다고 한다.[63] 그리고 전체 직장인 중 35%가 '장시간 근무와 장거리 통근'에 상당한 부담을 느끼는 것으로 나타났다.[64]

스트레스성 질환이나 심리 장애로 병가를 신청하는 횟수는 직장인들의 통근 시간과 밀접한 관련이 있다. 또한 장거리 통근의 문제는 독일보다 미국 사회에서 더 큰 반향을 일으키고 있는데, 실제로 장거리 통근이 심장과 순환계 질환 등 미국인들의 건강에 심각한 영향을 끼친다고 독일과 미국의 연구조사가 공히 지적하고 있다.[65]

사회계층에 따른 업무 부담

일로 인한 건강상의 문제는 전문직보다 비전문직 종사자들에게서 더 뚜렷하게 드러난다. 이는 특히 (물리화학적으로 야기된) 육체적 부하로 인한 것이 자명하다.

하지만 정신적 스트레스와 건강상의 장애는 결코 전문직이나 사회적 관계성이 강한 특수 직종에만 한정된 문제가 아니다. 고학력 계층에 속하지 않는 직장인들의 정신적 스트레스는 고학력 계층 직장인들의 스트레스와 거의 차이가 없으며, 그들에게도 스트레스의 뚜렷한 병증이 나타났다. 실제로 관찰해보면, 사회적으로 높은 지위에 있는 사람들의 경우 번아웃 증후군이 주로 진단되고, 상대적으로 낮은 계층에 속하는 사람들의 경우에는 우울증이 자주 나타난다.[66]

직업 지위가 낮은 노동자가 우울증에 걸릴 확률은 전체 평균보다 3~4배 높다.[67] 업종별로는 운송업이 33%로 가장 높고, 그 뒤로 건설업(30%), 중소기업(25%), 제조업(22%)과 행정직(22%) 순이다. 성별에 따라서는, 간호 인력을 포함한 의료계 종사 여성들(23%)이 우울증 등 건강상의 위험에 가장 많이 노출되어 있고, 그다음은 행정직(19%), 건설업(19%), 제조업(17%) 여성들 순이다.[68] 일반 사무직 직원이나 공무원들보다 육체노동자가 건강상 더 심각한 위협을 받고 있다.[69] 일반적으로 취약계층, 임시직이나 비정규직같이 고용 상태가 불안한 노동자, 그리고 의료·사회·교육 등 전문 산업분야에서 일하는 저학력 노동자와 농업, 요식·숙박업, 운송업, 기계설비 및 금속제조업, 건설업 등에서 일하는 비숙련 노동자들의 일은 특히나 노동 강도가 매우 높다.[70] 물론 학교 교사[71], 대형 병원이나 일반 병원의 의사를 포함한 몇몇 연구 및 교육 직종 종사자들도 업무로 인한 스트레스성 질환을 겪고 있는 것으로 나타났다.

소진

　　　　　독일 질병통제센터의 연구조사에 따르면 남성의 5~10%, 여성의 10~15%가 '극심한 업무 스트레스'에 시달리고 있다.[72] 수면 장애는 스트레스의 가장 일반적인 증상으로, 청소년의 15%와 중노년층의 35%가 수면 장애를 겪고 있다. 극심한 업무 스트레스를 토로하는 사람들의 60%는 수면 장애뿐만 아니라 번아웃 증후군, 우울증으로 고통받는다.[73] 독일의 기업 경영자들 중 68%는 2008~2009년 세계 경제위기 이후로 성과에 대한 압박과 스트레스가 더욱 심해졌다고 밝혔다.[74] 오스트리아에서도 전체 직장인의 22%가 만성 스트레스에 시달리고 있다는 연구 결과가 발표되었다.[75]

　직군별로 최대 25%의 직장인에게서 만성적 소진 상태가 나타나는 것으로 조사되었다.[76] 직장인의 3분의 1 이상이 퇴근한 뒤에도 너무 녹초가 된 나머지 "나를 위해 즐거운 무언가를 할 마음이 나지 않는다"고 호소했다.[77] 만성적 소진 상태는 여러 질병, 특히 우울증이나 어깨·등·척추 통증, 그리고 다양한 심신상관의 기능 장애를 예고하는 일종의 '최초 시그널'처럼 보인다.[78]

　퇴근을 하고도 정신적 소진으로 무기력 상태에 빠져 있는 사람들을 직업별로 살펴보면, 일반의, 학교 교사, 사회사업 종사자, 그리고 보육교사나 간병인 중에 가장 많다.[79]

대다수의 사람들이 일로 인한 소진에 이르는 것은 완전히 업무를 차단할 수 있는 능력이 부족하기 때문이다. 즉 퇴근하면서 일을 집으로 가져가지 않거나 퇴근 후에는 업무에 대한 고민을 잠시 접어두어야 하는데, 전체 직장인의 32%가 이 업무 차단 능력이 부족하다.[80] 이 비율은 최근 몇 년 사이 급격히 증가했는데, 예를 들어 2001년에 IT분야 종사자의 49%가 퇴근 후에도 일에서 손을 떼지 못했다면, 2009년에는 그 비율이 71%로 증가했다.[81]

일을 위한 도핑

독일 공보험사Deutsche Angestellten Krankenkasse, DAK 의 연구조사에 따르면 독일인 약 200만 명이 업무 성과를 높이기 위해 활력을 증강하고 정신을 맑게 해주는 의약품을 복용한 경험이 있다. 대부분이 의사의 처방전이 필요 없는 약을 스스로 구입해 복용했다.[82] 이와 같은 약품을 정기적으로 꾸준히 복용하는 사람은 독일에서만 80만 명 정도 되고, 이들 대부분이 인터넷을 통해 약품을 구입한다고 한다.

이들이 가장 흔하게 복용하는 도핑 약물로는 피라세탐Piracetam(인지력 장애증상 개선에 처방되는 약으로 항치매제로 쓰임), 메틸페니데이트Methylphenidat(주의력결핍 과잉행동 장애ADHD 치료 약물로 리탈린 부

류에 속함), 모다피닐Modafinil(각성제), 플루옥세틴Fluoxetin(항우울제) 등이 있다.[83]

휴직 사유로서의
정신 질환

일을 할 수 없게 만드는 병가 사유에서 정신 질환은 5위를 차지했다. 업무 수행 불가능의 사유로 1위를 차지한 것은 호흡기 질환이다. 전체 보험 가입자의 43%가 이에 해당한다. 그다음으로 운동기관 장애 33%, 위장 질환 20%, 상해 17%이고, 정신 질환이 9.5%로 5위다.[84] 정신 질환을 치료하는 데 필요한 병가 일수는 진단 횟수당 평균 23일로, 정신 질환은 타 질환에 비해 긴 치료시간을 필요로 한다.[85] 그리고 전체 병가 일수 가운데 대략 10%를 차지한다.[86] 지난 20년간 정신 질환으로 휴직을 하거나 병가를 내는 사람들의 수도 2배로 늘었다.[87]

업종별로 보면 정신 질환으로 인한 직원의 휴직 비율은 의료·복지 분야에서 가장 높았고 은행·보험 분야에서 가장 낮았다. 실업자는 직업인보다 더 심한 정신 질환을 앓고 있으며, 정신 질환은 실업자에게서 가장 흔한 질환이다.[88]

휴직을 초래하는 정신 질환 중 가장 흔한 것이 우울증이다.[89] 스트레스, 특히 과중한 업무에 시달리거나 업무 성과를 제대로 인정받지 못할 때 받는 스트레스가 우울증의 주원인이 된다.[90]

열악한 근무 조건이 번아웃 증후군을 일으키는 주원인이고, 번아웃 증후군은 우울증으로 발전될 가능성이 가장 높다는 점은 이미 많은 연구를 통해 검증되었다. 하지만 우울증에 시달리는 사람들 모두가 병원의 확정 진단을 받은 것은 아니다. 자신이 우울증에 걸린 줄도 모르고 일하는 직장인의 비율도 16%에 이른다.[91]

한 설문조사에 따르면, 2008년 세계 경제위기 이후로 우울증을 앓는 직원의 수가 이전에 비해 증가했다고 설문에 참여한 기업 경영자의 40%가 답했다.[92] 이 현상은 우울증이 노동환경과 밀접한 관련이 있음을 보여준다. 과학적 차원에서도 업무 능력에 대한 비인정, 일자리 불안이 우울증을 유발하는 핵심 인자로 간주된다.[93]

우울증은 정신적 질환으로 그치지 않는다. 중증 우울증은 심근경색의 위험을 60%에서 최대 100%까지 높인다.[94] 또한 고혈압, 흡연, 당뇨병, 고도비만에 우울증이 더해지면 심장의 위험이 증가한다.[95] 번아웃과 우울증, 심장 질환 사이의 관계는 제4장에서 자세히 살펴보도록 하자.

휴직 사유로서의
일반 질환

정신 질환뿐만 아니라 일반 질환도 업무 수행이 불가능한 상황에 깊이 관여한다. 전체 직장인 100명 중 16명이 반복적인 만성 고통을 호소한다.[96] 직장에서 인정받지 못하는 것, 교육 수준이 낮거나 직업교육의 기회가 적은 것은 이미 언급한 대로 우울증의 유발 인자일 뿐만 아니라 육체 건강을 해치는 요인이기도 하다.[97]

2012년 기준, 전체 노동자의 연 평균 입원 일수는 10일로,[98] 1991년에 12일 조금 넘었던 것이 2006년과 2007년에 8일로 나흘 정도 줄어들었다가 다시 증가하는 추세다.[99] 일을 하는 것도 사람을 병들게 할 수 있지만, 일이 없다는 것도 그럴 수 있다. 통계에 따르면 병원에 가는 일수가 가장 많은 사람은 구직 활동 중인 사람이다.[100]

업종별로 보면 의료·보건 분야(특히 간병인[101]), 운송업, 제조업, 건설업 종사자들의 병가 일수가 가장 많았고, 은행, 보험, 언론 분야의 병가 일수가 가장 적었다.[102] 이는(전문직 중에서 가정의[103]와 교직자[104]처럼 강도 높은 노동이 수반되는 직업인을 제외하면) 교육 수준이 높을수록 병에 잘 안 걸린다는 것을 보여준다.

입증된 통계 자료에 따르면, 언론계 종사자들은 다른 직종 종사자들보다 건강상의 문제에 덜 노출되어 있다. 이는 언론매체 전문가들의 경우 타 업종 직업인들의 건강 문제를 책임감 있는 방식으로 주제화하며, 그 문제를 대수롭지 않게 여기거나 정신병적 문제로만 치부하지 않기 때문이다. (일과 관련된) 번아웃 증후군을 실체가 없는 현상으로, 단순히 개인 차원의 우울증 증상으로 몰아가는 몇몇 정신의학자들의 태도에 맞서 언론매체는 신경안정제 등의 향정신성 의약품이 노동환경 개선의 대체제가 절대 될 수 없음을 분명히 밝혀줘야 하겠다.

노동으로 인한 소모
: 조기 은퇴

조기 은퇴를 이끄는 모든 질병의 원인을 직업 활동으로만 돌릴 수는 없지만, 높은 조기 은퇴율은 직업 활동에 의한 건강의 소진을 보여주는 지표임에 틀림없다. 100명 중 14명이 건강상의 이유로 조기 은퇴를 한다.[105] 정년을 채우지 못하고 조기에 퇴직할 수밖에 없는 여러 병적 요인 중에서 정신 질환 악화가 가장 큰 비중을 차지한다. 운동기관 장애 및 순환계 질환보다 더 큰 비중을 차지하는 것이다. 2012년 말에 발표된 2011년도 통계 자료에 따르면, 정신 질환은 조기 은퇴 사유 중에서 41%를 차지해 1위에 올라섰는데, 이 비율은 그보다 몇 해 전부터 꾸준한 상승세를 보였다.[106] 2000년도에는 24%였던 정신 질환으로 인한 조기 은퇴율이 2010년에는

39%로 크게 증가했고, 불과 1년 만에(2011년) 2% 상승한 것이다.

또한 어떤 직종의 종사자가 업무 수행 불가능으로 인해 (혹은 사망으로 인해) 조기 퇴직을 하는지를 보여주는 암울한 통계가 몇 년 전부터 보고되고 있다.[107] 정년을 채우고 퇴직하는 사람이 50%에 미치지 않는 직업군으로는 비계 설치, 지붕 시공과 광업이 있다. 미장공(38%), 건설 보조인력(38%), 페인트공(37%) 역시 정년을 채우는 비율이 낮다. 안타까운 점은, 간호사·간병인과 사회사업 종사자의 경우에도 이 비율이 각각 41%와 36%라는 것이다.

압박에 시달리는 직장인
: 〈2012년 독일 스트레스 보고서〉

시의적인 맥락에서 현재의 노동 상황을 조명해주는 인상 깊은 자료가 있어 여기서 중요한 내용을 몇 가지 뽑아 간단히 짚어보고자 한다. 그 자료는 2013년 1월 말에 독일 연방산업안전보건부가 발간한 〈2012년 독일 스트레스 보고서〉로서, 현재의 노동 상황 일반에 대해 포괄적이고 광범위하고 검증된 기초 자료를 구축해놓았다.[108] 이를 위해 2011년 말부터 2012년 초까지 독일 전역의 2만여 명의 직장인을 대상으로 표본조사를 실시했다. 이 보고서에 따르면 (자영업자와 프리랜서를 제외하고) 1만 7,500명 이상의 직장인이 종속 고용관계에 있다. 성별로는 남성이 54%, 여성이 46%이며, 평균 연령은 42세다.

이 보고서에 따르면 (종속 고용관계에 있는) 종일 근무 직장인의 실제 주당 노동시간은 43시간으로(시간제 노동자를 포함하면 38.3시간), 이들 중 30%는 일주일에 최대 48시간까지 일한다. 상시적으로 주 48시간 이상 일하는 노동자도 16%에 달했다(운송업 25%, 임원관리직 20%, 건설업과 통신설비업 19%, 교직원 17%). 또한 전체 종속 노동자의 64%가 토요일에도 상근하며, 일요일과 공휴일에도 일하는 노동자가 무려 38%에 달한다(직업군으로는 요식업, 의료업이 가장 높은 순위에 올랐다). 이 밖에도 교대근무자의 13%, 야간근무자의 7%가 일요일과 공휴일에도 일을 했고, 전체 노동자의 18%는 근무시간 외에도 항시 대기 상태를 유지해야 했다. 그리고 전체 조사 대상자의 12%는 계약직이었다.

직장에서 가장 부담스러운 것이 무엇인지를 묻는 질문에는 응답자의 58%가 여러 가지 업무를 동시에 진행하는 것, 즉 멀티태스킹을 꼽았고, 그다음으로 과도한 일정 압박과 성과 압박(52%), 반복적인 업무 처리 과정(업무의 루틴함, 50%), 업무 연속성 단절과 방해(업무의 파편화, 44%), 신속한 업무 처리 요구(39%), 그리고 거듭되는 새로운 업무에의 도전(39%)을 꼽았다.

여기서 흥미로운 점은 위의 결과와 노동자가 체감하는 비율 간에 다소 차이가 있다는 것이다. 직장인이 가장 많이 꼽은 부담 요인은 멀티태스킹이 아니라 과중한 일정 압박과 성과 압박이었고(34%) 그다음으로 업무 연속성 단절과 방해(26%), 신속한 업무 처리 요구(19%), 멀티태스킹(18%) 순이었다. 일반 직원들과 비교했을 때 관리자급의 리더는 멀티태스킹, 일정 및 성과에 대한 압박, 업무 연속성의 단절에 더 민감하게 반응했으며, 이에 반해 업무의 루틴함은 가장 적게 언급했다.

지난 2년간 기업의 구조 조정으로 희생된 종속 노동자의 비율은 42%다. 무엇보다 대기업, 공공기관을 중심으로 제조업과 공직에 종사하는 사람들이 가장 많이 일자리를 잃었다. 전체 파견 노동자와 계약직 노동자의 46%도 구조 조정으로 인한 대량 실업을 겪었다. 구조 조정이 비단 노동자의 실업에만 영향을 끼치는 것은 아니다. 〈2012년 독일 스트레스 보고서〉가 분석한 바에 따르면, 구조 조정의 여파로 일정과 성과에 대한 압박이 더욱 커졌고, 멀티태스킹에 대한 요구도 증가했으며, 업무 연속성의 단절 역시 높아졌고, 무엇보다 임직원의 소진 현상이 눈에 띄게 증가했다. 그렇다고 이에 맞서 노동자들이 할 수 있는 일은 없었다. 전체 종속 노동자의 68%가 업무 증대에 따른 부담에 대해 어떠한 영향력도 행사할 수 없었고, 44%는 휴가 일정을 잡는 데 결정 권한이 없었고, 33%는 자신의 업무를 스스로 분배할 수 없었으며, 30%는 업무 처리의 기간이나 속도에 대해 아무런 영향을 끼치지 못했다.

지난 2년간 독일에서만 전체 직장인의 43%가 과중한 성과 압박과 직장 내 스트레스를 호소했다(관리자급의 경우는 48%). 자신이 할 수 있는 것보다 더 많은 일이 할당되었다고 생각하는 종속 노동자의 비율도 19%에 이른다.

또한 목과 허리 결림 등의 근육 질환이나 관절 질환을 앓고 있는 직장인들이 70%에 달하며, 직장인의 57%는 피곤, 소진, 수면 장애, 신경과민 등의 자율신경계 이상을 호소한다. 종속 고용관계에 있는 모든 직장인 가운데 17%가 신체적·정서적으로 소진되었고, 14%는 건강 이상 징후가 있다고 보고된다. 몸이 아파서 일할 수 없는 상태임에도 스스로 그렇지 않다고 판단해 출근을 감행하는 직장인들만 해도 21%에 달한다. 이는 '출근주의Presentismus'로 지칭되는 현상의 일종이다(이와는 반대가 '결근주의Absentismus'로, 즉 아프지 않아도 때때로 진단서를 받아서 습관적으로 결근하는 직장인의 비율도 16% 정도 된다).

직장 생활의 또 다른 측면에서 보면, 특히 운송업과 유통업, 건설업과 요식업, 공업, 의료복지업, 교육 및 보육업, 정보통신업에 종사하는 노동자들의 업무 부담이 굉장히 크다. 〈2012년 독일 스트레스 보고서〉의 분석 자료처럼 건강상의 문제는 위에서 언급한 과중한 업무량, 시간 압박, 멀티태스킹, 업무의 파편화, 업무로부터의 소외 등의 '객관적' 결과일 뿐만 아니라, 조직 내 분위기에도 상당한 영향을 받는다. 전체 직장인의 20%가 직장 동료의 협조와 지원을 받지 못하고 있으며, 상사로부터 존중이나 인정을 받지 못한다고 느끼는 직원도 41%에 달한다. 이들은 상사의 지원을 받는 직원들과 비교했을 때 더 큰 육체적·정신적 고통을 겪는 것으로 드러났다.

　과도한 요구, 업무 가속화, 업무 압박, 적은 권한, 업무 과정의 파편화는 많은 업무 현장의 상황을 특징짓는다. 사람이 아프다고 해서 원인이 모두 업무 현장에만 있는 것은 아니다. 하지만 건강에 부담이 되는 가장 중요한 요인을 업무 현장 밖에서 찾는 시도 또한 잘못된 것이다.[109] 그리고 현실이 이를 보여준다.

　이번 3장에서 다뤄진 상황뿐만 아니라 다음 제4장에서 논의될 노동으로 인한 스트레스 요인과 질병 간의 밀접한 연관성—우울증 증세, 심장과 순환계 질환, 만성 허리 통증 등에 스트레스 요인이 작용한다는 것은 이미 과학적으로 입증된 사실이다—은 노동 상황이 건강에 지대한 영향을 끼친다는 사실을 증명해준다. 무엇보다 지난 몇 년 사이 정신 질환이 급속도로 증가해 조기 퇴직의 주요인으로 작용하고 있다는 사실만 봐도 그렇다.

제4장

번아웃, 우울증, 스트레스

"왜 1년치 일을 6개월에 하는가!"

_폴 라파르그

번아웃 증후군은 '의학적 진단 유형'[1]에 속하지 않지만 최근 들어 증가하고 있는 중대한 장애로, 업무 현장에서 비롯된다.[2] 현재 번아웃 증후군에 대한 논쟁이 활발히 진행되고 있다. 하지만 한편에서는 번아웃 증후군 자체가 부정된다. 번아웃 증후군을 의학적 현상으로 보지 않는 일군의 사람들은 번아웃에 시달리고 있다고 호소하는 사람이 실제로는 우울증을 앓고 있는 것이라고 주장한다. 그렇다면 정신의학적 관점에서의 우울증을 앓고 있지는 않지만 직장 내에서 건강상의 문제를 느끼는 사람들은 꾀병을 앓는다고밖에 볼 수 없다.[3] 그렇기 때문에 다른 일각에서는 번아웃 증후군의 실체가 부정되는 상황을 우려하면서 이에 대한 진지한 논의가 필요하다고 강조한다.[4]

안타깝게도, 직장 생활이 정신 질환, 특히 우울증의 발병에 어떤 영향을 미치는지에 대한 정신의학적 연구는 (적어도 독일에서는) 턱없이 부족한 상태다.[5] 노동심리학자와 의료사회학자들이 수많은 학술 자료와 간행물을 발표하면서 수십 년간 번아웃을 연구해왔음에도 이들의 연구가 하찮은 것으로 치부된 비합리적인 상황도 원인으로 지목할 수 있다.

지금까지 정신의학은 직장 내 정신 건강의 문제에 대해 변변한 연구 결과물을 내놓지 못했지만, 이제는 이 문제를 직시하고 제대로 된 해석을 내려야 한다고 생각하는 사람들이 늘고 있다.[6] 업무와 관련된 능력 장애의 원인을 성급히 우울증으로 판단하는 것은 (혹은 아예 이 문제를 인정하지 않는 것은) 번아웃 증후군과 우울증의 중요한 차이를 간과하는 것이며, 특히 번아웃 증후군과 직장 사이의 밀접한 역학 관계를 도외시하는 것이다.

독일 보험사가 발표한 〈2013년 DAK 건강보고서DAK-Gesundheits- report 2013〉에 따르면, 2011년부터 시작된 '번아웃 증후군' 개념 사용에 대한 반대 운동으로 인해 많은 의사들이 더 이상 이 용어를 쓰지 않고 그 대신에 관련 환자들의 증세를 우울증이나 불안 장애로 진단하는 것으로 나타났다. 따라서 우리는 스트레스에 시달리는 직장인들이 왜 정신의학의 우울증이나 불안성 질환으로 진단받고 있는지를 조사해야 한다. 더욱이 향정신성 의약품이 업무 능력 향상을 위한 보조제가 되어서는 안 된다.

그렇다면 이제 우울증과 구분해 번아웃 증후군을 살펴보겠다. 번아웃 증후군이라는 용어가 처음 등장한 1920년대로 거슬러 올라가 이 증후군의 발전사와 연구사를 함께 들여다볼 것이다. 이어 번아웃 증후군과 밀접한 관련이 있는 국제 공인 스트레스 모델에 대해 알아

보고자 한다. 첫 번째로 로버트 카라섹과 퇴레스 테오렐의 직무 요구-통제 모델Job Demands-Control-Model, 두 번째로 빌마르 샤우펠리Wilmar Schaufeli와 에반겔리아 데메루티Evangelia Demerouti의 직무 요구-자원 모델Job Demands-Resources-Model, 세 번째로 요하네스 지크리스트Johannes Siegrist의 노력-보상 모델Effort-Reward-Model이 바로 그것이다.

마지막으로, 이 세 가지 모델을 토대로 직장 스트레스의 정도와 일반 건강 장애 간의 관계를 추적한 연구 자료를 통해 이 스트레스 모델의 실질적인 '유용성'을 짚어볼 것이다. 이러한 과정을 통해 (일련의 주장과는 달리) 번아웃 증후군이 우울증과는 본질적으로 다르며, 번아웃 증후군이 우울증으로 가는 중간 지점이 될 수 있음을 밝히고자 한다.

번아웃 연구의 시작
: 쿠르트 레빈

번아웃 증후군의 연구사를 논할 때 빠지지 않고 언급되는 사람이 있다. 독일계 미국 심리학자이자 심리분석가인 헤르베르트 프로이덴베르거Herbert Freudenberge, 1926~1999와 캘리포니아 대학 심리학 교수인 크리스티나 매슬랙Christina Maslach, 1946~이다. 실제로 이들은 번아웃 연구에서 독보적인 존재다. 하지만 직장에서의 정신 건강 장애에 대한 학술적 접근을 가장 먼저 시도한 이는 나치를 피해 미국으로 망명한 유대인 학자 쿠르트 레빈Kurt Lewin, 1890~1947이다. 독일 베를린에서 김나지움을 졸업한 그는 제1차 세계대전 당시 독일군으로 참전했다가 중상을 입었다. 제대 후 프라이부르크 대학에서 의학 공부를 시작하고, 이후 뮌헨과 베를린에서 심리학과 철학을 전공했다. 1920년대에 교수자격논문시험을 통과한 후 베를린 대학에서 강의했으며, 그의 지도를 받은 박사과정 학생인 아니트라 카르스텐Anitra Karsten과 함께 직장에서의 정신 반응을 연구했다.[7] 1928년에 이들이 함께 저술한 두 권의 책에는 '번아웃'이란 용어가 등장하지는 않지만, 50년 뒤 번아웃 증후군으로 설명될 번아웃의 핵심 주제들이 기술되어 있었다.[8]

이 책에서 레빈과 카르스텐은 노동의 무한한 기쁨이 '심리적 포만' 상태로 점차 변해가는 과정에 주목했다. 그들은 심리적 포만을 피로, 게으름, 지루함 같은 상태와 엄격히 구분했고, 이것들과 혼동해서는 안 된다고 강조했다.

레빈에 따르면 "포만의 핵심적 의미는 단순한 무기력이나 허탈이 아니라 행동으로부터 [또는 일로부터] 멀어지게 하는 부정적 힘, 즉 소극적 유의성[9]의 발현"이다. 레빈과 카르스텐이 설명하고자 한 것은 거의 혐오에 가까운, 억제할 수 없는 내적 반감이다. "만약 포만 과정을 단지 점진적인 무관심화와 무기력화로 이해한다면, 포만 과정을 잘못 이해하는 것이다. 적대적 힘이 느껴질 때, 분명 일에 대해 명확한 책임이 있음에도 일이 하기 싫어질 때 포만의 상태에 들어선 것이다."[10] 심리적 포만은 결국 "외부로부터의 분명한 필연성(확실한 압력)이 있어도, 선한 의지와 일을 속행하게 하는 큰 자극이 있어도 일을 더 이상 할 수 없게 되고 결국에는 그만둘 수밖에 없게 되는"[11] 결과를 낳는다.

물론 레빈과 카르스텐이 노동자의 '더 이상 할 수 없음Nicht-mehr-Können'에 대해 갑자기 언급하게 된 것은 아니다. 그들은 늘 '제자리걸음'인 듯한 느낌이 들게 하는 업무 역할에서, 똑같은 행동을 반복하는 것에 국한된 단조로운 일에서 '심리적 포만' 현상을 발견했다. 여기서 흥미로운 점은 "비록 반복 행위라 할지라도, 이 일을 어떻게 해서든 진척시켜 완수해야 하는 것으로서 경험한다면 심리적 포만이 생겨나지 않거나 중단될 수 있다"[12]는 것이다.

노동에 대한 반감이 발생하는 것은 반복되는 행위 자체 때문이 아니라 레빈의 지적처럼 '심리적인 반복', '다람쥐 쳇바퀴 도는 듯한 느낌' 때문이다.

레빈과 카르스텐은 번아웃에 시달리는 거의 모든 사람들에게서 양가적 현상을 발견했다. 즉 그들에게서 자신의 일에 맞서는 혐오의 감정이 역으로 자신에게 위임된 일을 어떤 식으로든 해내고 싶은 욕심과 공존하며 늘 내적 충돌을 일으킨다는 것을 알아냈다. 그들은 실패나 포기를 패배자의 특징으로 받아들이며[13] 이를 개인적 굴욕감과 연결시키기 때문이다. 그들 안에 생겨나는 일에 대한 반감('포만')은 단순히 기분에 좌우되는 것이 아니라 의무감과 '더 이상 할 수 없음' 사이에서 발생하는 내적 갈등이다.

이러한 통찰은 번아웃과 관련된 사람들을 다년간 관찰한 끝에 얻어진 결과다. 이는 뭔가를 이루고자 노력하겠다는 각오도 없고 일에 대한 흥미 자체도 없는 사람들, 혹은 의심의 여지 없는 우울증 환자들, 바로 이들의 기분을 번아웃 증후군과 연결해 파악하려는 것은 적절치 않다는 것을 보여주는 결과이기도 하다.

사람들은 보통 스트레스를 받으면서도 자신의 일을 해내려고 노력한다. 그래서 레빈과 카르스텐은 단조로운 업무를 처리해야 하는 노동자들을 관찰했고, 그들이 일을 포기하지 않도록 스스로 (자신들의 권한 내에서) 일 진행 과정에 변화를 줄 수 있게끔 해봤다. 하지만 이는 일시적 도움밖에 되지 않았고, 오히려 이다음 단계에서 오류 발생만 증가시켰다. 결국 노동자들은 어떤 식으로든 장(공장/회사)을 뛰쳐나와 (업무 규정에 따라 자신들 앞에 세워진) 장벽을 부수려 했고,[14] 이는 감정의 폭발—감정적으로 무너지거나 폭동을 일으키거나—로 이어졌다고 한다.

번아웃 증후군의 선구자
: 헤르베르트 프로이덴베르거

레빈이 나치의 추적을 피해 미국으로 망명하고, 그곳에서 새로운 연구 과제에 착수함에 따라 베를린 시기의 레빈의 선구적 연구는 지속성을 갖지 못하고 역사에 묻히게 된다. 노동 심리를 토대로 노동과 정신의 상관성 및 심리 반응을 다룬 그의 초기 연구가 주로 노동자의 개별 경험에 초점을 맞추었다면, 이후 그의 관심은 노동자 그룹으로 확대된다.

미국에서 그는 인간관계와 집단 간 구조에 대한 사회심리학적 연구에 종사해 집단역학 연구의 선구자가 되었고, 이로써 세계적 명성을 얻는다. 레빈과 그의 베를린 연구진이 수행했던 연구의 흔적이 새롭게 발굴되어 그들의 연구가 재개되기까지는 50여 년의 시간이 걸렸다. 물론 현대 번아웃 연구의 기초를 세운 프로이덴베르거는 레빈의 베를린 시기 연구를 알지 못했던 것 같다.

레빈과 마찬가지로 프로이덴베르거도 유대계 독일인이었다. 프랑크푸르트에서 나고 자란 그의 평온했던 어린 시절은 1933년 나치의 집권과 함께 끝이 났다. 그의 가족은 초기 나치 탄압의 대상이 되었다. 가축 도매상인이었던 아버지가 먼저 일자리를 잃었고, 어머니는 우울증을 앓게 되었다. 1938년 11월 9일 '수정水晶의 밤Kristallnacht/ Reichspogromnacht'[15]을 겪고 나서 아버지는 당시 열두 살 소년이었던 아들을 지키고자 그를 외국으로 보내기로 결심했다. 스위스, 네덜란드, 프랑스를 거쳐 미국에 도착한 그는 뉴욕에 사는 고모를 찾아갔으나 고모는 그를 받아주지 않았다. 하는 수 없이 그는 거리를 배회하며 절도를 일삼으면서 연명한다. 마침내 그의 부모도 뒤따라 올 수 있었다.

공구 제작자로서 직업교육을 마친 프로이덴베르거는 인본주의 심리학의 창시자로 유명한 에이브러햄 매슬로Abraham Maslow, 1908~1970의 가르침을 받아 심리학을 공부하기 시작했다. 그리고 박사과정에 진학해 프로이트 학파인 테오도어 라이크Theodor Reik, 1888~1969[16]의 지도하에 교육분석을 연구했다. 그 후 그는 정신분석가로서 환자들을 돌보면서 뉴욕의 여러 대학에서 강의했고 많은 사회 프로그램에도 적극 참여했다.

그중에서 '프리 클리닉Free Clinic'[17] 활동은 프로이덴베르거가 '번아웃'에 몰두하는 데 중요한 계기가 되었다. 프리 클리닉이란 비용을 지불하지 않고 이용할 수 있는 구급차를 말한다. 이는 미국 내에서 의료보험이 없거나 극빈한 사람들을 돕기 위해 의사, 정신분석학자, 간호사, 간병인, 사회봉사자의 자발적 참여로 운영되는 무료 진료 서비스다. 매년 200만여 명의 사람들이 이곳을 찾는데, 대개 거처가 없는 사람, 이민자, 에이즈 감염자와 마약 중독자다.

프리 클리닉 활동에 참여하는 의사, 간호사, 심리학자, 사회봉사자는 '평범한' 직장이 따로 있는 사람들로, 대부분 이 활동을 명예직으로 받아들이며 거의 대가 없이 일한다. 프리 클리닉은 '평범한' 의료기관인 동시에 무엇보다 종교 단체의 성격을 띠었다. 프로이덴베르거는 현재의 자유분방한 분위기가 형성되지 않은 1970년대에 뉴욕 시 맨해튼 남동부의 이스트빌리지에 위치한 '세인트 마크스 프리 클리닉St. Marks Free Clinic'의 팀원이었다. 그는 (자신을 포함해) 이곳에서 봉사하는 동료들에게서 어떤 변화를 감지할 수 있었다. 그 변화의 양상은 그들 모두에게 공통적이었고, 정기적으로 나타났다. 프로이덴베르거는 1974년에 발표한 논문에서 이 변화 과정을 가리키는 '번아웃'이라는 학적 용어를 처음으로 만들어 사용했고, 이는 그에게 명성을 안겨주는 계기가 되었다.[18]

프로이덴베르거의 '번아웃' 프로세스는 다음 세 가지 특징으로 요약된다. 첫째 직장에서의 활력 상실과 소진, 둘째 업무와 고객 내지 환자에 대한 반감, 셋째 업무 효율성 상실. (이 번아웃 프로세스는 프로이덴베르거가 직접 표현한 것이 아니라, 그의 논문에 상세히 기술된 것을 필자가 요약한 것이다.)[19] 봉사를 시작하고 나서 1년 정도의 시간이 흐르자 '프리 클리닉'의 많은 동료들에게서 소진, 피로, 수면 장애와 심신 상관의 문제가 나타났다. 그들은 부정적이고 회의적이고 경직된 모습을 보였고, 동료 간에 불편한 긴장감이 조성되었으며, 무엇보다 환자들을 대하는 그들의 태도가 눈에 띄게 냉소적으로 바뀌었다.

이는 레빈이 기술한 '심리적 포만' 현상을 떠올리게 한다. 프로이덴베르거의 지적처럼, 결과적으로 그와 동료들은 환자들에게 냉담

한 모습을 보였고, 일의 효율성도 떨어졌다. 그래서 업무 처리 시간이 점차 늘어났고, 그에 따라 업무시간을 확보하기 위해 개인 시간을 희생하는 경우가 빈번해졌다. 레빈이 '더 이상 할 수 없음'으로 정의한 '번아웃' 상태에 이르게 된 것이다.

프로이덴베르거는 업무 처리에 '헌신하고 전념하는' 사람들, 특히 금전적 보상이 (거의) 없어도 자신의 일에 확신을 갖고 자발적·열정적으로 임하는 사람들이 번아웃의 위험에 자주 노출된다고 강조했다. 더욱이 번아웃 상태에 처한 사람들은 내적으로나 외적으로나 강한 도덕적 압박을 받는다. 특히 타인을 도와야 한다는 강박관념에 시달리는데, 프로이덴베르거가 '선행善行의 욕구a need to give'[20]라고 부른 이 태도는 몇 년 후 독일에서는 '헬퍼 증후군Helfersyndrom'으로 유명해졌다.

봉사자들의 면면에서 번아웃의 위험 요인을 찾아낸 프로이덴베르거는 지루함, 루틴함, 단조로움과 같은, 일 자체에 내재된 위험 요인도 발견했다. 그는 이를 예방하기 위해, 자신의 일에 지나치게 높은 목표와 이상, 성공에 대한 기대 등의 부담을 지우지 말라고 경고했다. 이외에도 건강한 생활방식을 유지하고 운동과 취미 활동을 하고 충분한 수면을 취하며, 단조로운 일을 피하되 요구가 너무 많은 일도 경계하라고 제안했다. 또한 업무량의 한계를 정해야 하고, '집'은 절대 직장이 되어서는 안 되며, 무엇보다 동료 간의 관계와 팀 분위기가 좋아야 한다고 조언했다. 그리고 '번아웃' 상태에 이르게 되면

휴식을 취하는 동시에 반드시 심리 상담의 도움을 받아야 한다고 강조했다.[21]

번아웃 증후군의 선구자인 프로이덴베르거가 1970년대 중반에 내놓은 설명은 지금도 유효하다. 그는 뉴욕에서의 '프리 클리닉' 활동에 그치지 않고 심리학자이자 심리치료사로서 다양한 사회적 책임을 이어나갔다. 베트남 전쟁 후에는 지독한 트라우마로 심리적·정신적 고통에 시달리는 참전 군인들을 외면하지 않았고, 중독과 다양한 정신 장애에 대한 연구도 게을리하지 않았다. 1999년 타계한 프로이덴베르거는 수많은 학술논문과 저서로 연구 업적과 공로를 인정받아 같은 해 미국심리학회에서 수여하는 금메달을 받았다. 그가 심리학 분야에서 소수만이 받을 수 있는 이 영광스러운 상을 받고,[22] 또 그의 연구 주제가 세계적으로 주목받게 된 데는 동료 매슬랙의 기여가 컸다.

번아웃의 정의와 연구 영역
: 크리스티나 매슬랙

미국 출신의 심리학자이자 버클리 캘리포니아 대학 교수인 크리스티나 매슬랙은 1976년 번아웃을 주제로 한 첫 번째 논문을 발표하기 전부터[23] 멘토이자 남편인 필립 짐바도Philip

Zimbardo와 함께 일(노동)에 관한 일련의 연구 논문을 발표했다. 짐바도가 친구들에게 절교 선언을 들으면서까지 강행했던 스탠퍼드 감옥 실험[24]을 중단하는 데도 매슬랙의 역할이 컸다.[25] 그녀는 프로이덴베르거의 (서술식으로 묘사하는 선에 머물러 있던) 번아웃 증후군 연구를 체계화하는 데도 큰 기여를 했다. 번아웃 증후군을 학문적으로 연구할 수 있게끔 학적 기반을 다진 것이다.[26] 또한 그녀는 '직무상 번아웃(직무 소진)'이 우울증처럼 의학적 진단이 가능한 질병이 아니라 직업, 직장이라는 특정 상황에서 발생하는 장애라는 점을 명확히 했다.

직무상 번아웃 연구[27]에서 매슬랙이 기여한 바는 무엇보다 이 개념을 세 가지 하위 요소를 통해 명확히 재정립했다는 것이다. 매슬랙에 따르면 직무상 번아웃은 정서적 소진emotional exhaustion, 비인격화depersonalization,[28] 자아 성취감 저하low personal accomplishment라는 세 가지 하위 요소로 구성되어 있다. 이는 언뜻 보면 프로이덴베르거의 번아웃 프로세스와 유사한 것 같지만, 실은 그녀가 번아웃 증후군을 더 명확하게 규정했고, 이 개념 정립은 오늘날까지도 유효한 것으로 통하며, 끊임없이 제기되는 '번아웃 증후군은 모호하게 정립된 개념'이라는 주장이 오히려 그릇되었음을 증명해준다.

개념 정립에 이어 매슬랙은 인간 행동의 다양한 영역에서 번아웃 현상을 규명하기 위한 연구를 진행했으며, 번아웃의 세 범주를 토대로 번아웃 진단지를 개발했다(번아웃 연구에서의 매슬랙의 두 번째 기여이기도 하다). 이 진단지는 전 세계적으로 인정을 받아 많은 언어권에서 번역되어 활용되고 있다.[29] 이 '매슬랙 번아웃 척도Maslach Burn-out Inventory, MBI'는 1996년에 마지막으로 개정되었고, 다양한 형태의 직종과 직무에서 활용될 수 있도록 구성, 출간되었다.

매슬랙은 전 세계적으로 증가하는 '직무상 번아웃' 현상의 사회적 원인으로 공업에서 서비스업으로의 산업 구조 변화를 지목했다.[30] 19세기 중반에 농업이 주를 이뤘던 사회가 점차 산업화로 발전해가면서 사회 곳곳에서 '신경쇠약증'이 나타났던 것처럼 번아웃 증후군의 등장 역시 현대 사회가 서비스업으로 전환된 것과 깊은 관련이 있다고 본 것이다. 이 관점에 따르면 사람을 상대로 하는 일에 종사하는 사람들(간호 요원, 사회복지사, 교사, 의사 등)에게 번아웃의 위험 요인이 더 많이 존재한다. 하지만 다른 조사에서는 서비스업 외의 종사자들에게서도 번아웃 비율이 높다는 것이 밝혀지기도 했다.

번아웃의 요소로 꼽히는 '비인격화'가 서비스업에서는 주로 (이전과는 다르게) 의뢰인이나 고객에 대한 냉소적 태도로 나타났다면, 다른 업종에서는 흔히 일을 멀리하고 거부하는 방식으로 나타났다(다시금 레빈의 '심리적 포만'을 떠올리게 한다). 따라서 번아웃 증후군은 비단 서비스업에만 국한된 현상이 아님이 증명되었고, 이에 대한 원인 분석이 더욱 심도 있게 진행되어야 했다.[31]

'직무상 번아웃' 발현은 업무 환경에서 원인을 찾을 수 있지만, 직업 활동을 하는 개개인의 상황과도 밀접한 연관이 있다(물론 양자 모두 관련될 수 있다).[32] 매슬랙은 정신 건강을 위해 '직무 영역'에서 필요한 여섯 가지 주요소를 꼽았다. ① 업무량workload, ② 자율성과 권한control, ③ 보수와 인정reward, ④ 조직 분위기와 동료애community, ⑤ 투명성과 공평함fairness, ⑥ 일의 가치와 의미 부여values.

매슬랙은 수많은 기업에서 실행된 바 있는 과학에 기초한 프로그램을 토대로 경영자와 직원을 위한 '안티 번아웃 프로그램'을 개발했다. 물론 번아웃 발현의 위험이 단지 일에서만 비롯되는 것은 아니다. 매슬랙은 노동자들에게 나타나는 번아웃의 위험 요인으로서 무엇보다 삶에 대한 분노, 회의, 우울을 간파했다.[33]

직무 스트레스 모델
: 카라섹, 테오렐, 샤우펠리, 데메루티, 지크리스트

프로이덴베르거와 매슬랙에 따르면, 지금까지 다수의 연구자들이 업무력을 저해하는 구체적인 방해 요인을 객관적으로 밝히기 위해 노동 상황을 객관적으로 보여주는 특징들을 규정하려는 다양한 노력을 해왔다. 그리고 그들은 (완전히 새로운 발견은 아니지만, 또 항상 그럴 필요도 없지만) 일을 방해하는 요인이 번아웃 증후군, 우울증, 신체 질병 증상(심혈관 질환 등)이라는 데 의견을 모았다. 그런데 만약 이런 증상의 원인이 번아웃 증후군이라고 하기에는 모호하다면 직무 환경을 구체적으로, 객관적으로 이해할 수 있게 해주는 모델이 필요하다. 또한 직무 현장에 적용할 만한 연구 결과를 원할 경우에도 직장 환경과 건강 손상의 구체적이고 객관적인 인과관계를 밝혀주는 모델이 있어야 한다. 번아웃 증후군에 대한 유용한 연구 결과를 원할 때도 직장 환경의 본모습을 있는 그대로 보여주고, 드러난 직장 환경과 건강 문제의 관계에 집중할 때 결과를 얻을 수 있다.

세 그룹의 연구진이 국제적인 공신력과 신뢰성을 갖춘 스트레스 모델을 발전시키는 데 성공했다. 이를 통해 노동환경의 실태를 구체적·객관적으로 파악할 수 있는 틀이 마련되었다. 세 가지 스트레스 모델은 매우 다르면서도 비슷한 측면이 있다. 세 모델 모두 유용성을 입증했고, 노동으로 인한 건강 장애의 실증 연구에서 중요한 발판을 마련했다. 무엇보다 이 모델의 실증 연구 결과는 2011년 독일 연방 노동사회부가 발행한 《산업보건권고집Arbeitsmedizinische Empfehlungen, AME》의 토대가 되었다.[34] 이 세 가지 모델은 모두 직무 현장과 그곳에서 이뤄지는 노동에 초점을 맞추었다. 개별 노동자의 개인적 특성이나 상황과는 거리를 두었다.[35]

직무 현장에서의 위험 요소가 개인과 관련된 위험 요소와 상충하는 것은 아니다. 그럼에도 일차적으로 노동과 관련된 요소들을 살펴야 하는데, 일하는 우리 인간은 지금 모습 그대로, 그 자체로 존재하기 때문이다. 달리 말하자면, 일이 인간에게 적응해야지 그 반대로 인간이 일에 맞춰져서는 안 되기 때문이다. 물론 성공적으로 일을 완수하기 위해 노력하는 것을 무조건 부정하거나 의미 없다고 보는 것은 아니다. 만약 그렇게 노력하고 있다면 건강한 삶을 살고 있는 것이다.

이제 직무 현장에서의 스트레스를 이해하기 위해 언급한 세 가지 모델을 살펴보고자 한다. 각각의 모델 개념에 따라 노동자가 어떤 상황에서 어떻게 스트레스를 받는지 직무 스트레스의 전반적인 맥락을 짚어볼 수 있다. 그리고 나서 이 모델들이 어느 정도 과학적 실증성을 갖추고 있는지, 즉 규정된 직무 스트레스가 객관화된 건강 장애와 어느 정도 관련이 있는지를 확인해보겠다.

직무 요구-통제 모델

스웨덴 스톡홀름에 위치한 카롤린스카 대학병원 의사인 퇴레스 테오렐과 미국 매사추세츠 대학의 사회학자인 로버트 카라섹은 '직무 요구-통제 모델'을 발전시켰다.[36] 그들은 이 모델을 통해 직무 요구Job Demands와 직무 통제Job Control라는 두 요인이 직무 담당자가 직무 수행 과정에서 느끼는 직무상 번아웃과 어떤 인과관계가 있는지를 분석, 연구했다. 그들의 정의에 따르면, 직무 요구는 구성원에게 지속적으로 육체적·정신적·조직적 노력을 요구하는 직무 형태로, 업무 일정과 성과에 대한 압박, 빈번히 발생하는 예측 불가능한 문제, 상시적인 업무 연속성의 단절, 멀티태스킹, 시급히 처리해야 할 돌발 업무, 작은 실수가 큰 실패로 이어질 위험 등이 포함된다. 직무 통제는 업무의 자율성(재량권)으로서, 자신이 맡은 일에 대해 독자적으로 계획을 수립하고 업무를 분배하며, 자신의 판단에 따라 일을 처리할 수 있는 자율 권한을 말한다.

카라섹과 테오렐은 직무 환경을 다음과 같이 네 가지로 분류했다.

1. 직무 요구의 수준이 낮은 동시에 업무 자율성도 낮은 '수동적인 직무 환경'. (이 경우 창의적 활동이 거의 필요 없고 잠재력을 펼칠 가능성도 주어지지 않기 때문에 극도의 지루함에서 오는 스트레스, 즉 '보어아웃 증후군Boreout Syndrom'에 빠질 위험이 높다.)

2. 직무 요구의 수준이 높은 동시에 상당히 높은 업무 자율성이 부여된 '적극적인 직무 환경'. (여기서는 즐겁게 일할 수 있지만 자기 착취로 인해 건강을 해칠 위험이 있다.)

3. 직무 요구의 수준이 낮은 동시에 높은 수준의 업무 자율성이 주어진 직무 환경. (이 상황에서는 부담감이 없다.)

4. 직무 요구의 수준이 높은 동시에 업무 자율성이 거의 주어지지 않는 직무 환경. (이 경우에는 스트레스 정도가 매우 높아 건강에 치명적인 손상을 입힐 수 있다.)

카라섹은 이처럼 직무 환경의 특성을 분류하고 직무 환경이 직장인의 신체 건강에 미치는 영향을 밝히기 위해 '직무 내용 진단지'를 고안해냈다.[37] 이를 토대로 한 실증 연구 결과에 의하면, 직무 요구의 수준이 높으면서 직무 통제 수준이 낮을수록 강한 정신적 스트레스를 유발하고 신체 건강에 나쁜 영향을 끼친다.[38] 또한 이런 직무 환경에서 일하는 사람에게서 심장 질환과 심장사의 위험이 매우 높은 것으로 밝혀졌다.[39] 카라섹과 테오렐의 모델이 시사하는 바는 건강한 일은 직무 요구와 직무 통제 사이의 균형을 전제로 한다는 것이다.

직무 요구-자원 모델

네덜란드 에인트호번 대학의 데메루티[40]와 위트레흐트 대학의 샤우펠리[41]는 매슬랙의 번아웃 개념을 발전시키는 데 결정적인 역할을 한 사람들이다. 노동심리학자인 그들은 매슬랙이 규정한 번아웃의 세 가지 요소 가운데 두 요소를 번아웃의 핵심으로 받아들였다. 정서적 소진과 직무 이탈감(일로부터의 심리적 이탈감 혹은 내적 거리감)이 바로 그것이다. 여기서 직무 이탈감은 매슬랙에 의해 '비인격화'로 규정된 혐오나 냉소(일이나 노동 행위 자체에 대한 반감)와 동일한 의미다. 데메루티와 샤우펠리는 정서적 소진과 직무 이탈감의 결합으로서 번아웃 증후군을 새롭게 정의했다. 이때 번아웃은 소진과 같은 개념이 아니라(우울과도 다른 개념이다), '소진 플러스 1Erschöpfung plus 1'[42]이 된다. 또한 업무 특수성을 고려했을 때 소진을 촉발하는 부가 요인으로는 업무 가치의 상실, 고객 혐오 및 냉대 등이 있다.[43]

또한 데메루티와 샤우펠리는 번아웃 증후군을 동반하는 소진과 이와 마찬가지로 번아웃의 차원에 속하는 직무 이탈감이 각기 다른 위험 요소에 의해 야기된다는 점을 밝혀냈다.[44] 즉 육체적 피로, 일정 압박, 까다로운 고객 응대, 교대근무, 물리적 작업 환경 요인(소음과 진동, 한랭과 고열 등) 등의 직무 요구를 '소진'의 주원인으로 지목하는 한편, 직무 자원Job Resources의 부족, 즉 인정과 보상, 자율성, 팀워크, 고용 안정성, 상사의 피드백 및 지원 등의 부재가 직무 이탈감을 일으킨다고 밝혔다. 여기서 직무 요구는 소진에 직접적인 영향을 끼치지만 직무 이탈감에는 어떤 영향을 미치는지 검증되지 않았고, 역으로 직무 자원의 부족은 소진이라는 번아웃 요인에 거의 영향을 끼치지 않았다. 결과적으로 높은 직무 요구(소진)와 낮은 직무 자원(직무 이탈감)이 번아웃을 일으키는 주원인으로 파악된다.

이처럼 데메루티와 샤우펠리의 의해 정립된 직무 요구-자원 모델은 직무 요구와 직무 자원이 번아웃에 어떤 직간접적 영향을 미치는지 파악함으로써 번아웃을 감소시킬 방안을 제시하고자 했다. 이 모델에 따르면 높은 직무 요구와 낮은 직무 자원이 번아웃을 일으키기 때문에 건강한 노동을 위해서는 직무에 필요한 요구는 제한되고 직무에 필요한 자원은 제대로 지원되어야 한다.

노력-보상 모델

이 장에서 마지막으로 살펴볼 노력-보상 모델은 독일 뒤셀도르프 대학 의료사회학과 교수이자 사회학자인 요하네스 지크리스트에 의해 개발된 것으로, 학적 유효성을 인정받으며 가장 영향력 있는 직무 스트레스 모델 중 하나로 꼽힌다. 지크리스트는 건강 위험도를 높이는 원인으로서 소모(노력Effort)와 인정(보상Reward)의 불균형에 주목했다. 지크리스트의 스트레스 측정 항목[45]에는 노력을 측정하는 설문 항목으로 업무량 증대, 업무 연속성 단절, 초과 근무 강요, 육체적 소진이 있으며, 보상을 측정하는 항목으로는 공정성, 노동 안정성, 승진 기회, 급여, 동료와 상사로부터의 존중이 있다.

지크리스트는 건강한 직장인과 건강에 문제가 있는 직장인 모두를 대상으로 무작위 추출 검사를 실시했고, 이를 토대로 노력-보상 불균형Effort-Reward-Imbalance, ERI 진단지를 완성했다. 그는 이 진단지에 기초해 노력과 보상의 불균형이 노동자의 건강 위험도에 얼마나 영향을 미치는지 분석했으며, 이를 제한할 수 있는 노력-보상 불균형의 허용 한계치를 도출해내는 데 성공했다. 이 진단 결과에서 허용 한계치를 초과한 사람이 나왔다면, 그는 (지크리스트의 표현대로) '보상 위기' 상태에 처한 것이다. 이들의 건강상의 위험도는 실제로도 매우 높게 측정된다. 지크리스트의 노력–보상 모델에 따르면 건강한 노동은 노력과 (물질적·비물질적) 보상의 균형을 전제로 한다.

직무 스트레스 모델의
실증성 평가

지금까지 살펴본 세 가지 직무 스트레스 모델이 실증성을 검증받지 못한다면 독자에게는 무용한 이론에 불과하다. 앞서 언급했듯이 이 스트레스 모델은 직무 환경에서 나타나는 스트레스의 일련의 징후들을 파악한다. 만약 이 모델들을 통해 파악된 직무 스트레스가 객관화된 건강상의 장애와 밀접한 상관관계를 보인다면, 우리는 이 모델을 유용한 것으로 받아들일 수 있을 것이다. 그렇다면 노동자의 건강과 직무 환경의 상관성은 어떻게 설명될 수 있을까? 또한 위의 직무 스트레스 모델에 입각해 오늘날 어떤 노동 환경이 노동자들을 과부하로 내몰고, 이 문제가 번아웃 증후군, 우울증, 심장병과 어떤 관련이 있는지를 추적한 일련의 조사는 결국 무엇을 설명하려는 것일까?

카라섹과 테오렐의 '직무 요구-통제' 모델 가설의 연구 결과

카라섹에 의해 제안된 직무 요구-통제 모델에 의하면 직무 스트레스(업무 긴장도)와 이로 인한 건강상의 위험은 직무 수행에서의 과도한 직무 요구(과도한 업무량, 모순된 업무 지시, 시간 압박)와 낮은 수준의 직무 통제(업무 자율성) 간 불균형의 결과로 초래된다. 독일과 미국 등 세계 각국 출신의 연구자로 구성된 국제 연구진은 카라섹의 직무 스트레스 개념을 기반으로 유럽 13개국 20만여 명에 대한 진단 검사를 실시했고, 전체 노동자의 15%가 지속적인 '직무 스트레스'에 시달리고 있음을 발견했다.[46] 특히 노동자의 사회적 지위[47]나 교육 수준[48]이 낮을수록 업무 자율성은 매우 제한적이었으며 직무 스트레스의 강도도 훨씬 높았다. 계약직 노동자는 이 경우보다 더 극심한 스트레스로 고통받고 있었다.[49] 또한 직무 스트레스에 시달리는 사람의 경우 그렇지 않은 사람에 비해 우울증에 걸릴 확률이 1.2~1.9배 높았고,[50] 심혈관 질환의 위험도 2배 이상 높아져 심장사의 위험이 커졌다.[51]

직무 환경과 건강의 상관성을 설명하려 한 카라섹의 스트레스 모델은 결국 극심한 직무 스트레스에 시달리는 사람이 건강의 위협에도 심각하게 노출되어 있음을 증명했다. 그리고 이 점에서 카라섹의 연구 가설은 실증성을 검증받았다.

지크리스트의 '노력-보상' 모델 가설의 연구 결과

지크리스트의 노력-보상 모델은 번아웃과 관련된 많은 실증 연구의 이론적 기반이 되고 있으며, 카라섹의 직무 요구-통제 모델과 함께 가장 영향력 있는 모델로 평가받고 있다. 지크리스트에 따르면, 직무 스트레스는 과도한 책임과 업무 강도, 시간 압박, 모순적인 업무 지시 등으로 인한 '노력(소모)'과 물질적·비물질적 인정, 노동 안정성, 직업 발전의 기회 등을 통한 '보상(인정)' 사이의 불균형에서 온다. 그는 '노력 – 보상 불균형'을 도식화하면서 '보상 위기'에 관해 언급한다. 이미 많은 연구 결과에서 지적되었듯, 독일 전체 노동자 가운데 9.3%가 보상 위기로 인한 직무 스트레스에 시달리고 있다.[52]

카라섹의 모델과 지크리스트의 모델을 통해 공통적으로 알 수 있는 사실은 사회적 지위[53]와 교육 수준이 낮을수록, 그리고 비정규직일수록[54] 노동자의 스트레스 정도가 심하다는 것이다. 실제로 노동자의 11%, 사무직원과 공무원의 9%, 임원급 이상 관리자의 8%, 자영업자의 4%가 심각한 보상 위기에 처해 있는 것으로 드러났다.[55] 업무 강도('노력'의 본질적 요인)가 가장 높은 분야는 농업, 요식업, 건설기계업, 자동차 공업이다. 좀 더 자세히 살펴보면, 숙련된 업무 능력을 갖춘 사람이 위기 보상으로 인한 직무 스트레스에 시달리는 경우도 상당하다. 교사, 사회복지사의 26%, 농업과 광업 분야 노동자의 20%, 의료보건업 종사자의 17%가 여기에 해당된다.[56]

이처럼 노력-보상 불균형이 건강에 미치는 영향은 심각하다. 보상 위기로 인한 직무 스트레스에 시달리는 사람들은 스트레스 호르몬 체계, 면역 체계[57]뿐만 아니라 혈압 수치에서도 변화를 보였다.[58] 우울증이 악화될 위험도 무려 5배나 높아졌고, 중증 우울증으로 발전될 가능성도 2배 이상 증가했다.[59] 또한 보상 위기로 인한 직무 스트레스가 지속될 경우 심장 질환의 위험도 상승했다. 노력-보상의 균형이 깨지면서 심혈관 질환의 위험이 2배 증가했으며,[60] 심근경색으로 인한 사망의 위험도 2.4배 이상 커졌다.[61]

이 수치를 놓고 보면, 노력과 보상의 불균형을 겪고 있는 노동자의 57%가 조기 은퇴를 희망한다는 것은 그리 놀라운 사실이 아니다.[62] 독일의 상황에서 이는 지속적으로 직무 스트레스를 받으며 일하는 노동자 가운데 10명 중 1명은 근간의 조기 은퇴 열풍에 동참해 은퇴 자금을 마련하고 싶어 한다는 것을 보여준다. 그 밖에, 보상 위기로 인한 직무 스트레스가 신자유주의 국가보다 복지국가에서 훨씬 낮게 측정된 점도 눈여겨볼 만하다(이에 대해서는 제7장을 보라).[63] 노력-보상 모델을 통해 밝혀진 연구 결과들은 결과적으로 노력-보상 모델의 실증성이 검증되었음을 알려준다.

샤우펠리와 데메루티의 '직무 요구-자원' 모델 가설의 연구 결과

앞서 언급한 것처럼 데메루티와 샤우펠리는 매슬랙의 직무 요구-통제 모델에서 정서적 소진과 직무 이탈감이라는 두 가지 번아웃 요인을 끌어와 직무 스트레스 모델을 발전시켰다.[64] 그들은 직장 내 과도한 직무 요구를 소진의 원인으로, 부족한 직무 자원을 노동자의 직무 이탈감의 원인으로 본다. 따라서 직무 요구-자원 모델은 높은 직무 요구와 부족한 직무 자원에 의해 번아웃이 발생하는 과정을 설명함으로써 조직의 관점에서 번아웃 증후군에 대한 체계적 분석을 시도한다. 그렇다면 얼마나 많은 사람들이 번아웃 증후군에 시달리고 있으며, 이로 인한 또 다른 건강상의 문제에 얼마나 위협받고 있을까?[65]

2만 5,000명 이상의 미국인을 대상으로 실시한 조사연구에 따르면 설문 응답자의 20% 이상이 번아웃 증후군을 앓고 있었고, 하류층일수록 그 비율이 더 높았다.[66] 또한 아시아와 동유럽 국가에 거주하는 약 7,000명을 대상으로 시행된 설문에서는 응답자의 28%가 번아웃 증후군을 앓고 있는 것으로 나타났다.[67] 핀란드의 노동자 3,000여 명을 대상으로 한 조사에서도 번아웃 증후군을 보이는 비율이 28%였다. 이 비율은 여러 연구 조사 결과들 중에서 중간 정도에 해당된다.[68] 독일에서는 번아웃을 앓는 사람들의 비율이 직종에 따라 5~15%인 것으로 나타났다.[69] 특히 개원 의사의 경우 10명 중 1명은 극심한 번아웃 증세를 보였고,[70] 간호사의 경우는 의사들보다 더 많은 25%가 번아웃에 시달리고 있었다.[71] 중환자실에서 근무하는 프랑스 간호사 2,400여 명을 대상으로 한 조사에서는 이들 중 30%가 심각한 중증 번아웃 증후군을 보이는 것으로 밝혀졌다.[72] 독일 지역의료보험조합이 실시한 번아웃으로 인한 휴직 실태 조사 결과에 따르면 사회 교육자와 요양 시설 종사자가 가장 많이 일을 그만두거나 휴직했고, 콜센터 상담원, 사회복지사, 간병인 및 보육사가 그 뒤를 이었다.[73] 10위에는 학교 교사가 올랐다.

번아웃 증후군에 관한 이 조사연구들의 수치가 암시하는 바는 건강상의 문제가 있음을 보여주는 또 다른 분석 자료를 통해 더욱 분명해진다. 번아웃의 징후를 보인 노동자가 우울증에 걸릴 확률은 평균에 비해 2~3배 더 높았다.[74] 번아웃 증후군은 단지 우울증만 불러오는 것이 아니라 고혈압, 심근경색 등의 심혈관 질환도 촉발하는데, 오래된 자료이지만 이미 1990년 초반에 실행된 조사연구에 따르면 번아웃 증후군을 앓는 사람이 심근경색에 걸릴 확률은 그렇지 않은 사람에 비해 2배 이상 높았다.[75] 그리고 최근에 와서 이 조사연구의 결과는 실증적으로 입증되었다.[76]

한편, 여성보다 남성에게서 번아웃으로 인한 심장 위험이 더 큰 반면, (무엇보다 만성 통증을 동반한) 운동기관 질환의 경우에는 남녀 공통으로 위험도가 높다.[77] 번아웃 환자는 질병뿐만 아니라 조기 사망의 위험에도 노출되어 있다. 7,300여 명의 노동자를 대상으로 한 예측 연구에 따르면, 45세가 넘어 번아웃 증후군을 앓는 사람의 사망률은 평균보다 1.3배 이상 높다고 한다.[78] 이 조사연구 결과를 근거로 번아웃 증후군의 가설 실험은 현실 검증을 통과했다고 간주된다.

번아웃과 우울증
: 교차점과 차이점

정신의학적 진단은 원인, 신경생물학적 상관성, 증상, 경과 양상에 따라 구분되는 정신 질환의 전형적 성질을 분석적으로 확정한다. 최소 2주 동안 우울감이나 의욕 상실이 지속되며, 체중 감소, 불면증이나 과다 수면, 심신 불안이나 무기력(자주 이 두 가지가 병행해 나타난다), 피로, 자존감 상실이나 죄책감, 사고력 저하나 죽음에 대한 생각 같은 증상들 중 최소 두 가지 이상이 나타난다면, 정신의학의 진단 분류에 따라 주요 우울장애(중증 우울증major depressive disorder)로 분류된다. 또한 중증 우울증의 진단 기준은 충족하지 않지만 깊은 우울감과 함께 자존감의 상실을 수반하는 잠재적 우울장애(경증 우울증minor depressive disorder)가 있다. 이는 슬픈 감정과는 엄격히 구별된다.

위와 같은 우울증의 진단 분류를 통해 우울증과 번아웃 증후군 간의 교차점이 분명해졌지만, 분명한 차이도 눈에 띈다. 번아웃 증후군의 특징적 징후와 달리 우울증의 증상은 진단 분류에 의거했을 때 노동과의 연관성을 찾을 수 없다.

각각의 증상을 살펴봐도 번아웃과 우울증은 본질적으로 차이가 있다. 죄책감, 자존감 상실, 삶의 권태는 우울증의 대표적 징후다. 반대로 고객이나 의뢰인에 대한 냉소, 일에 대한 거부감, 일로부터의 심리적 이탈감은 번아웃 증후군의 전형적인 특징이지 우울증 증세가 아니다(심지어 중증 우울증 환자에게는 병원 치료가 아니라 직장이나 가정에서의 생활이 오히려 도움이 된다는 의견도 있다). 한편 번아웃과 우울증의 증상은 정서적 소진이라는 심리적 요인과 밀접한 관련이 있다. 따라서 지금까지 번아웃과 우울증에 대한 수많은 연구에서 이 둘의 공통점과 차이점이 발견된 것은 당연한 결과다.

3,200여 명의 노동자를 대상으로 한 어떤 조사연구(방법론적 탁월함으로 학계의 인정을 받았다)의 결과를 인용하면, 중증의 번아웃 증후군에 시달리는 것으로 확진된 노동자의 60%에게서 중증 우울장애는 전혀 발견되지 않았다. 또한 경증의 번아웃 증세를 보이는 노동자 가운데 중증 우울장애가 전혀 나타나지 않은 비율도 91%에 달했다. 물론 역으로, 중증 번아웃 증세를 보인 노동자의 40%는 중증 우울증을 동시에 앓고 있는 것으로 드러났다.[79] 수천 명의 노동자들이 어떤 직무 스트레스를 어떻게 겪었고, 어떻게 번아웃과 우울증을 앓게 되었는지를 조사하면서 직무 스트레스와 번아웃, 그리고 우울증의 관계를 밝힐 수 있었다.[80]

(직무 요구-통제 모델에 근거해) 과도한 직무 스트레스에 시달리는 직장인이 번아웃 증후군을 겪을 위험은 스트레스가 거의 없는 노동자에 비해 최대 7배나 더 높았다.[81] 번아웃 증후군을 앓는 직장인이 우울증을 앓게 될 위험도 그렇지 않은 직장인에 비해 2배 이상 높은 것으로 나타났다.[82] 극심한 직무 스트레스가 번아웃 증후군으로 이

어질 가능성은 중증 우울증이나 경증 우울증으로 이어질 가능성보다 분명 더 높았다. 이것의 의미는 다음과 같다. ① 직무 스트레스는 번아웃 증후군으로 악화될 가능성이 높다. ② 번아웃 증후군이 반드시 우울증의 전조 증상은 아니다(중증 우울증은 더욱 아니다). ③ 직무 스트레스로 인한 번아웃 증후군은 (반드시 그렇지는 않지만) 우울증으로 이어질 수 있다.

우울증은 위험한 사회적 질환이며, 우리 산업사회의 중대한 질환이 되었다. 세계보건기구WHO는 2020년에는 조기 사망이나 장애(노동 능력 상실)의 원인이 되는 질병으로서 우울장애가 1위를 차지할 것이라고 예측했다.[83] 전체 독일인의 8%가 1년 사이에 중증 우울증 확진 판정을 받았고,[84] 우울증을 앓는 직장인의 비율은 6.5%로 집계되었다(실업자의 우울증 위험은 직장인보다 더 높았다). 또한 정신의학적 분류에 속하지 않는 우울장애를 앓고 있는 직장인의 비율도 16~26%에 이른다.[85]

우울증이 심혈관 질환과 심근경색을 유발하는 고위험 요인이라는 것은 이미 수십 년 전에 밝혀진 사실이다.[86] 우울장애는 피할 수 없는 유전적 요인에 기인하는 질병이 아니라, 현재 삶의 맥락에서 유추해볼 수 있는 질환이다.

노동의 세계가 스트레스의 유일한 근원은 아니더라도 스트레스의 중요한 근원임은 논란의 여지가 없다. 노동으로 인한 과부하와 정신 질환 간의 상관성을 추적하는 연구 분야에 '부족한 부분을 채우려는 노력'이 있다는 사실은, 수십 년간 연구되어온 번아웃 증후군을 우울증의 증상으로 치부하며 도외시해온 재계와 제반 학계에 유의미한 시사점을 던져준다.

번아웃 증후군 : 세 가지 전형적 특징

- 지속적인 정서적 소진

- 일로 만나는 사람들에 대한 전에 없었던 극복하기 어려운 감정적 혐오나 냉소(서비스업) 및 전에 없었던 극복하기 어려운 현재 일에 대한 심리적 이탈감이나 내적 거리감(비서비스업)

- 업무 효율성 상실(많은 일을 함에도 불구하고 성과가 나지 않는다.)

우울증 : 세 가지 전형적 특징

- 지속적인 삶의 의욕 상실

- 죄책감, 자기 비하, 자존감 상실

- 자살 충동

기업 차원의 번아웃 예방법 : 여섯 가지 주의점[87]

- **업무량(작업 부하workload)**
  - 회복을 불가능하게 만드는 한계 능력을 요구하지 말아야 한다.
  - 직원에게 그의 역량에 맞는 과제를 부과해야 한다.
  - 고객, 의뢰인, 환자를 응대하는 일이 고된 감정 노동임을 잊지 말아야 한다.

- **업무 장악력과 자율성(통제control)**
  - 각 직업에 따라 최고의 성과를 낼 수 있는 업무 방식을 인정해줘야 한다.
  - 매우 세세하게 간섭하지 말고 직원 스스로 업무 속도를 조절할 수 있는 가능성을 열어둬야 한다.

- **인정**(보상reward)
  - 노동에 타당한 대가를 지급해야 한다.
  - 직원이 과제를 수행했을 때 상사는 합리적인 피드백을 주어야 한다. 그리고 역할 수행에 대한 상사와 동료의 인정도 있어야 한다.

- **조직 분위기 및 동료 의식**(공동체community)
  - 동료애를 나눌 수 있어야 한다.
  - 대화와 정보를 나눌 기회가 주어져야 한다.
  - 생산적인 논쟁이 이뤄질 수 있는 환경이 조성되어야 한다.

- **정당성**(공정fairness)
  - 업무의 분담은 공정하게 이뤄져야 한다.
  - 같은 업무를 수행한다면 보상과 가치도 공평해야 한다.
  - 조직 내 음모나 잡음에 대해 주의해야 한다.
  - 특정 직원을 편애해서는 안 된다.

- **가치 준수**(가치values)
  - 수행하는 일의 도덕적 가치를 설명해주어야 한다.
  - 생산하는 제품이나 상품에 대한 기업의 윤리적 책임 의식을 강조해야 한다.
  - 고객이나 의뢰인을 속이고 기만하는 행동에 직원이 개입하도록 강요하거나 협박해서는 안 된다.

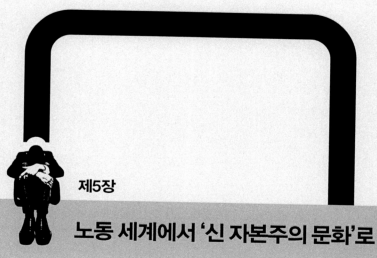

제5장

노동 세계에서 '신 자본주의 문화'로

"자본주의 문명이 지배하는 국가의 노동자들은 기묘한 환각에 사로잡혀 있다. 그것은 여러 세기에 걸쳐 불쌍한 인류를 괴롭혀온 개인적·사회적 재앙을 줄줄이 몰고 다니는 환각이다. 그것은 일에 대한 애착 또는 노동에 대한 처절한 열정인데, 각 개인과 그 후손의 생명력을 고갈시킬 정도에 이르렀다. 그러나 성직자와 경제학자와 도덕가들은 이러한 정신적 이상상태에 반대하기는커녕 노동에 거룩한 후광을 씌웠다."

_폴 라파르그

격앙된 어조로 오늘날의 문제를 과장하지 않으면서, 부적절하게 현 상황을 미화하는 것에도 거리를 두기 위해, 우리의 시선을 역사적 발전 과정에 두는 것이 도움이 되겠다. 그러면 실제로 인상 깊은 두 가지 측면에 시선이 멈출 것이다.

먼저 19~20세기 초반의 노동 상황과 비교해 현재 우리 일터의 모습을 관찰해본다면, 선조들이 고군분투하며 이룩한 것들에 대해 불평할 이유도 없지만, 그렇다고 감사할 마음도 가질 필요가 없다는 것을 알게 될 것이다. 다른 한편 지난 20여 년간의 과정을 유심히 살펴보면, 노동의 여러 영역에서 정립되었던 표준 규범들이 침식되고 있음을 알아챌 수 있을 것이다.

이를 염두에 두고서 지난 200여 년 동안의 노동 세계의 발전을 머릿속으로 그려보는 것은 매우 유익한 작업이 될 것이다.

농업 국가와의 결별

독일이 농업사회에서 산업사회로 재편된 것은 지금으로부터 200여 년 전인 19세기 초의 일이다. 독일은 수백 년 동안 독일 사회를 지탱해온 농업을 버리고 급속도로 산업화를 추진했다. 사실 250년 전만 해도 독일 국민의 90%가 농업에 종사하고 있었다. 노예제가 폐지되기 전인 19세기 초까지 농부들은 영주에게 귀속된 노예였고, 그들의 삶은 우리가 지금 상상하는 농가에서의 아름다운 목가적 삶과는 거리가 멀었다.

여러 군소 국가로 나뉘어 있었던 독일의 전체 인구는 1780년대에는 약 2,100만 명이었고, 1850년에는 3,500만 명이었으며 1910년에는 6,400만 명으로 대폭 증가했다. 기술의 발달과 폭발적인 인구 성장, 노예제 폐지 등으로 인한 갑작스러운 사회 변화는 1870년대까지 이어진 독일 '산업혁명'의 촉매제 역할을 했다.

기간산업으로서의
방직산업, 광산업, 철강산업

19세기에 단순 작업에 종사하는 노동자들의 노동 조건은 비참하고 열악하기 그지없었다. 산업혁명 이전과 초기 단계에서 가장 중요한 산업 부문은 면방직 분야로, 수십만 명의 직공들이 공장제 수공업 방식으로 이 분야에서 일했다. 이들이 베틀에서 생산해낸 직물들은 이들에게 원자재와 장비를 공급해준 사업가들에 의해 시장에 나가 팔렸다.

이러한 생산 시스템은 도매업의 초기 방식으로 이때 역사상 처음 등장한다. 1800년경 독일에서 이 일에 종사하는 직공의 수는 100만 명 정도였다. 그 후 약 10년 사이에 방직기, 방적기 등 기계가 개발, 보급되면서 공장제 기계공업이 확산되었다.

기계화로 값싸게 대량생산된 직조물들은 손으로 직물을 짜던 직조공들의 삶을 무너뜨렸고, 마침내 1844년 방직산업의 중심이었던 독일 슐레지엔에서는 빈곤에 허덕이던 직조공들이 폭동을 일으켰다. 물론 슐레지엔의 직조공 폭동schlesischer Weberaufstand이 이 분야의 유일한 봉기는 아니었다. 하지만 더 큰 이윤을 챙기기 위해 직조공들의 임금을 대폭 삭감한 공장주들에게 항의하는 슐레지엔 직조공들의 폭동은 결국 (프로이센군의 출동으로) 강제 진압되었다.

독일은 국가 주도로 시작된 산업혁명을 통해 계획적으로 철도, 도로, 항만, 운하 등을 건설했다. 특히 광산업과 철강산업, 기계공업 등 기간산업의 발달로 인해 독일의 모든 부분에서 기술적 진보가 이뤄질 수 있었다. 무엇보다 수증기의 열에너지를 고효율의 동력 에너지로 바꿀 수 있는 증기기관의 발명은 대규모 석탄산업의 성립에 길을 열어주며 산업혁명의 원동력이 되었다. 이로 인해 19세기 전반에 슐레지엔과 당시 프로이센의 영토였던 라인란트 지역의 광부들은 점점 더 땅속 깊이 들어가 광물을 채굴할 수 있었다.

석탄 채굴량이 증가하자 석탄을 원료로 사용하는 철강산업 역시 발전했다. 1850년경 라인-루르 지방에서 1만 4,000여 명의 노동자들이 20만 톤의 철강을 생산했다. 이 지역 생산량은 지속적으로 증가하여 1873년에는 10만여 명의 노동자들이 생산해낸 철강이 160만 톤이 넘었다.

이러한 중공업의 발달은 유관 산업의 발달과 상승작용을 하며 철도 건설의 중요한 동력이 되었다. 1850년 총연장 7,000km였던 독일 철도는 1870년에는 2만 5,000km, 1900년에는 5만km로 늘어났고, 철도 건설 작업에 수십만의 노동자들이 투입되었다. 19세기 후반부터는 화학공업이, 20세기부터는 자동차산업이 독일 공업단지에 터를 잡기 시작했다.

19세기~20세기 초반의 노동자의 삶

새롭게 등장한 노동자 계급의 삶은 비참했다. 19세기 중반에 수십만 명이었던 노동자 인구는 불과 수년 뒤에 수백만 명으로 늘어났다. 도시 노동자들은 각 층에 하나뿐인 공동 화장실을 이용하며 가족과 방 한 칸에서 살았고, 최저생계비에도 못 미치는 보수를 받았다. 여성들도 일을 했지만 그들이 받는 돈은 남성 임금의 절반도 되지 않았다.

아동노동은 독일 전역에서 만연했다. 어린 아동이 공장이나 탄광에 고용되는 일이 흔했다. 1939년 9세 이하 아동의 노동을 법적으로 규제하는 프로이센의 아동노동 금지법이 공포되었을 때 이에 대해 진보적이라는 평가가 있었으니, 그 당시의 규범이라는 것이 어떠했는지를 명확하게 알 수 있다. 일일 12~16시간, 주당 80시간 이상의 노동시간은 19세기 후반까지 표준으로 받아들여졌다.

19세기 전반기에 반복된 흉작이 농업 공황을 일으켰고, 이는 결국 대규모 기근으로 번졌다. 1846~1847년에 극심했던 농업 공황은 역사적으로 1948~1949년의 독일 혁명Deutsche Revolution[1]의 발단이 되었다. 이처럼 독일 산업화 과정에 조금씩 제동이 걸리면서 독일의 산업혁명은 위기 국면으로 접어들었고, 급기야 1857~1859년에는 근대 들어 처음으로 세계 경제공황이 닥쳤다. 이때 실업자의 수가 대폭 증가했고, 기근과 기아는 더욱 극심해졌다.

이 시기에 단순노동에 종사하는 노동자들이 할 수 있는 선택은 이주를 하거나, 노동 봉기 및 파업을 일으키거나, 아니면 자신들의 지위 향상과 노동 조건 개선을 위해 조직적인 활동을 벌이는 노동운동에 참여하는 것뿐이었다. 이에 귀족, 시민, 기업체에 의해 설립된 독일 연방정부는 경찰과 군대의 힘으로 맞섰다. 이후 독일제국의 첫 재상인 비스마르크Otto von Bismarck는 (이른바 채찍과 당근으로 비유되는) '진압과 사회정치적 최소 조치Repression und sozialpolitische Minimalmaßnahmen'라는 양면 정책을 수립했다. 즉 그는 한편으로는 1878년 '사회주의자 법'을 제정하고, 이 법안을 통해 노동운동에 가담한 노동자들을 강압적으로 억누르는 정책을 펼쳤다. 그리고 다른 한편으로는 노동자들의 생존을 보장해주는 일련의 국가적 보장 장치를 제공함으로써 혁명의 위험을 줄이고자 했는데, 1883년에 일반 의료보험법, 1884년에 산업재해보험법, 1889년에 연금보험법을 도입했다. 이러한 비스마르크의 사회복지 입법은 노동 계급의 과격화를 방지하기 위한 유화정책의 일환이었지만, 적어도 제도적으로는 다른 나라의 사회보장제도를 훨씬 앞서는 것이었다. 그러나 노동자들을 보호하기 위한 입법 조치들은 비스마르크가 기대한 만큼의 실효를 거두지 못했다. 실제로 연금보험을 수령한 사람은 소수에 불과했다.[2]

그럼에도 노동운동의 여파로 단순노동자의 처지는 1870년을 즈음해 조금씩 개선되기 시작했다. 실제로 주당 노동시간이 차츰 감소해 20세기 초반에는 주 55시간에 이르렀다. 제1차 세계대전 패배에 이은 독일제국의 붕괴는 독일이 짧고 불안정하게 유지된 초기 민주주의적 단계에서 성숙한 민주주의 국가로 이행하는 계기가 되었다.

기계로서의 인간
: 소외와 테일러리즘

　　　　　19세기 노동자의 궁핍한 삶은 양적·물질적 차원에서만이 아니었다. 노동의 결과를 얻는 노동자의 질적 환경은 더욱 비참했다. 이는 단지 이 당시의 일터에만 해당되는 상황이 아니고, 기계, 산업 설비, 공업 기술 등이 핵심적 역할을 하는 오늘날의 작업장에서도 여전히 유효하다. 기계의 작동 시간과 리듬은 그 기계 옆에 배치되어 일하는 인간의 생체리듬을 결정한다.

　또한, 기계화로 인해 분업화된 노동과 여러 단계로 쪼개진 작업 과정은 노동자들로 하여금 단조롭고 반복적인 일들을 하게 했고, 기계 앞에 서서 돌아가는 기계를 홀로 바라보며 종종 무의미한 기분을 느끼게 했다. 기계는 밤낮없이 돌아갈 수 있고, 당연히 경제적 효과나 수익 면에서 더 이득이 많았다. 노동자의 노동시간은 이러한 기계에 맞춰질 수밖에 없었다. 야간근무와 교대근무는 필수였다. 분업과 인간의 기계 적응은 마르크스가 '소외된 노동' 혹은 '소외'를 언급할 수밖에 없게 만든 노동의 특징이다. 일터에서의 소외 문제는 오늘날에도 해결되지 못하고 여전히 살아 있는, 현재의 문제다.

　산업화가 시작된 이후 노동자는 기계에 적응해야만 했고, 이는 거부할 수 없는 노동 현실이었다. 그리고 이 상황은 이후 조직 차원의 관리 기법으로 체계화되는데, 이 기법은 미국 출신의 기술자인 프레더릭 테일러(1856~1915)[3]에 의해 창안되었다.

'테일러리즘(혹은 테일러 시스템)'은 노동자를 기계 부품처럼 취급하려는 '과학적인' 시도였다(테일러는 자신의 개념을 '과학적 조직 관리법'으로 이해했다). 과업마다 최적의 수행 방식과 도구, 공정이 있다고 생각한 그는 노동자로 하여금 최소의 시간과 움직임으로 최대의 능률을 올리게 하는 방법을 연구했다. 그리고 하루 적정 과업량을 결정하기 위해 작업 방식과 조건을 표준화하고 초시계를 이용해 노동자의 작업 시간을 일일이 계산했다. 이렇게 해서 창안된 것이 모든 조직에 접목될 수 있는 '유일한 최선의 작업 방법the one best way'이었다. 이 방법에 의거해 노동자들은 명확히 규정된 방식과 정확히 정해진 시간 단위로 일을 해야 했고, 전체 작업 과정은 철저하게 통제·관리되었다. 테일러리즘은 이후 1924년에 설립된 독일제국 표준작업시간연구연맹Reichsausschuss für Arbeitszeitermittlung, REFA의 이론적 토대가 되었다.

'테일러리즘'은 업무 분장과 이로 인한 노동의 단조로움을 강화하기만 한 것이 아니었다. 시스템에 따른 상세한 시간 설정과 업무 목표는 노동의 강도를 더욱 높였다. 노동자는 기계 부품이 되어 마치 지시에 따라 규정된 방식으로 움직이는 로봇처럼 프로그래밍되었다. 노동자에게는 자신이 담당하는 부분적인 일이 전체 일 가운데 어느 부분의 어느 단계에 속하는지는 더 이상 중요하지 않았다. 머리는 작업장에 들어설 때 옷장에 보관하거나 옷걸이에 걸어두고 와도 무방했다. 이뿐만 아니라 테일러 시스템은 노동자들을 서로 분리시켜놓았다. 규정에 따르면, 소통이란 작업에 방해가 되는 요인일 뿐이었다.

제2장에 기술한 신경생물학적·심리학적 전제 배경에서 본다면, 테일러의 전략은 가장 기본적인 인간의 욕구가 무시되었을 때 '합리적인' 행동 양식이 어떻게 자폐증적 이상행동을 불러일으키는지를 보여주는 전형적인 사례다. 당연히 테일러 시스템이 도입된 작업장 곳곳에서 노동자들의 폭동과 파업, 봉기가 끊이지 않았다. 결국 미의회 조사위원회는 테일러 시스템에 대한 감사를 진행했고, 1916년에 작업장 내 초시계 사용이 금지되었다. 단, 미국 내 공기업에만 이조치가 적용되었다.

테일러의 기법은 현대 노동심리학의 출발점이 되었다. 물론 당시에는 노동심리학이란 용어가 아직 없었고, 그 대신에 1930년대 초반까지 독일에서는 '심리기법Psychotechnik'[4] 분야에서 노동심리학의 개념을 발전시켰다. 이 분야의 가장 대표적인 인물은 후고 뮌스터베르크Hugo Münsterberg[5]와 빌리암 슈테른William Stern[6]이다. 테일러리즘과 비슷한 맥락에서, 심리기법의 목표는 여러 심사 방식과 절차를 거쳐 회사와 직무에 최적화된 사람을 선별하는 가장 이상적인 방법을 찾는 것이다. 물론 이 자체가 나쁜 것은 아니었다. 예를 들면 전차 차장, 열차 기관사, 전신 기사나 잠재적 위험이 있는 기계를 다루는 노동자의 경우에는 당연히 육체적·정신적 건강이 확보되어야 한다. 그렇지 않으면 업무를 수행하면서 자신뿐만 아니라 타인에게까지 위험한 상황을 초래할 수 있기 때문이다.

하지만 이것만이 심리기법의 유일한 관심사는 아니었다. 브레슬라우의 프라이부르크 대학에 잠시 머물다 하버드 대학으로 옮겨 간 뮌스터베르거는 "심리기법자는 오직 종업원 선발을 위해 이 심리적 보조 수단을 어떻게 활용해야 하는지를 산업 자본가들에게 가르친다"라고 말했다.[7] 그러나 사실 몇몇 대표적인 심리기법자들은[8] 조직 내 마땅치 않은 직원들을 다루는 지침을 여러 논문을 통해 발표했고, 20세기 후반에 와서 심리기법은 '심리학을 비열하게 만들었다'는 지탄을 받게 되었다.[9]

1945년 이후
: 사회복지 국가와 사회적 연대

위에서 독일 산업화를 개괄할 때 150여 년 고난의 시기와 더불어 인간의 존엄, 건강권, 사회 정의(인간의 존엄, 건강권, 사회 정의의 밀접한 연관성은 종종 망각된다)를 위한 노동자 계급의 오랜 권리 투쟁에 대해서도 거대 담론 차원에서 언급되었어야 했다. 하지만 이 책은 직장에서의 건강 문제에 초점을 맞추고 있기 때문에 사회민주주의 운동, 사회복지 및 공산주의 투쟁, 혹은 국가사회주의 자들의 범죄 등을 언급하는 것이 적절치 않다. 마찬가지로 동독 시절의 노동사도 이 책에서는 다루지 않았다.

제2차 세계대전 후 독일연방공화국(서독)에서 강구된 사회적 시장경제 개념이 노동 세계를 크게 변화시켰다. 노동조합과 사회민주주의는 새로운 민주주의 질서에서 제공된 기회들을 이용했고, 수십여 년 동안의 끈질긴 정치적 투쟁으로 노동 개혁을 관철시켰다. 제1차 세계대전 전후를 살아온 노동자들에게 생각지도 못했던 상황이 만들어진 것이었다.

바이마르 공화국의 실패한 도전은 서독 정부에 와서 성공을 이루었다. 바이마르 공화국이 붕괴되면서 파시즘의 기틀이 마련되었다는 것은 간단히 말해서 노동과 자본 간의 갈등을 합당한 사회·정치적 질서를 통해 완화하려는 의지와 능력이 부족했다는 것을 의미한다. 이러한 질서는 노동자와 자본가 양측이 모두 받아들일 수 있는, 합의에 의한 것이어야 했다. 제2차 세계대전 후 사회주의적 시장경제의 도입이 예견되었던 것처럼 말이다.

서독 노동 정치의 공적으로는 단체교섭권, 자유노동조합[10], 노동자 처우 개선, 하루 8시간 주 5일 근무제 도입, 질병과 실직으로부터의 노동자 보호 등이 있다. 무엇보다 기업 경영에 노조가 참여할 수 있는 권리를 '공동 결정법'으로 규정했다는 점은 적어도 진일보한 정책으로서 충분한 의미가 있었다.

1980년대와 그 후
: 신자본주의 문화

　　　　　　미국 출신의 영국 런던정경대 사회학과 교수 리처드 세넷Richard Sennett은 노동환경의 오랜 특징에 대해 기술한 바 있다. 그는 비스마르크 시대부터 이어진 노동환경의 양상들은 1980년대의 시작과 함께 급격히 사라졌고, 이는 우리 노동 세계에 근본적인 변화를 초래했다고 주장했다.

　여기서 세넷이 사라졌다고 말한 것은 비스마르크의 의료보험법, 연금보호법과 함께 틀이 잡히기 시작해 1970년대에 자유주의 개혁 정책과 함께 어느 정도 완성된 사회 구조였다. 이것은 노동 세계를 안정되게 유지하는 구조적 틀로서 세넷은 이를 '쇠창살stahlhartes Gehäuse'이라고 불렀다. 심각한 위기 상황을 제외하고는 1980년대까지만 해도 기업은 대부분의 노동자에게 비교적 믿을 만한 곳, 세넷의 좀 더 날카로운 표현을 빌리자면, '감옥'인 동시에 '집'과도 같은 공간이었다. 규율, 복종, 의무 수행은 충분한 복지와 안전으로 보상되었다. 세넷은 "경제 제도가 사회적 통합과 권위에 대한 복종을 공고히 하기 위해 군대의 계급 구조를 모방했다"라고 지적한 국민경제학자 막스 베버를 인용하며 자신의 견해를 뒷받침했다.[11]

　세넷의 언급처럼 사회적으로 촘촘히 조직화된 노동의 환경에 변화가 닥치기 시작한 것은 1980년대부터다. 이 구질서는 세넷이 '신자본주의 문화Kulur des neuen Kapitalismus'라고 표현한 새로운 세계에 자리를 내주었다. 이와 함께 그때까지 유지되었던 기업의 구조적 안정성만 사라진 것이 아니다. 노동 역시 근본적인 변화를 맞이해, 삶과 밀접히 결합된 정체성의 원천과 보장으로서의 노동은 이제 무효한 것이 되었다.

세넷은 이런 변화의 원인을 금융 시스템과 실물경제 사이의 변화된 관계에서 찾았다. 1980년대까지 존재했던 '장기적' 질서의 토대는 내적·외적 구조의 안정성이었다. 당시 일자리를 제공했던 회사는 도산하지 않고 인간의 생존 기간만큼 지속되었다. 노동시간은 규칙으로 정해져 있었고, 임금률은 중기적으로 예측 가능했다. 고용주와 고용인 사이의 신뢰와 연대는 그들의 상호 관계에서 기인했다. 장기근속자의 현장 경험과 지식은 존중받았다. 직장 생활과 개인 생활은 당연히 분리된 영역이었다. 그러나 이 모든 것이 근본적으로 바뀌었다.

세넷은 대략 1980년까지 유효했던 과거 질서하에서 자신의 노동과 삶을 서사적으로 구성할 수 있었던 노동자들에게 노동은 정체성을 확립해주고, 자기 가치를 전달해주고, 삶에 의미를 부여해주는 요소였다고 강조했다. 대부분의 노동자는 자신의 일을 '장인의 작업'으로 받아들였는데, 이는 인간에게는 일 자체를 위해 일을 '잘해내고' 싶은 욕구가 있음을 의미한다는 것이었다. 이러한 과정에서 축적된 노동자의 경험과 지식은 고용주에게 중요한 자원으로 받아들여지며 존중받았다. 직장은 비교적 긴 시간 동안 동료들과의 관계를 쌓으며 사회적 관계를 이어갈 수 있는 곳이었다. 무엇보다 일은 미래의 인생을 설계하는 데 큰 역할을 했다.

오늘날과 비교해 완전히 다른 자본 투자가의 역할은 그 당시의 사회, 기업 전반의 안정성에 결정적 작용을 했다. 당시 투자가의 입장에서 투자 자본은 무엇보다 배당금으로 분배하는 몫보다 더 많은 이익을 발생시키는, 상당히 긴 시간 동안 거치되는 돈이었다. 이는 기업의 내적·외적 안정성이 투자가의 입장에서 중요한 점이자 바라는 바였음을 의미한다.

세넷에 따르면, 1980년대 이후의 노동환경의 근본적 변화는 실물경제가 금융자본주의의 메커니즘에 종속된 결과다.[12] 1970년대에 세계 통화 시스템인 브레턴우즈 협약Bretton Woods[13]이 붕괴함으로써 전 세계의 자본은 걷잡을 수 없는 혼란에 빠졌다. 투자가들은 국내외를 가리지 않고 자본을 빠르게 불릴 만한 곳을 찾기 시작했다. 실물경제 영역에서 잘하고 있는 기업에 장기적으로 투자하는, '오래된' 시스템에서는 흔했던 전통적인 자본 수익은 '신자본주의'에 눈뜬 투자가들에게는 더 이상 만족할 만한 목표가 되지 못했다.

또한 그에 따르면 장기 전략을 펼치기에 오늘날의 세계 유동자본은 매우 '참을성이 부족'하다. 그 대신에, 투자가들은 주식 매매 차익을 얻기 위해 (그리고 나서 손을 털고 나가기 위해) 기업의 주주 가치를 신속히 끌어올리는 데 총력을 모은다. 기업 주가를 올리기 위해 투자가들은 기업 차원의 실효성과 중대성 같은 것이 있든 없든 상관없이, 기업이 대규모 구조 조정과 인원 감축을 단행하도록 기업에 '보여주기식' 경영을 강요한다. 이런 식의 기업 경영은 실제로는 기업에 손실을 끼친다 하더라도 금융시장에서만큼은 좋은 인상을 심어주는 효과가 있어 그들의 의도대로 기업의 주가는 상승한다고 세넷은 수많은 사례를 들어 설명했다.

지속 상태의 불안정성
: '신자본주의 문화'의 결과

세넷은 1980년 이래로 고삐가 풀린 금융시장의 메커니즘이 이미 30여 년간 작동되고 있지만 여전히 끝날 기미도 없이 계속 기업의 구조를 안팎으로 조직적으로 뒤흔들고 있다는 것을 매우 설득력 있게 설명하고 있다. 많은 기업 경영진의 결정은 회사의 중장기적 이익을 위한 것인 경우가 드물고, 오히려 잠재적인 투자가들에게 '보여주기' 위한 것으로 일관되어 있다.[14] 투자 대상으로서의 기업의 가치를 높이기 위해서는, 그리고 이와 함께 주가를 끌어올리기 위해서는 기업의 내적·외적 구조를 계속해서 세차게 흔들어야 한다. 구조 조정과 직원 감축은 이러한 논리에 따라 정당화되며, 장기근속자와 경험이 많고 사회적 안정을 이룬 직원들은 그러한 계획

에 방해가 될 뿐이다.[15]

이런 상황에서 지속적인 불안정화는 기업 경영의 질을 평가하는 데 긍정적으로 작용한다. 세넷에 따르면 기업의 지속적인 구조 조정은 하나의 트렌드가 되었고, 민간 경제뿐만 아니라 고리타분하게 여겨지는 공공 부문까지 오염시키고 있다.

세넷이 주장하는 금융경제와 실물경제 간의 관계 변화는 최근 수많은 사람들의 노동 조건을 크게 악화시켜온 일련의 고용 문제들을 설명해준다. 염두에 두고 있는 구조 조정을 언젠가 실시할 가능성을 보존하기 위해 장기 고용은 계약직, 임시직, 시간제, 파견제 고용으로 점점 교체되고 있다. 임금률에 의거한 급여를 받지 못하는 사람들도 해마다 점점 증가하고 있다. 일자리 불안은 현대 노동의 특징을 대변한다. 사회 안전망은 침식당하고 있으며, 비정규직이 노동계 전면에 등장하고 있다. 이런 식으로 정치를 하면 (특히 노년기의) 빈곤이 뻔히 보이는데도 말이다.

그런데 (축소된 고용 안정성 및 임금 안정장치와 같이) 노동의 한정 조건Rahmenbedingungen만이 변한 것이 아니다. 적어도 노동 자체와 관련된 변화들도 있다. (세넷이 묘사한) 지속적인 기업 구조 조정으로 나타나는 결과들은 업무 현장에 새로이 도입된 테크놀로지와 결합한다. 그래서 단기간의 신속한 업무 처리와 멀티태스킹이 등장했고, 이는 현대 노동환경의 특징이 되었다.

현장에서의 산 경험과 지식이 바탕이 되는 숙련 노동(그리고 이에 부합하는 숙련 노동자)에 대한 수요는 수년 전부터 감소하는 추세다. 그 대신에 특별한 역량을 요하지 않고, 더욱이 한 번도 명확히 정해지지 않은 도전 과제를 '어떻게든' 해내야 하는 노동자들이 숙련 노동자의 자리를 빠르게 채우고 있다(일상에서의 경험을 토대로 소비자 스스로 자신의 물건을 수리할 수 있는 것처럼 말이다).

앞서 묘사된 변화로 인해 일 자체와 마찬가지로 노동자의 업무 경력 또한 점점 파편화되고 있다. 업무 기술을 습득하고, 일을 자신과 동일시하며, 직업 역량을 평생에 걸쳐 확장하고 개발해야 한다는 생각은 점점 허무맹랑하고 현실성 없는 것이 되어가고 있다. 직업은 세넷의 표현대로 저임금 임시 노동을 상징하는 '맥잡McJobs, McDonald's Jobs'의 형태로 점점 교체된다. 이제 경력은 그때그때 필요할 때마다 매우 짧은 수습 기간을 거쳐 매우 한정된 시간에만 단기간으로 투입되는 일로 쌓아지고 있다.

이런 '천박함의 승리Triumph der Oberflächlichkeit'는 업무 경력의 단기화와 관련 있을 뿐만 아니라 집단을 통해 느낄 수 있는 동료 의식과 사회적 귀속감의 가능성까지도 침해한다. 직장 내 개인 관계는 피상적 수준에 머물러 있거나 소멸할지도 모른다. 또한 신경생물학과 의학의 관점에서 이와 같은 변화를 보면, 동기체계와 공감체계 모두 노동자들의 뇌에서 작동할 기회조차 사라질지도 모른다. 이런 환경에 놓인 직장인은 소위 ADHD 노동 모드로 전환된다.[16]

피로 사회의
협박?

1980년대 초반에 등장한 노동 사회의 변화들이 노동자의 건강에 상당한 영향을 미치고 있다. 수많은 노동자들이 고용 불안에서 더 이상 자유로울 수 없게 되었고, 이로 인한 건강상의 문제는 점점 커지게 되었다. 실직의 위협에 떨고 있는 '쓸모없는 인간'의 유령으로서만 현상하는 사람들은 이제 현대 노동 사회의 제물로 바쳐질 각오가 되어 있다. 말하자면 시간과 성과의 압박, 장시간의 통근을 포함한 직업상의 잦은 이동, 수당 없는 연장 근무, 직장 내 연대감 해체와 개인주의화, 업무 시간 외에도 항시 연락 가능한 상태, 일과 삶의 불균형 및 경계 붕괴, 심신 회복 욕구 무시, 일상의 빈곤화 등에 몸과 마음을 희생할 준비가 되어 있다.

한병철 교수의 지적처럼 '신자본주의 문화'에서 사람들은 성과에 집착하며 한없이 스스로를 소진시킨다.[17] 물론 이는 건강에 치명적 영향을 미친다. 또한 자기 착취의 폭력은 그 자체로는 고통이 없어서 그것이 우리 건강에 끼치는 영향을 제때 감지하고 인식할 수 없게 만든다. 사람들은 번아웃으로 나가떨어질 때까지 고용주의 무리한 요구에 부응해 자신과 일을 동일시하며 성과를 내려고 점점 더 노력의 강도를 높인다. 한 교수는 이런 상황을 (정신적) 면역 체계의 붕괴 상태에, 유기체에 이롭지 못한 것을 인식하지 못하고 거부하지 못하는 (정신적) 무능력에 비유했다.

또한 외적 강압이나 명령에 의해 작동했던 과거 노동 사회와 달리 현대 사회는 '나는 할 수 있다'라는 정언이 지배하며, 내면화된 성취와 성공에 대한 요구는 노동자 스스로를 끊임없이 담금질하게 한다. 이제 노동자의 몸은 더 이상 작동을 멈출 수 없는 기계가 된 것 같다.

또한 한 교수는 금기와 명령으로 규정되는 규율 사회Disziplinargesell-schaft가 성과 사회Leistungsgesellschaft로 대체되었다고 진단했다. 규율 사회가 '광인과 범죄자'를 낳았다면, 성과 사회는 우울증 환자와 낙오자를 만들어낸다. 그의 주장처럼 번아웃이나 우울증에 관련된 사람들은 외부의 강요 없이 자발적으로 스스로를 착취하는 '노동하는 동물animal laborans'[18]이나 다름없다. 그는 성과 사회의 '가해자인 동시에 희생자'가 되는 셈이다. "할 수 있는 게 아무것도 없다는 우울한 개인의 한탄"은 오직 "불가능한 것은 없다고 믿는 사회에서만 가능하다"고 한 교수는 지적한다. 또한 "더 이상 할 수 없음은 파괴적인 자책과 자학으로 이어진다". "성과의 주체는 자기 자신과 전쟁하고 있다. 그런데 우울증 환자는 내면의 전쟁에서 부상을 입은 군인이다."

번아웃에서 우울증으로의 정신적 탈진 과정까지 담고 있는 한 교수의 명제는 정신역학적 분석으로서도 부족함이 없다. 그의 분석은 제2장에서 이미 언급한 심리학과 뇌 과학의 인식과도 일치한다. 그는 "노동자들이 점점 더 많이 겪게 되는 '자극과 정보와 욕망의 과잉'이 현대 인간의 주의력 구조를 (넓지만 매우 얇게) 변화시키고 있다"며 "멀티태스킹으로는 문명의 진보를 설명할 수 없다"고 강조했다. 멀티태스킹은 단지 자연 상태에 사는 동물들에게만 유효한, "야생에서의 생존을 위해 절대적으로 필요한 기술에 지나지 않는다". 이와 대칭되는 생물학적 체계는 2장에서 설명한 디폴트 모드 네트워크다.

제6장

노동과 여가 : 노동과 삶에 영향을 미치는 것에 대한 이론들

"세상에는 너무나 일이 많으며 노동이 미덕이라는 믿음에 의해 엄청난 해악이 발생한다."

_버트런드 러셀

여러 관점에서 인간의 노동을 고찰해볼 수 있다. 노동 방식과 노동 생산물에 대한 연구가 있을 수 있고, 노동이 현대 인에게 무엇을 요구하며 노동이 현대인의 건강에 어떤 영향을 미치 는지도 분석될 수 있다. 하지만 인간의 노동은 우리가 생산하는 것, 또는 육체적·정신적으로 경험하는 것 그 이상이다.

인간의 노동은 우리가 인간으로서 역할을 하는 것을 통해 비로소 모습을 드러내지만, 그럼에도 노동은 일종의 자연적 현상이기도 하 다. 즉 노동은, 외부 세계의 일부로서 우리가 관찰하고 사유하고 더 나아가 그에 대한 이론을 구상할 수 있는 자연 현상이다. 우리가 노 동을 구체적인 형상으로 드러내는 것은 우리 현실과 우리의 일에 영 향을 주고 우리의 행동을 이끈다. 따라서 이번 장에서는 노동에 대 해 인간이 어떻게 사고해왔으며, 노동의 의미나 노동의 무의미함을 논한 의식적 노동 이론이나 무의식적 노동 이론에는 무엇이 있는지 를 다룰 것이다.

자신의 노동을 정당화하기 위해 인간 스스로 만들어내는 이론이 꼭 실용적인 사고에 얽매이는 것은 아니다. 자기 성향과는 반대로, 또는 어떤 강요에 의해 일을 해야 하는 사람의 '내적 이론'에는 '지금 내가 이렇게 고생하면 언젠가 보상을 받겠지' 혹은 '주님 말씀에 따라 열심히 일하면 먼 훗날 하늘에서 보상을 받게 되겠지'와 같은 '욕구 유예'의 계획이 내포되어 있다. 또한 '당장은 무릎을 꿇지만 나중에 꼭 갚아주고 말 거야'와 같은 복수의 계획도 연관되어 있을 수 있다.

자발적으로 노동이 이뤄지는 곳에도 인간을 움직이게 하는 노동 이론이 있다. 이 이론은 결코 합리적이지 않을뿐더러 상업적 계산이라는 합목적성을 반드시 충족시키지도 않는다. 온갖 기발한 상상이나 공상이 (의식적으로나 무의식적으로) 인간 노동의 원인으로 작동할 수 있다. 이때의 노동은 미적이거나 박애주의적이거나 자아 현시적이거나 과대망상증적인 성향을 띨 수 있다.

그렇다고 노동 이론이 임의적 직관에 의거한 우연의 산물인 것은 아니다. 오히려 노동 이론은, 이미 마르크스가 인식한 것처럼, 이전에 주어진 물질적·사회적 관계를 토대로 한다. 한번 형성된 사고는, 역사가 말해주듯이, 일시적 현상으로 그치지 않고 여러 세대를 거치면서 장구한 시간을 향유한다. 인간이 성장해온 사회적 환경은 노동에 관한 여러 축적된 표상들을 다음 세대에 전달한다. 이 전달은 대부분 포괄적으로 이뤄지며, 한 시대를 휩쓸고 있는 특정 이론을 성찰하기를 의식적으로 거부함으로써 이뤄진다. 문화 전체를 노동과 관련짓는 구상들은 현실에 엄청난 영향력을 행사하며, 역사를 넘나드는 지속력도 지닌다. 이러한 연유에서 그동안 인간으로 하여금 노동과 관련을 맺게 한 여러 사상적 맥락을 짚어보고자 한다.

노동의 발명

오래전부터 인간이 동물과 다름없이 생존을 위해 노동해왔다는 사실에는 의심의 여지가 없다. 잘 알려진 바대로, 우리의 진화론적 선조들은 정착 생활을 하기 전까지 수렵과 채집에 의존해 생존했다.[1] 채집이나 사냥을 하는 이들이 피난처나 안식처로 가장 선호한 곳은 동굴이었다. 수십만 년 전부터 인류의 생존을 보장하는 가장 중요한 활동은 도구를 만드는 것이었다. 도구는 덩이줄기나 뿌리식물을 캐거나 땅콩과 같은 견과류를 깰 때, 낚시와 사냥을 할 때, 동물의 가죽이나 골육을 분리할 때, 거처를 마련할 때 필수적인 것이었다.

도구를 사용하는 일이 점점 많아지다 보니 예술 작품의 제작에까지 도구가 활용되었다. 무엇보다 이베리아 반도에서 동유럽에 이르는 광대한 지역에서 수만 년 된 동굴벽화와 소형 입상들이 발견되었다. 채집과 수렵을 했던 우리 조상들의 이런 다양한 활동을 '노동'으로 규정하는 주장에 대해 중대한 이견을 제시하는 사람들도 많을 것이다.

인류가 정착 생활을 시작하기 전에 한 활동이 정착 후에도 자연스럽게 이어져왔기 때문에 인간 노동의 진화론적 혹은 역사적 시작점을 밝히려는 모든 시도는 자의적 해석으로 남을 뿐이다. 인류는 대략 1만 2,000년 전에 요르단 강가에서부터 북부 메소포타미아 산악지대 근방까지의 지역에서 처음으로 정착을 시작했다.

그 무렵, 수만 년 동안 유럽 평원을 대륙빙하로 덮고 있었던 지질시대 최후의 빙하기인 뷔름빙기가 천천히 막을 내리고 있었다. 당시만 해도 아직 빙하기의 영향권에 있던 유럽에 비해 서아시아나 중동 일부 지역은 살기에 적합한 곳이었다. 유프라테스 강과 티그리스 강 상류 지역에는 무성한 수목과 비옥한 땅이 있었고 수많은 야생동물이 살고 있었다. 이 지역은 인류가 모여 살기에 이상적인 곳이었고, 생명체에게는 낙원과도 같은 생태 공간, 비오톱Biotop이었다. 오늘날 터키 남동쪽에 해당하는 지역에서 인류 역사상 최초의 정착 주거지가 독일의 고고학자들에 의해 부분적으로 발견되었다.

이 지역의 가장 오래된 '유적지' 가운데 하나는 독일의 고고학자 클라우스 슈미트Klaus Schmidt에 의해 발견되었다. 이곳에서 대량의 부싯돌 부스러기를 발견한 그는 발굴단과 함께 발굴 작업에 착수했고, 수년 후인 1994년에 드디어 고대 건축 구조물 중 가장 오래된 괴베클리 테페Göbekli Tepe의 흔적을 발견했다.[2] 괴베클리 테페에서 가장 오래된 지층은 기원전 9600~8800년의 것으로 추정된다.

2012년 가을, 필자는 여러 신경과학자와 철학자, 세계 유수의 고고학팀과 함께 템플턴 재단Templeton Foundation에서 주최하는 워크숍에 초대받아 터키 동부 지역을 방문하게 되었다. 우리의 임무는 슈미트의 가이드에 따라 괴베클리 테페를 상세히 조사해 이 고대 유적이 그 당시 사람들에게 어떤 의미였으며, 어떤 목표에서 이 구조물을 세우게 되었는지를 알아보는 것이었다. 괴베클리 테페는 산간 고지대에 원형 모양으로 넓게 퍼져 있다. 각각의 구조물은 그리 높지 않은 둥근 벽으로 둘러싸여 있고, 벽 안쪽으로는 돌로 된 좌석이 벽을 따라 둥글게 배치되어 있다.

　또한 벽 안쪽에는 사람의 키를 훌쩍 넘는 직사각형의 석주들이 세로로 서서 마치 사람 같은 모습으로 중앙을 향하고 있다. 중앙에는 두 개의 석주가 마주 보고 서 있는데, 역시 사람의 형상으로 보이며, 원 안에 있는 '동료들'로 보이는 다른 석주들보다 훨씬 커 보인다. 다시 말해 다른 석주들이 거대한 두 개의 석주를 둘러싸고 바라보는 모양새다(은유적으로 이를 이해해야 하는데, 왜냐하면 이 두 개의 큰 석주에는 얼굴 표정이나 눈이 없기 때문이다).

　인간의 정착을 증명하는 가장 오래된 인류 문명 괴베클리 테페는 과연 노동과 무슨 관련이 있을까? 이곳 석주들은 다른 곳에서 잘려 인위적으로 세공된 것으로, 1톤이 넘는 무거운 석주들을 어떻게 이곳으로 옮겨 왔는지 고고학자들은 궁금해했다. 그 해답은 멀지 않은 곳에 있었다. 불과 몇백 미터 떨어진 곳에 채석장이 있었다. 유적지

건설자들은 그곳에서 1톤이 넘는 무겁고 거대한 돌덩이를 바닥에서 들어 올려 통나무로 만든 굴림대를 이용해 옮겼다. 신석기 시대의 우리 선조들이 굵은 막대기를 지렛대 삼아 채석장에서 캐낸 돌덩어리를 원형 구조물이 있는 자리로 옮긴 자국을 통해 이 넓은 채석장의 흔적을 고스란히 볼 수 있었다.

이 유적지는 오랜 시간에 걸쳐 최소 100명에서 최대 200명에 이르는 사람들의 지속적 협업을 통해 건설된 것으로 보인다. 인류 역사상 최초의 정착지일 가능성이 높은 이 유적지를 건설하기 위해 (당시 사람들에게) 요구된 것은 오늘날 우리가 이해하는 의미에서의 노동이었을 것이다. 이 때문에 괴베클리 테페를 '노동의 발명'이 이뤄진 곳으로 보는 데 슈미트 또한 동의한다는 의견을 보였다.

괴베클리 테페와 같은 구조물을 만든 건설자들이 노동의 힘겨움을 견뎌내면서까지 그토록 거대한 유적지를 만든 이유는 무엇일까? 흥미로운 점은 매우 단순화해 표현한 인간 형상의 석주들이 모두 남성의 모습이라는 것이다. 석주의 표면에는 수많은 야생동물의 형상이 새겨져 있다. 수컷의 생식기는 표현할 수 있는 한 최대한 도드라지게 새겼다. 한편, 이 유적지에서는 동물 뼈와 식물 잔해의 퇴적물 같은, 식물 재배나 가축 사육의 흔적은 발견되지 않았다. 또한 집이나 화덕 같은 거주지의 자취도 발견되지 않았다. 이곳에서 사람들이 살았다는 증거는 아무것도 발견되지 않은 것이다.[3] 그러므로 이 유적지는 이곳에서 최대 50km 거리 이내에 살고 있었던 정착민들의 회합 장소로 보는 것이 가장 타당하다.

　오직 남성과 동물의 형상만을 표현한, 테스토스테론이 넘쳐흐르는 이 구조물은 남성들의 집회지로서 중요한 역할을 했으리라 추측해볼 수 있다. 아마도 이곳에서 회합이 열렸을 것이고 젊은 사람들은 입회 의례를 거쳐야만 하지 않았을까 상상해본다.

　원형 구조물 벽 안쪽으로 둥글게 자리 잡은 돌 벤치에는 나체 여성의 그래피티(전 세계에서 가장 오래된 포르노그래피일 듯)가 새겨져 있다. 돌을 긁어서 멋대로 그려놓은 낙서 그림인 이 그래피티 속의 여성은 매우 추하게 묘사되었는데, 이 점에서도 괴베클리 테페의 목적을 유추해볼 수 있다. 이 건설 노동을 추동한 '숨은 의도'에는 아마도 남성성을 과시하려는 힘자랑의 욕구가 있었던 것 같다.[4]

노동력의 발명

　　　　인간은 어떻게 해서, 무엇 때문에 정착 생활을 시작하게 되었을까? '신석기 혁명'이라 불리는 인류 최초의 정착 생활에 대해서는 아직 추측만 할 수 있을 뿐이다. 빙하기가 끝나자 기온이 상승하면서 각종 먹을거리가 풍부해지고 인구도 증가했는데 기본적으로 수렵과 채집을 통한 식량 공급이 인구 증가율을 따라잡지 못했고, 결국 야생동물 개체수가 격감하고 기후 변화로 인해 식물

생태가 급변하면서 인류는 '비지땀을 흘리며' 곡식을 경작하고 동물을 사육할 수밖에 없었을지도 모른다. 정착 생활과 농경과 목축의 시작은 기술 혁명이나 다름없었다.

정착 생활의 생산물 중 하나가 바로 인간 노동력의 '발명'이었다. 신석기 혁명은 인류 문명을 탄생시켰고, 이후 메소포타미아 문명은 인류 공동생활에 근본적이며 획기적인 변화를 가져왔다.[5] (현대적인 의미에서의) 노동뿐만 아니라 토지 소유와 상품 거래 역시 '발명'되었다. 그리고 얼마 지나지 않아 화폐와 문자의 '발명'도 이어졌다. 당연히 소유물과 화폐, 부족한 자원을 두고 갈등이 생겨났고, 이는 심각한 수준의 사회적 분열과 사람들 간의 폭력을 낳았다. 결국 이로 인해 도덕과 율법 체계가 처음으로 마련되었다.[6]

처음 노동이 발명된 곳에서 노동은 그리 오래 지속되지 못했던 것 같다. 괴베클리 테페와 그 근방인 북부 메소포타미아의 정착민들은 몇백 년이 지나 그곳을 떠났다. 물론 그 이유에 대해서는 오늘날까지도 명확히 밝혀진 바 없지만, 덕분에 그곳은 보존이 잘된 상태로 발굴될 수 있었다. 그 후 노동의 역사는 기원전 7~6세기부터 인류가 거주하기 시작한 유프라테스 강과 티그리스 강 하류로 이어졌다.[7]

기원전 5세기 무렵, 수메르인들이 문명을 발전시켰다.[8] 수메르인의 뒤를 이어 메소포타미아에서는 아카드인, 바빌로니아인, 시리아인이 문명을 발전시켰고, 나일 강 전역의 파라오 왕국들이 이들과 나란히 발전했다.[9]

관개 시설과 인공 운하 시설의 건설은 엄청난 노동력의 투입을 의미했다. 이미 메소포타미아인들은 자신의 노동을 대신할 사람들을 찾아서 그들을 부리는 것에 익숙했다. 또한 이 시기에 수공업도 발달했다. 벌써 사람을 노동력으로 생각하게 된 것이었다. 그곳의 농부와 약탈 노예들은 고역에 시달리며 쓰러져나갔다. 권력과 자원을 위한 전쟁 외에 노동력을 확보하기 위한 전쟁도 빈번했다. 흔한 일은 아니었지만 노동력 확보를 위한 전쟁 때문에 민족 전체가 추방을 당하거나 이주하는 경우도 있었는데,[10] 이런 일은 인류 역사에서 더는 있어서는 안 될 것이다.

자존감과 존엄성, 그리고 육체 숭배의 갈등
: 고대 그리스와 로마제국에서의 노동

노동이 고대 아테네와 로마제국에서 유사한 의미로 받아들여지긴 했지만, 노동이 한 개인에게, 그리고 한 인간에게 어떤 의미가 있는지를 역사상 처음으로 고찰한 것이 바로 그 시대였다는 사실을 우리는 인정해야만 한다. 그리스[11]의 사상가들은 노동의 가치를 평가하면서 인간의 노동이 인간의 존엄성을 어디까지 보존하고 침해하는지를 탐구했다. 로마제국[12]에서도 존엄성에 대한 권리를 신분에 따라 다르게 취급했다. 물론 존엄성의 현대적 의미를 생각한다면 그들의 규정이 매우 낯설게 다가올 것이다.

따라서 존엄성이란 무엇인지 정의할 때 우리는 그리스 철학자들의 견해를 제한적으로 따를 수밖에 없을 것이다. 고대 그리스에서는 생업 때문에 다른 사람의 명령에 복종할 수밖에 없다면, 이는 이미 존엄성이 훼손된 것이라고 보았다. 고대 그리스의 위대한 사상가 아리스토텔레스(기원전 384~322)는 "독립적 존재는 타인에게 의존하지 않고 자주적으로 살아간다"[13]라고 했다.

또한 고대 그리스에서 노동은 그 자체로는 가치가 없는 것, 힘들고 고통스러운 과정을 수반하나 꼭 필요한 것으로 규정되었다. 아리스토텔레스는 《정치학Politika》에서 "온전한 삶이란 노동과 여가가 분리된 삶이다. (…) 인간은 여가를 얻기 위해 일을 한다"라고 했으며, 다른 저작에서도 "충만한 행복은 여가에 있다. 우리는 여가를 즐기기 위해 여가를 희생한다"[14]라고 했다.

물론 여가는 나태함과 다르다. 기원전 8세기의 그리스의 대표적 서사시인 헤시오도스는 아무 일도 하지 않고 다른 사람에게 자신 몫의 일을 떠맡기는 사람들을 비난했다. 또 일을 한다면, 그 일은 자유롭게 자율적으로 행해져야 한다고 했다. 아리스토텔레스는 "무언가를 한다는 것과 배운다는 것에는 차이가 있다"며 "자기 자신이나 친구를 위해, 혹은 덕을 위해 무언가를 한다면 그 일은 독립적 존재의 존엄성을 침해하지 않는다. 하지만 그와 같은 일이라도 다른 의도에서 한다면 그는 일용근로자나 노예와 다를 바 없다"라고 말했다. 이어서 그는 "설령 왕이라 해도 나무를 베거나 밭을 가는 일을 할 수 있다. 하지만 오로지 자신을 위해 자발적으로 해야 한다"라고 강조 했다.[15]

특이하게도 고대 그리스에서는 생필품을 모두 수공으로 만들었음 에도 수공업을 일로 받아들이지 않았다. 그 이유를 역사가 크세노폰 (기원전 426~355)의 이야기에서 찾아볼 수 있다. "소위 손으로 하는 일은 평판이 그리 좋지 못해서 당연히 세간의 멸시를 받는다. 수공 업은 노동자의 육체를 약하게 만든다. 좁은 공간에 틀어박혀 앉아서 손을 쉴 새 없이 움직여야 하고 심지어 하루 종일 불 앞에서 지내야 하기 때문이다. 육체가 허약해지면 영혼 역시 쇠약해진다. 이런 일 은 국가와 이웃을 위하는 데 전혀 도움이 되지 않는다. 그래서 수공 업자들은 사교 모임이나 조국의 국방에 적합한 사람들이 결코 되지 못한다."[16]

'고대' 그리스인들에게 중요한 것은 (철학, 정치 참여와 함께) 무엇보 다 전투를 할 수 있는 강인한 육체와 이웃과 친교를 나눌 수 있는 유 연한 사교술이었다. 경시받는 '천한' 활동에 농업은 당연히 포함되 지 않았다. 이에 대해 크세노폰은 농사일이 신체를 단련시키는 데 도움이 되고 또한 손님을 접대하고 사교 모임을 여는 데 필요한 물 리적 조건들을 만들어낼 수 있기 때문이라고 설명했다.

고대 그리스처럼 고대 로마제국에서도 인간의 노동에 대한 태도 는 거만했다. 존경받는 활동으로는 농경술, 건축학, 의학, 과학이 포함된 '자유 학예Artes liberales'[17]가 있었다. '오직' 일상 필수품만 만들어내는 수공업과 같은 일은 거의 인정을 받지 못했다. 뛰어난 정치가이자 웅변가로 유명한 키케로Cicero, 기원전 106~43는 "수공업자는 지저분한 일을 하기 때문에 고상한 것이라고는 만들어낼 수가 없다"라고 말했다. 또한 그는 일용근로자와 같은 미숙련 노동자의 일을 "자유로운 사람의 존엄성을 해치고 더럽히는 일"로 간주했다.[18] 이와 함께 그는 돈 때문에 하는 일은 인격을 타락시킨다며 상인, 대부업자, 세관원을 경멸했다.

로마제국에서는 사회적 신분에 따라 누가 어떤 일을 할 것인지가 미리 결정되었기 때문에 직업은 숙명과도 같았다. 따라서 직업을 발판 삼아 특정한 사회적 지위로 승격하는 것은 '고대' 로마에서는 거의 불가능에 가까웠다(이는 중세 시대에도 여전히 유지되었고, 안타깝게도 오늘날에도 어느 정도는 마찬가지다). 이에 대한 현명한 스토아 철학자 세네카의 의견은 나중에 다루고자 한다.

나쁜 것은 없다
: 유대 기독교 전통에서의 노동

유대 기독교 전통에서 일은 직업의 차별 없이 인간의 삶 그 자체였다. 유대 전통과 초대 기독교 전통에서 고대 그리스·로마 시대의 노동에 대한 엄격한 태도를 찾으려 하는 것은 헛된 일일 것이다. 기원전 1000년 무렵에 문자로 정리된 구약성서의 창조 설화에서 노동은 인간에게 기회를 제공하는 계약과 징벌 두 가지로 제시된다. 신의 창조에 따라 인간은 (잘 알려진 바대로) "생육하고 번성하여 땅에 충만하라. 땅을 정복하라. 바다의 고기와 공중의 새와 땅 위에서 살아 움직이는 모든 생물을 다스려라"[19]라는 임무를 부여받는다. 하지만 아담과 이브가 신의 명령을 어기고 '타락'했을 때 그들은 바로 에덴동산에서 쫓겨나게 되는데, 그때 당연히 신으로부터 좋은 말을 들을 수 없었을 것이다. "땅이 너 때문에 저주를 받으리라! 너는 일생 내내 수고를 해야만 땅에서 나는 것을 먹을 수 있으리라. (…) 네 얼굴에 땀이 흘러야 너는 빵을 먹을 수 있으리라."[20] 이 두 구절은 유대 전통에서 인간이 일하는 존재일 수밖에 없음을 분명히 해준다.[21]

신약성서에서 노동은 인간의 삶에서 당연한 부분으로 등장한다. 예수 그리스도는 목수의 아들이었다. 그는 선생이 되어 제자들과 함께 길을 떠나기 전에 아마도 수년 동안 아버지의 작업장에서 일했을 것이다. 비록 신약성서의 몇몇 구절들이 예수가 로마의 점령 정부와 로마의 통치에 이미 적응한 유대 당국과 반대 입장에 서 있었음을 시사하기는 하지만,[22] 정부에 대한 저항이 자신의 일이라고 표현된 진술은 그에게서 발견되지 않는다. 예수는 자신의 제자들을 종종 일꾼에 비유했다.[23] 누구나 알고 있는 이야기겠지만, 그는 단순한 일을 하거나 미천한 일을 한다는 이유로 사람을 멀리하는 법이 없었다.

〈마태복음서〉에 나오는 소위 산상설교 부분을 보면 흥미로운 점이 있다. 예수는 행복을 위해 혹은 불안한 미래를 위해 일을 하는 것에 대해서는 찬성하지 않았다. "너희는 보물을 땅속에 쌓아두지 말라. 그 안에 있는 보물은 좀먹고 녹이 슬 것이다." 예수 그리스도의 말은 계속 이어진다. "너희는 생을 위해 무엇을 먹고 마실까 염려하지 말라. 또한 너희의 몸을 위해 무엇을 입을까 걱정하지 말라. 생명이 음식보다, 육체가 옷보다 더 중요하지 않느냐? 하늘을 나는 새들을 보라, 새들은 씨를 뿌리지도 않고, 거두지도 않고, 곳간에 쌓아두지도 않지만, 너희의 하늘 아버지가 그들을 먹이신다." 이어 그는 청중들에게 이렇게 부언한다. "들판의 백합들을 보라. 그 꽃들은 일을 하지 않는다."[24]

하늘을 나는 새와 들판의 백합을 본보기로 한 예수의 권유는 그보다 후세 사람으로 기원후 65년에 사망한 선교사 바울의 유명한 말과 대조를 이룬다. 바울은 장막을 만드는 사람으로, 예수와 마찬가지로 수공업자였다.[25] 데살로니가 공동체에 보내는 서신에서 바울은 수신자들에게 맨 먼저 무질서한 삶을 사는 사람들과는 연을 끊으라고 경고했고, 자신을 모범으로 삼으라고 촉구했다. "나는 당신들과 살면서 무질서하게 살지 않았으며 다른 사람들로부터 양식을 거저 얻어먹은 일도 없었고 오히려 당신들에게 짐이 되지 않기 위해 밤낮으로 일하며 노력했습니다." 그리고 그의 유명한 말이 이어진다. "일을 하지 않으려고 하는 사람은 먹지도 말아야 합니다."[26] 이 문장은, 책의 초반에서 언급한 것처럼, 2,000년 뒤에 레닌이 약간 수정해서 인용했다. "일하지 않는 자 먹지도 말라."[27]

교부敎父이자 로마 주교였던 아우구스티누스Aurelius Augustinus, 354~430는 바울의 노선에 따라 수도사들이 일을 해야 하고 자신의 일을 갖고 살아야 한다고 가르쳤다. "성실히 노동하는 것은 좋은 일이다."[28] 바울과 아우구스티누스의 말은 노동에 대한 일반적인 변론으로 간주되기는 하지만, 의미가 불분명한 것이 사실이다. 심지어 예수에게서도 노동이 자기 가치나 자기 목적을 가지고 있다는 언급이 분명하게 드러나지는 않는다.

'활동적 삶'과 '관조적 삶'
: 중세 시대의 노동

중세 시대에 노동의 가치를 처음 언급한 사람은 베네딕트 수도회를 설립한 이탈리아 누르시아의 베네딕투스Benedictus, 480~547였다.[29] 그의 저술로 간주되는 《베네딕트 교단 규율서 Benediktinerregel》는 수도원 생활의 규율을 엮은 방대한 지침서로, 육체의 욕구를 절제하고 욕망과 본능을 억제하는 수단으로서 정신적·육체적 노동을 고찰한다. 베네딕투스에게 나태함과 게으름은 '영혼

의 적'이었다.[30]

중세 시대에 인간의 노동은 징벌, 훈육, 신의 계명이 하나로 합쳐진 것으로 여겨졌다. 베네딕트회의 유명한 원칙인 "기도하고 노동하라Ora et Labora"에 따르면 수도원 생활은 세 가지 노동 형식, 즉 예배 Opus dei, 종교서 탐독Lectio divina, 육체노동Opus manuum[31]으로 규정되었고, 수도원 담장 밖에서의 생활은 이보다 무딘 형식이었다. 이런 식으로 수도원 생활을 규정한《베네딕트 교단 규율서》가 의도한 것은 시간 관리였다. 그래서 베네딕투스는 수도원 생활에서 노동을 찬양하기도 했고 노동을 제한하기도 했다. 수도사가 "한가해서는 안 되지만 커다란 노동의 짐에 눌려 있어서도, 노동으로 내몰려서도 안 된다. (…) 모든 것이 적당해야 한다".[32] 하지만 수도원 밖에서는 그보다 더 많은 노동이 행해졌다. 중세 시대의 농부들은 대부분 노예였고, 많은 수도원이 노예를 부리고 있었다.

중세 시대의 노동 관념이 형성되는 데 결정적인 역할을 한 이는 신학자이자 철학자이며 도미니크회 수도사인 토마스 아퀴나스Thomas Aquinas, 1225~1274였다. 베네딕투스와 마찬가지로 이탈리아의 부유한 집안에서 외아들로 태어난 그는 고대 철학의 전통적 권위에 의존해 주로 아리스토텔레스의 철학을 원용하며 신학 이론의 체계를 세우려 애썼다. 그리고 스콜라 철학을 정립한 공로로 1567년에 로마 가톨릭교회로부터 교회박사로 추존되었다.

앞서 언급했듯이, 고대 그리스 철학에서 육체적 노동은 존중받지 못했다. 중요한 것은 여가였다. 그러나 여가를 즐긴다는 것이 게으름을 찬양한다는 뜻은 아니었다. 오히려 여가는 창조적인 상태, 즉 노동을 하지 않고 깊은 사색에 빠지거나 예술 활동을 하거나 지인들과 담소를 나누는 것을 의미했다.

고대 그리스의 여가는 기독교의 시대인 중세로 넘어오면서 명상, 신을 향한 정신 집중, 종교서 탐독과 그로부터 제기되는 물음에 대한 성찰, 경건한 찬양과 기도로 바뀌었다. 아리스토텔레스의 영향을 받은 아퀴나스에게는 '활동적 삶vita activa'보다는 '관조적 삶vita contemplativa'이 더 중요했고, 명상은 육체적인 노동보다 훨씬 더 월등한 것이었다.[33]

토마스 아퀴나스와 함께 북알프스 출신의 신비주의자 마이스터 에크하르트Meister Eckhart, 1260~1328[34]로 대표되는 중세 철학에서도 육체적 노동('활동적 삶')이 정신적 노동('관조적 삶')에 예속되는 현상은 계속 이어졌다.

중세에서 르네상스와 종교개혁을 거쳐 계몽주의로 대표되는 근대로의 전환이 이뤄지기 전까지 신학은 중세의 시대 지성을 이끈 대표 학문이었다. 철학은 신학에 예속되어 있었다. 실천보다 지성을 우위에 두는 것에 종교적 정당성을 부여하면서 아퀴나스는 고대 그리스의 육체노동 경시 풍조를 (이후 '인본주의적 교양'으로까지 계승된) 유럽적 사고의 틀로 확대·전파할 수 있었다. 이는 예수 그리스도가 몸소 모범을 보여주었던 원시 기독교의 전통과 완전히 모순되었고,

탁발 승단 운동이 시작되었던 상황과도 매우 달랐다. 아퀴나스에 의해 규정된 교회법에 따라 성직자뿐만 아니라 귀족도 육체노동에서 제외될 정당성을 획득하게 되었다.

중세 시대에 기품 있는 귀족에게 관조적 삶은 기도가 아니라 '민네Minne'였다. 중세의 봉건 귀족 문화를 상징하는 민네는 상호 사회적 의무와 책임, 존경과 사랑을 표현하는 시와 노래의 형태를 띠었다. 귀족은 육체노동을 자신의 존엄함에 어울리지 않는 것으로 생각했다. 존엄, 위신, 명예를 획득할 수 있는 기사의 '아레바이트arebeit'는 민네와 더불어 기사의 전투에서 증명되었다. 민네와 전투는 당시에 노동과 관련된 열정적 활동이나 다름없었다. 중세의 음유시인 발터 폰 데어 포겔바이데Walther von der Vogelweide는 용감한 기사라면 "명예를 얻기 위해 겁내지 말고 전념해야 한다"[35]라고 했는데, 이때 전념해야 하는 대상은 민네와 전투였다.

이탈리아의 인문주의자이자 정치인, 시인인 발다사레 카스틸리오네Baldassare Castiglione, 1478~1529는 1528년 《기사 예법서Libro de Cortegiano》에서 중세 귀족의 '노동 강령Arbeitsprogramm'을 정립했다. "귀족들은 자신들이 하는 모든 활동이 가치 있고 자신에게 걸맞은 일임을 직접 증명해야 한다. 가령 구기, 마상 경기, 승마, 무기를 다루는 경기뿐만 아니라 이와 비슷한 형식의 축제, 유희, 음악에서도 말이다."[36]

종교개혁
: 노동의 해방과 새로운 강압

중세에는 당시의 사회 질서에 따라 고된 부역에 동원된 농노와 높은 공납의 의무를 진 농민이 인구의 대다수를 차지했다. 그들의 노동과 삶은 민네와 전투에 모든 힘을 집중한 귀족들의 경우와는 사뭇 달랐다. 당시 몇 안 되는 교육기관으로서의 역할을 한 수도원은 이러한 상황을 신학으로 정당화했다. 신학에서 육체노동은 열등한 것이지만 종교적 의무로 간주되었고, 따라서 노동은 종교적 의무의 수행이라는 절대 목적하에 일반 민중에게 부과되었다.

하지만 이러한 상황은 영원히 지속될 수 없었다. 특히 수많은 도시[37]에서 노동의 새로운 모범이 대두되기 시작했다. 유럽 전역에서 끊임없이 농민 봉기가 일어났다. 당시 부분 자립 도시에서 사는 일부 수공업자와 상인들이 근면함으로 막대한 부를 쌓을 수 있었다는 사실은 노동의 의미와 가치를 분명히 증명해 보여주었다.

이로부터 발전된 실천적 (또한 육체적) 노동의 유사類似 현대적 가치는 "확실히 신들은 쓸모 있는 남자들을 축복하신다"[38]라는, 베네치아의 유명한 상인 마르코 폴로Marco Polo, 1254~1324의 말에서도 명확히 드러난다. 이러한 논리는 민중들을 완전히 새로운 사고로 이끌었고, 종교개혁 이후의 '노동 해방'의 전조가 되었다.

중세 시대 말엽, 예속된 신분이라는 감옥을 부수고 성실함과 수

완으로 행운을 잡을 수 있는 가능성이 얼마나 많아지고 있었는지를 단적으로 보여주는 사례가 있으니, 바로 한스 루터Hans Luther, 1459~ 1530[39]의 삶이다. 그는 농부의 아들로 태어나 농사를 짓다가 광부가 되고 이후 사업가로 성공했으며[40] 시민 대표로서 주민들의 신망을 한 몸에 받았던 인물이다. 직업을 통해 신분 상승을 이룬 전형적인 경우였다. 그래서 그의 아들이자 아우구스티누스회 수도사, 신학 교수, 종교개혁가인 마르틴 루터Martin Luther, 1483~1546는 "재물을 모으기 위해 일을 하는 것은 옳다"[41]라면서 노동을 부를 쌓는 합법적 수단으로 간주했다.

동시에 그는 아우구스티누스와 베네딕트 교단 설립자인 베네딕투스에게 거부당한 '게으른 무위'에 대해 새로운 해석을 내리면서 노동을 가지고 신의 의지가 담긴 율법을 만들어냈다. 1525년 한 설교에서 마르틴 루터는 "남자는 부지런히 일을 해야 합니다. (…) 왜냐하면 일을 하면 누구도 굶어 죽지 않지만 게으름은 사람의 몸과 생명을 잃게 하기 때문입니다"라고 말했다. 이어 그의 유명한 말이 이어진다. "(하늘을) 날기 위해 태어난 새처럼 인간은 일을 하기 위해 태어났습니다."[42] 그는 노동을 통해 행복을 꾀하려는 사람들의 자유를 인정했지만, 세계 질서에 반하는 혁명적 반항은 받아들이지 않았다. 각자가 세계 질서 안에서 신이 부여한 의무를 다해야 한다고 역설했다.

프로테스탄티즘은 중세가 낳은 외적 노동 강압을 내적 강압과 내면화된 노동 윤리로 변화시키는 데 기여했다. 그리하여 당장은 해방된 듯이 보였던 노동은 또 다른 억압의 옷을 입게 되었다. 이는 루터보다 장 칼뱅Jean Calvin, 1509~1564에게서 더 두드러지게 나타났다. 프랑스 북부 가톨릭 집안의 후손인 칼뱅은 신학을 공부하면서 루터의 신학 사상에 경도되어 가톨릭교회와 멀어지게 되었다. 주로 스위스 제네바에서 활동한 그는 그곳에서 엄격한 개혁의 질서를 잡아가는 데 앞장섰다. 칼뱅주의는 상업적 성공을 합법적으로 인정하긴 했지만, 여기에도 (적어도 겉보기에는) 모든 향락을 거부하는 금욕적 생활 방식을 엄격히 적용했다. 게으른 사람, 일하기 싫어하는 사람, 구걸하는 사람은 비난을 받았고, 칼뱅교가 지배하는 도시에서는 드물지 않게 징역형에 처해졌다.

유럽과 아메리카 프로테스탄티즘의 금욕주의에서 자본주의의 정신을 일찍이 간파한[43] 독일의 사회학자이자 경제학자 막스 베버Max Weber, 1864~1920는 "프로테스탄티즘은 수도사의 금욕을 직업의 생활로 옮겨놓았다"라고 강조했다.[44] 그러면서 이와 다른 선택이 있었는지, 만약 그렇다면 그것이 무엇인지에 대해서는 답을 열어두었다.

산업화의 전초전
: 베이컨, 로크, 흄, 스미스의 경제 이론

마르틴 루터 사후 몇십 년이 채 지나지 않아 중세의 구조가 붕괴되고 새로운 급진적 단초들, 즉 새로운 질서가 등장하자 이를 신학적으로 정당화하지 않으려는 움직임들이 여러 곳에서 서서히 나타나기 시작했다. 영국의 철학자이자 정치가인 프랜시스 베이컨Francis Bacon, 1561~1626과 프랑스의 사상가이자 수학자, 자연과학자인 르네 데카르트René Descartes, 1596~1650에게서 가장 먼저 새로운 흐름의 단초가 발견되었다.

베이컨은 끝없는 신학 논쟁으로 세계의 진리를 찾으려 했던 중세 방식에 신물을 느꼈다. 그 대신에 경험적 지식에 기반을 두고 실재에 다가서는 자연과학적 접근 방식을 지향했다. 이는 '경험주의'의 시발점이었다. 베이컨은 중세 시대의 지성인들은 자신들에게 맞서는 것들을 추론을 통해 제압해야 했지만, 이제 연구와 과학적 방식을 통해 자연을 정복해야 할 때가 왔다고 주장했다.[45]

모든 대상에 되도록 동일하게 적용할 수 있는 엄격한 자연과학적 접근법을 추구한 데카르트는 인간의 노동의 고통을 가능하면 기술적인 해결 방식을 통해 완화해야 한다고 보았다.[46] 이처럼 새로운 사고는 자연법과 이를 통해 증명된 기술적 가능성을 연구하고, 인간 노동의 역할과 의미를 완전히 새로운 학문적 방식으로 고찰할 수 있도록 길을 열어주었다.

중세의 노동 경시 풍조에 작별을 고하고 모든 가치의 창조주로 등극한 물리적 노동의 대관식은 다음 세 명의 영국 사상가에 의해 거행되었다. 철학자 존 로크John Locke, 1632~1704, 정치사상가이자 철학자인 데이비드 흄David Hume, 1711~1776, 경제학자이자 도덕철학자인 애덤 스미스Adam Smith, 1723~1790[47]. 이들은 베이컨이 터놓은 '경험주의'의 수로를 향해 나아갔다.

로크는 대부분의 것에 가치를 부여해주는 것이 인간의 노동임을 인식했고, 노동이 소유권은 아니지만 권리로 증명될 수 있다는 것을 인정했다. 그는 노동에서 더 많은 것을 통찰했다. 그에게 노동은 인간 정체성의 원천이었다. 또한 노동을 경험 영역으로 간주한 그는 이 영역 없이는 인간의 지식이나 이성이 결코 생성될 수 없을 것이라고 보았다. 실천이성으로부터 노동의 가능성이 도출된다고 여긴 칸트와 달리 로크에게서는 이성이 노동 행위의 산물이며, 자연의 도전과 인간 간의 실제적 관계에서 발생한다. 로크는 노동을 자기 가치로서 규정하는 것에 자신의 경험론적 사상이 이용되지 않도록 보호했다. 그에게 노동은 오직 자기 보존의 필연성의 결과로 생기는 것이었으며, "노동 때문에 노동하는 것은 자연에 반하는 것"이었다.[48]

스코틀랜드의 사상가 흄은 로크의 개념을 더욱 견고히 다졌다. "세계 안에 있는 모든 것은 노동을 통해 얻게 된다"라고 한 흄에게서 우리는 매우 경험적이고, 노동의 가치를 중시하며, 전적으로 종교로 부터 자유로운 사상에 눈뜨게 된다. 흄의 관점에서 볼 때, 이 사상의 단초는 노동의 영향력에 대한 분석이 중요시될 때뿐만 아니라 노동의 불가피성에 대한 근거를 마련할 때도 명확해진다. 로크와 마찬가지로 흄에게도 신적인 의무가 아니라 노동의 필연성을 증명하는 인간적 이해가 중요했다. 인간이 노동을 해야 하는 유일한 이유는 인간의 욕망과 열정인 것이다.[49]

로크와 흄에 의한 물리적 노동은 고대 그리스에서 시작되어 중세 시대까지 뿌리 깊게 남아 있던 빈궁한 환경에 마침내 작별을 고할 수 있게 해주었다. 그뿐만 아니라 이제 노동은 유형의 부를 축적할 수 있는 유일하게 합법적인 원천으로 인정받았다.

애덤 스미스는 그보다 앞선 철학자들의 주장을 잘 갈고닦아 경제학을 개별 학문으로서 정립하는 데 성공했다. 그뿐만 아니라 그는 두 선임자의 사상적 토대 위에서 경제학 기반의 세계 해석 체계 Weltdeutungssystem를 발전시켰다.[50] 귀족, 신분, 길드와 이에 상응하는 특권으로 특징지어진 사회가 붕괴했다는 것은 그에게는 완전한 자유가 보장되는 새로운 시대가 도래했다는 것을 의미했다. 또한 이것은 노예 신분에서 벗어난 농부가 자신의 노동력을 자유로이 처분할 수 있고, 이주의 자유를 획득해 세계를 돌아다니면서 언제든 새로운 고용 관계를 맺을 수 있다는 것을 뜻했다.

한편, 거래의 자유가 보장되었다는 점도 지적할 수 있겠다. 그래서 모든 사람이 길드나 공공기관의 방해를 받지 않고 경영자적 마음가짐으로 일할 수 있었다. 스미스는 (모두를 위한 풍요가 노동에 의해 완성된다는 전제 아래) 기업가와 노동자가 옛 특권층인 귀족과 맞서기 위해 조화로운 동맹을 맺게 되리라고 관측했다.

소위 자유주의의 창시자이기도 한 스미스는 자신의 주장을 관철하기 위해 그 당시 부당한 특권을 보호하는 데 실질적으로 복무했던 규제나 규정을 무조건 없애야 한다고 생각했다.

또한 스미스는 도덕적 관념이 바탕이 되는 사회 조직 원리로서 자유 시장을 적극 옹호했다. '경제주의Ökonomismus'[51]라고도 일컬어지는 스미스의 이 개념은 이후 자유주의의 신념이 되었다. 그는 자유 시장의 발전 과정을 더 이상 직접 경험할 수 없었기 때문에 자신의 개념에 어떤 한계가 있는지 알지 못했고, 그래서 정당하고 새로운 사회질서를 건립하는 데 자유주의가 꼭 필요하다고 줄곧 주장할 수밖에 없었다.

주지하다시피, '시장 참여자인 기업가와 노동자와 고객의 개인주의가 종국에는 공공의 이익 혹은 공공선에 기여한다'[52]는 것이 스미스의 핵심 이론이었다. 이는 어떤 점에서는 그가 비판한 네덜란드 출신의 의사이자 철학자 버나드 맨더빌Bernard Mandeville, 1670~1733 "개인의 부도덕이 공공선을 만든다"라는 주장과 역설적으로 일치한다. '맨더빌 패러독스'라고도 하는 맨더빌의 주장은 1714년에 출간된 그의 출세작《꿀벌의 우화 : 개인의 악덕, 사회의 이익Die

Bienenfabel oder : Private Laster, öffentliche Vorteile》에서 구체화되었는데, 그는 이 책에서 꿀벌은 자신의 생존을 위해 꿀을 채취하지만 그 결과 꽃이 피고 열매도 맺게 된다며, 결국 악덕이라는 이기적 욕심이야말로 공공의 이익을 낳는 원동력이라고 주장했다. 그리고 국가가 이타적인 규범을 규정하려고 할수록 시장의 모든 관련자들에게 부정적 결과가 초래되면서 전체 경제 시스템이 무너진다고 보았다.

17~18세기에 로크, 흄, 스미스로부터 발전된 개념들은 이후 합리적 노동 이론이 출현했음을 의미한다. 그런데 자유주의의 어두운 면이 인식되기까지는 그리 오랜 시간이 걸리지 않았다. 기업가와 노동자 간의 이해관계에 따른 갈등이 곧 19세기의 주요 쟁점으로 떠올랐다. 그리고 인간의 삶에서의 노동의 의미를 마치 종교처럼 과도하게 포장하는 경향도 나타났다. 중세 시대에 육체적 활동이 '관조적 삶'에 견주어 비하되었다면, 19세기와 와서는 육체적 활동이 핵심적인 가치로 부상했다. 일하지 않고 어떤 부가가치도 생산하지 못하는 사람은 쓸모가 없었다.

이러한 스미스 식의 사고[53]는 자유주의를 넘어 뻗어나갔고, 나중에는 정치적 좌파에게까지 영향을 미쳤다고 이야기된다. 프랑스 혁명의 추종자들은 자신들을 일반 노동에 바탕을 둔 성과 사회의 일원으로 이해했고, 일하지 않는 '기생충들'에 대해서는 어떤 관용도 베풀지 않았다.[54]

1807년에 나폴레옹은 동프로이센의 오스테로데에서 한 통의 편지를 썼다. "내 백성이 더 많이 일하면 할수록 악습은 그만큼 더 줄어들 것입니다. (…) 나는 일요일에 상점이 다시 열리고 노동자들이 다시 일에 충실할 수 있도록 조치를 내릴 의향이 있습니다."[55]

그 당시에 이와 비슷하게 들리는 말이 독일에서도 입에서 입으로 전해지고 있었다. 프리드리히 실러Friedrich Schiller, 1759~1805에게 노동은 '시민의 자랑des Bürgers Zierde'[56]이었다. 칸트에게 노동의 가치는 그 자체로 자명한 것이었다. "우리가 더 많은 일을 할수록 살아 있음을 더 실감할 수 있기 때문이다." 이에 반해 "여가는 생기 없음"[57]을 의미했다. 심지어 그는 〈교육학에 대하여Über Pädagogik〉라는 논문에서 "아이들은 일을 배워야 한다"[58]라고 조언했다. 물론 스위스의 교육학자 요한 하인리히 페스탈로치Johann Heinrich Pestalozzi, 1746~1827는 1781년 "인간 양성의 목적이 없다면 노동은 인간을 규정하는 것일 수 없다"라고 주장하며 칸트의 의견을 적극 반박했다.[59] 고트홀트 에프라임 레싱Gotthold Ephraim Lessing, 1729~1781 또한 노동에 대한 과도한 평가에 깊은 불신을 드러냈다.[60]

산업화 시대의 노동에 대한 관점
: 헤겔, 리카도, 마르크스

19세기에 산업화가 본격적으로 진행됨에 따라, 자

유주의 창시자들 가운데 특히 스미스가 구상했던 기업가와 노동자의 동맹은 현실과 부합하지 않는다는 것이 바로 드러났다. 다만 로크, 흄, 스미스가 간파한 '생산물에 가치를 부여하는 것은 노동'이라는 사실은 확실히 증명되었다. 하지만 유감스럽게도 노동을 통해 모두가 부를 쌓을 수 있다는 스미스의 기대는 채워지지 않았다. 노동 자체가 (당연히 값싼) 상품이 되었기 때문으로, 노동의 가치(임금)는 낮게 유지될 수밖에 없었다.

영국의 경제학자 데이비드 리카도David Ricardo, 1772~1823는 최초로 상품의 가치를 자연 가격[61]과 시장가격으로 구분했고,[62] 임금에도 '자연 임금'과 '시장 임금'의 구분을 두었다.[63] 리카도의 사상을 계승한 마르크스는 권력과 시장의 메커니즘으로 인해 억압당하고 착취당하는 임금노동이 자본과 노동 간의 구조적 모순을 야기한다고 주장했다.

19세기에 수백만의 공장 노동자들에게 노동은 수십 년간 지속되는, 끝을 알 수 없는 고통과 같았다. 하지만 임금 착취가 이러한 고통의 유일한 원인은 아니었다. 극에 달한 분업화와 인간 노동의 기계화는 노동자로 하여금 노동 과정에서 비참함을 겪게 했다.[64]

노동 현장의 기계화로 인한 노동의 단조로움과 의미 상실을 제일 먼저 지적한 사람은 마르크스가 아니다. 이미 철학자 헤겔은 기계화된 노동이 인간을 "기계적이고, 무감각하고, 무지하게" 만든다고 보았다. 베를린 대학 철학과 교수였던 헤겔은 "공장들이 노동 계급의 불행 위에 세워지고 있다"[65]라고 말했다. 마르크스는 기계화와 단조로움에 기인한 노동의 비인간화에 대해 개탄했으며, 이를 가리켜 '소외'라고 했다.

미국 출신의 엔지니어인 프레더릭 테일러는 (앞 장에서 언급한 바와 같이) 초시계로 작업량의 시간을 재고 효율적인 동작을 연구함으로써 기계에 투입된 노동자의 생산 효율성을 극대화하려고 시도했다.[66] 19세기와 20세기에 많은 공장에 도입되었고, 지금도 몇몇 분야에서 재도입되고 있는[67] '테일러리즘'은 인간 자신을 기계로 만든다.

마르크스는 19세기 노동자들의 노동환경에 근본적인 변화가 필요하다고 보았다. 당연히 그는 "정신의 과정Werden des Geistes이 노동환경의 참혹함에서 비롯된다"[68]고 한 헤겔에게 동의할 수 없었다. 그는 노동자 계급의 조직 활동이 전면적으로 차단된 당대 사회에서의 악랄하고 부당한 소유관계와 권력관계를 근본악으로 간주했다. 마르크스의 사상은 인간의 존엄성이 파괴되는 상황을 종식하기 위한[69] 사회민주주의적·사회주의적·공산주의적 정당의 이론적 토대가 되었다.

일중독에 맞선
폴 라파르그의 봉기

노동이 종교적 맥락에서 자유롭게 된 종교개혁 이후 시대부터 인간의 삶에서 노동이 어떤 의미를 갖고 있었는지 살펴보았다. 로크는 노동의 의미를 인간의 자기 보존을 가능케 하고 개인의 정체성과 인간 이성을 형성하는 잠재력으로 보았다. 헤겔은 자신의 '욕구 체계'에서 노동을 규정했다. 욕구는 자아에서 시작되는 자기의식의 실천적 의식이고, 노동은 자아의 욕구를 충족시키는 과정이다.[70] 마지막으로, 헤겔의 노동 개념을 계승하고 노동자의 이해를 변호하는 급진주의자였던 마르크스는 시종일관 노동 자체의 불가피성을 주장했다(소외 문제가 제거된다는 전제하에서 말이다). 그는 "인간이란 인간 노동의 결과물로서, (…) 소위 세계사란 인간 노동을 통해 만들어진 인간의 창조물"[71]이라고 강조했다.

마르크스의 "자연의 영원한 필연"으로서의 노동이라는 사상은 사회민주주의(1875년의 고타강령)나 공산주의("일하지 않는 자 먹지도 말라"라는 레닌의 사회주의 원리)에서 요구되는 일반 노동 의무로까지 확장되지는 못했다. 여기에는, 개별적 상황이나 구체적 조건 등을 고려하지 않고 원리·원칙만을 고집하는 좌파적 엄숙주의Rigorismus가 작용했다고 볼 수도 있지만, 역사적 논리에 따른 흐름이 절대적인 영향을 끼쳤다. 다시 말해, 귀족과 자본주의적 기업가라는 기생적 존재를 비난했다면, 그다음으로는 노동의 의무와 시종일관하게 소위 신의를 지켜야만 했다.

19세기 좌파 인사 가운데 당대 사회주의 진영의 세태를 비판한 유일한 사람이 있다. 마르크스의 사위이자 프랑스 사회주의 운동의 지도자인 라파르그는 당대 사회주의 진영이 역설적이게도 과거에 노동에 무자비하게 강요되었던 것을 의무로서 선언한다고 비난했다. 그 자신이 나태한 사람은 아니었지만, 라파르그는 1880년에 출간된 저서 《게으를 권리》에서 게으름의 미학을 설파했다.[72]

쿠바에서 태어나 1851년 가족과 함께 프랑스로 이주하고 그곳에서 의학을 공부한 라파르그는 프루동Pierre-Joseph Proudhon의 영향을 받아 사회주의 노동운동에 관여했으며, 1866년 국제노동자협회 Internationale Arbeiter Association의 일원으로 활동하다가 1871년 그때까지의 프로동주의 입장에서 빠져나와 파리코뮌 시기에 대단한 활약을 했다.[73] 그는 노동운동 활동으로 대학에서 쫓겨나 잠시 런던으로 추방당했을 때 그곳에서 마르크스를 알게 되어 그의 딸 라우라와 결혼했고, 1891년부터 1893년까지 프랑스 의회 의원을 지냈다.[74]

라파르그가 괴짜 혹은 이단아로 평가받던 때도 있었지만, 그는 미치광이 취급을 받을 정도로 절대 광인은 아니었다. 그는 노동운동이 기독교 윤리의 모사품과 다름없는 급진적인 자본주의 노동 윤리를 채택할 수도 있다는 위험성을 보았다. 그리고 "한 조직 내에서 일어나는 살인적인 혹사"를 지적하며 노동자의 건강 문제를 제기했다.

그는 《게으를 권리》에서 "노동자들은 자신이 일 때문에 과도한 짐을 지고 있어 자신뿐만 아니라 후손의 노동력까지 고갈시키고 있다는 것을 어떻게 인식하지 못할 수 있을까? 또한 유일한 악습(노동)으로 인해 자신이 좀 더 일찍 일손을 놓게 되고,[75] 탈진되고 무감각해진다는 것을 어떻게 모를 수 있을까? 그들은 어떻게 더 이상 인간이 되지 못하고 노동 중독으로 아름다운 모든 것이 망가지고 파괴된 만신창이가 될 수 있을까?"[76]라고 한탄했는데, 이는 현재에도 여전히 큰 울림을 준다.

인간의 노동이 '노동 중독Arbeitssucht'으로 나아갈 수 있다는 것이 오늘날에는 그리 특별하게 들리지 않는다.[77] 고대 로마 철학자이자 극작가인 세네카Lucius Annaeus Seneca[78]는 "열심히 일하는 것을 즐거움으로" 받아들이는 사람들이 있다는 것을 이미 알고 있었다. 스토아학파인 그는 "끊임없이 사람들을 바쁘게 만드는 것을 제한해야 한다. 그래야 많은 사람들이 마음을 졸이지 않고 살 수 있다"[79]라고 강조했다.

노동의 가치에 대한 무비판적 열광을 고대 로마의 스토아주의자들만 회의적인 시선으로 바라본 것은 아니다. 우리 시대의 사상가 중에서도 특히 니체는 종종 "자유롭고도 선한 양심ein gutes Gewissen"을 회복할 목적으로, 우리의 시대를 "노동의 시대Zeitalter der Arbeit"로 만든 "호흡이 곤란할 정도로 허둥대며 하는 일"을 격렬히 비판했다.[80]

20세기 최고의 지성 중 한 사람으로 1950년에 노벨문학상을 수

상한 영국의 철학자이자 수학자 버트런드 러셀Bertrand Russell, 1872~ 1970은 저서 《게으름에 대한 찬양In Praise of Idleness》[81]에서 "세상에는 너무나 일이 많으며 노동이 미덕이라는 믿음에 의해 엄청난 해악이 발생한다고 생각한다"라고 했다. 특히 노동 그 자체의 가치에 대한 이해는 "전사와 사제들이 힘으로 강제하여 농부들로 하여금 생산케 하고 잉여를 내놓게 했던" 산업화 이전의 원시 공동체 시대에서 유래했다고 보았다. 그뿐만 아니라 그는 "열심히 일하는 것이 농부들 의 본분이라는 윤리가 자연스럽게 받아들여지도록 유도할 수 있다" 는 것을 깨달았다고 밝혔다. 그리고 오히려 사회주의 국가에서 "노동의 미덕 그 자체가 노동의 목적"이라고 공언해왔다는 점을 지적했다.[82]

작은 일을 고치려다 큰일을 그르치게 하고 인간 노동의 의미를 축소하거나 의문시하게 하는 것은 라파르그, 니체, 러셀에게는 큰 문제가 아니었다. 오히려 그 반대였다. 니체는 노동에서 '생명력의 진정한 역동성die genuine Dynamik des Vitalen'[83]이 분명하게 나타난다고 생각했다. 라파르그도, 러셀도 노동의 긍정적 의미와 원하지 않는 실직의 물질적·도덕적 비극을 다 강조했다. 특히 러셀은 "모든 사람은 먹고 자는 것에 대한 대가로 뭔가를 제공해야만 한다. 이 정도 선이라면 노동의 의무를 받아들여 마땅하다. 하지만 오직 이 정도까지만이다"[84]라고 했다. 라파르그와 러셀은 노동시간을 하루 3~4시간으로 줄이고도 모두가 행복하게 살 수 있을 거라고 보았다.

세네카와 함께 위 세 명의 사상가에게 중요한 것은 노동 중독 사회와 다름없는 이 세상에서 눈을 돌려, 노동 외에도 삶을 가치 있게 만들 수 있고 또 그래야만 하는 것인 여가에도 관심을 돌려야 한다는 점이다. '유용성의 예식Kult mit der Tüchtigkeit'은 '시간 걱정 없이 잘 즐길 수 있는' 인간의 능력을 땅속에 파묻는 것과 같은데, 왜냐하면 "평생 동안 장시간 일해온 사람이 갑자기 일을 하지 않게 되면 매우 따분하고" 지루한 시간을 보내야 하기 때문이다.[85]

반면에, 삶의 즐거움과 기쁨을 발견하는 방법을 다시 배워야 한다는 러셀의 생각에 반대하는 사람들도 많을 것이다.

판타지와 대지
: 에른스트 윙거와 한나 아렌트의 노동

제1장의 끝에서 노동에 대한 윙거와 아렌트의 관점을 짧게 서술한 바 있는데, 여기서 그들의 사상을 좀 더 자세히 살펴보고자 한다. 인간의 노동에 대한 러셀의 논의에서 사변적으로만 간단히 언급되고 깊이 있게 다뤄지지 않은 개념이 있는데, 바로 "우리가 우리 자신이 지구상에 일으키는 매우 멋진 변화들에서 기쁨을 느끼는 메커니즘"[86]이다. 러셀은 인간의 노동에 대한 윙거의 개념에서 핵심이 되는 사상을 짚어냈다. 윙거의 사상은 우리 조부모와 부

모 세대의 사고에 깊이 각인되어 오늘날까지도 우리의 사고에 강력한 영향력을 행사하고 있다.[87]

니체의 사상을 수용한 윙거에게 노동은 인간의 원초적 생명력과 '힘(권력)에의 의지Wille zur Macht'로 표현된다. "일의 공간은 한계가 없습니다. 마치 하루 노동시간이 24시간인 것처럼 말입니다." 사실 노동에 대한 윙거의 구상은 전체주의적이었다. "노동의 반대는 휴식이나 여가가 아니다. 이러한 맥락에서 보면 노동과 연관되지 않은 어떠한 상태도 존재하지 않기 때문에 노동의 반대는 있을 수 없다."[88] 이러한 배경에서 윙거는 '준비성, 파괴성, 장악성'[89]을 노동 개념의 핵심으로 규정했다. 이렇게 이해된 노동은 저서 《노동자》를 통해 히틀러와 국가사회주의자들에게 동조적 태도를 보인 윙거에게 총동원, 시민 사회와 함께 시민 사회 가치의 파괴, 절제와 분별 있는 이성과의 결별로 간주되었다. 그에게 노동은 모든 이의 상상과 생각을 현실화할 수 있는 잠재적 가능성이었고, 이러한 연유에서 그의 노동 개념은 판타지라는 비판을 받기도 했다.

윙거의 노동에 대한 판타지적 구상의 대척점에 있는 한나 아렌트는 노동Arbeit과 작업Herstellung을 구별했다.[90] 아렌트에게 '노동'은 인간과 자연 사이에 사물을 통해 세계를 구축하는 과정이며, 노동의 목적은 생존을 포함한 인간의 생물학적 욕구 충족이다. 그래서 인간은 '일하는 동물animal laborans'[91]로서 "'세계'를 인식하고 이용할 수 있어야 하겠다. 의도된, 유용한 노동으로 인간이 필요로 하고 단 한 번도 사용된 적이 없는 것을 조달하기 위해서 말이다".[92] "자연과의 물질 교류"를 통해서 생산물이 산출되고 사용되며 종국에는 낡아서 다시 자연으로 되돌아간다.

아렌트의 노동 단계에는 세 가지 특징이 있다. 첫째, 모든 노동은 인간의 욕구에 '결부되어' 있고 이에 기초해 진행된다. 둘째, 노동은 이론적으로 무한하다. 인간의 성장과 쇠퇴에 의해 인간의 순환 과정이 영원히 반복되기 때문이다.[93] 셋째, 노동은 마지막에 결국 인간에게 준엄한 교훈을 전해준다. 왜냐하면 인간은 자신의 과거로, 자신의 죽음으로 회귀하는 순환 과정의 일부분이기 때문이다.

아렌트는 '노동'과 달리 '작업'을 도구, 기계, 장비, 예술 작품, 건축물과 같은 견고한 생산물을 제작하는 활동으로 규정하는데, 생산물은 노동의 순환에 포함되지 않는다.[94] 인간은 무언가를 제작하면서 '노동하는 동물animal laborans'에서 '도구적 인간homo faber'으로 진화한다. 노동과 마찬가지로 작업에도 세 가지 특징이 있다.

첫째, 인간은 '작업'을 통해 '도구적 인간'으로 바뀌면서 영원한 것을 만들려 하고, 그로 인해 일의 무상함을 극복하려 한다. 둘째, (로크가 언급한 바 있듯이) 인간은 실천적·학문적 지식과 이성적 사고를 발휘하여 일의 재미와 일정한 명예를 추구하려 한다. 그래서 지식의 무상함이 극복된다. 이로 인해 생산물은 생산자이자 사용자인 인간의 요구와 필요에 저항하여 지속될 수 있다.[95] 셋째, 생산물을 생산하고 사용하는 인간에게 "작업의 과정은 전적으로 목적을 위한 수단이 된다".[96] 그리고 이 과정은 위에서 서술한 윙거의 개념과는 반대로 인간의 욕구에 기초하며, 소위 인간의 욕구에 '결부되어' 있다.

'힘든 선'으로서의 노동
: 요한 바오로 2세와 교서 〈노동하는 인간〉

이어서 언급하려는 것은 폴란드 출신의 교황 요한 바오로 2세Johannes Paulus II[97]가 1981년에 '인간의 노동'이라는 주제로 발표한 교서[98]다. 반공산주의자이자 교회와 민중의 연대를 복음서의 중요한 가르침으로, 공동선을 위한 필수 요소로 정의한 요한 바오로 2세는 1980년 폴란드의 첫 반공산주의적 자유 노조에서 촉발된 '솔리다르노시치 운동'을 강력히 지지했고, 이 운동의 성공에 큰 기여를 했다.

많은 이들에게 쉽게 이해되기 어려운 교리적 입장과 가톨릭교회 내부에서 제기되는 수많은 오해에도 불구하고, 인간 노동의 현시점을 반영하는 그의 교서는 필자에게 매우 큰 의미가 있다. 교서는 노동하는 인간의 권리와 존엄을 핵심으로 다루고 있으며, 자본주의의 잘못된 발전뿐만 아니라 당대 동유럽 공산주의 국가들의 권위적·독재적 사회질서도 거침없이 비판하고 있기 때문이다.

교서 〈노동하는 인간Laborem exercens〉에서 요한 바오로 2세는 노동을 인간의 지상 실존에 있어 근본적인 영역으로 정의했다. 그에 따르면 인간은 "노동에 초대를 받았고" 동시에 노동은 인간 실존의 "표식"이자 "근본적 차원"이다. 또한 그는 노동을, 인간의 천부적 욕구를 충족시켜주는 원천으로, 가족을 건사하고 곤궁에서 구해야 하는 인간의 의무로, 이성적 방법으로 행동하고 자신에 대해 결정하는 데 도움이 되는 이정표로, 자기완성의 기회로[99] 규정한다. 이 모든 기회들은 노동에서 파생되고 노동하는 인간에게 귀속되는, 인간의 존엄성의 토대다.

교황은 인간이 땅을 지배해야 한다는 창조 설화를 인용하며 교서에 신학적 정당성을 부여했다. 물론 그는 노동이 인간에게 존엄성을 부여할 뿐만 아니라 노력과 근심의 원천이 됨을 분명히 했다. 그래서 노동이 '힘든 선schwieriges Gut'이라고 강조했다. 노동을 통해 야기되는 고통과 그 원인을 분석하는 것이 이 교서의 핵심이다.

교서는 노동과 실직을 통해 인간에게 발생할 수 있는 다양한 굴욕을 제시하고 분석하고 비판한다. 그리고 "노동이 인간을 위해 있는 것이지 인간이 노동을 위해 있어서는 안 된다"라는 명제하에 노동의 여러 착취 양상 가운데 경제적 착취를 깊이 있게 다루고, 기계화의 부정적인 측면을 분석한다. 특히 기계화로 인한 노동의 가속화 문제와 노동자들의 경영 참여 및 의사결정권의 부조리함도 살펴본다. 또한 교서는 자본주의 체제에서뿐만 아니라 공산주의 체제에서도 반복되는 (수익 분배, 임금 비용, 급여 등과 관련한) 객관적 오류를 지적하며, 생산수단 소유 체제와 생산수단 경영 방식에서 발견되는 모든 결함에 대한 시정을 요청한다.

또한 이 교서는 사람을 최우선에 두고, 노동하는 인간의 침해받을 수 없는 존엄성에 시선을 돌리며, 이를 위해 직장에서와 정치적 차원에서 마련되어야 하는 것들에 집중할 것을 요구하면서 노동의 주관적 측면을 가장 강조한다. 그리고 이 모든 것을 완성하기 위해 "노동자 연대를 위한 새로운 운동"이 필요하다고 역설하며, 노동조합의 대체할 수 없는 역할을 피력한다.[100]

교서는 부유한 국가와 가난한 국가 간의 잔인한 불평등을, 그리고 특히 가난한 국가에서 발생하는 노동 착취의 현실을 반복적으로 다룬다. 특히 산업국가들의 집단 이기주의뿐만 아니라 발전을 저해하는 봉건적·비민주적 구조 자체에 대해서도 비판한다. 또한 교서는 산업국가에서나 비산업국가에서나 양육과 교육 체계가 경제 발전과 인간다운 노동 조건의 보장에 얼마나 중요한 역할을 하는지 강조한다.

레싱과 라파르그와 러셀에 의해 제기된 '노동 너머의 삶'이 인간에게 어떤 의미가 될 수 있고 또 되어야 하는지의 문제는 자유주의적 자본주의에서나 좌파 진영에서나 여전히 저변에서만 논의되고 있다. 하지만 요한 바오로 2세의 교서는 휴식의 의미를 구체적으로 짚고 있는데, 여기서 휴식은 노동 이후의 회복 기능으로, 즉 다음 노동을 위한 전제로 환원된다.[101] 교서에는 자신의 합당한 권리와 의

지에 따라 휴식을 요구할 때 빚어지는 외부와의 갈등에 대해서는 언급되어 있지 않다. 그 대신에 교서는 인간이 노동을 통해 창조주의 활동에 참여한다는 예수 그리스도의 진리를 강조하며, 다음과 같이 덧붙인다. "예수께서는 자신에게 맡겨진 영원한 지혜의 말씀인 '복음'을 말로만 선포한 것이 아니라, 무엇보다도 먼저 행동으로 실천하셨다. 그것은 또한 '노동의 복음'이었다. 복음을 선포한 그분 자신이 나사렛의 요셉처럼 '노동하는 인간', 즉 장인이셨기 때문이다. 우리는 그분의 말씀에서 노동을 하라는 특별한 명령은 찾아볼 수 없지만, 오히려 어느 기회에 노동과 생활에 대한 지나친 걱정을 금하신 것은 볼 수 있다."[102]

끝으로 덧붙이자면, 노동이라는 주제와 관련해서는 요한 바오로 2세를 뛰어넘었거나 뛰어넘을 사상가는 없지 않을까 생각한다. 지구상의 수많은 사람들이 고통을 받으며 살고 있다. 일을 얻지 못해 괴로워하는 사람들이 있는가 하면, 비인도적인 조건에서 인간 이하의 취급을 받으며 일해야 하는 노동자들, 몸이 감당할 수 없을 정도로 많은 일을 강요당하는 노동자들도 헤아릴 수 없이 많다. 이런 노동자들에게, 또 우리 인간에게, '노동 너머의 삶'이 인간의 삶에서 가장 중요하다고 아무런 죄책감 없이 말하기란 너무나 어려워 보인다.[103]

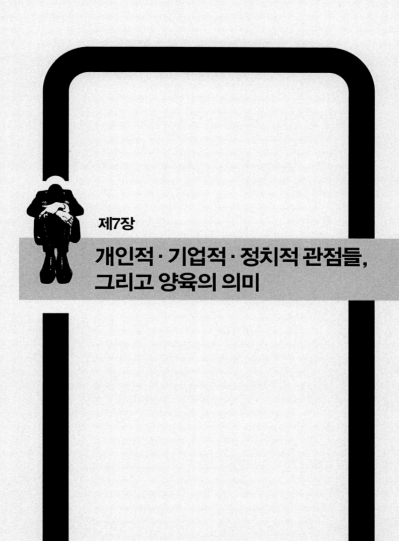

제7장

개인적·기업적·정치적 관점들, 그리고 양육의 의미

"주체가 의지를 갖고 행하는 노동만이 고귀하다."

_프리드리히 니체

일에서 기쁨과 의미를 추구하는 것은 먼저 노동의 진가를 발견하는 것으로 시작된다. 만약 가치가 없고 타인을 위해서도 의미가 없는 일을 업으로 삼게 되었다면, 과연 자신의 일을 선하고 의미 있고 중요한 것으로 받아들일 수 있을까? 그렇기 때문에 일에서 기쁨을 찾기 위한 가장 중요한 개인적 전제는 모든 인간은 가치가 있고 존엄하며 존중받을 권리가 있다는 것을 의식하고 이를 강화해야 한다는 것이다. 인간으로서의 존엄성을 무시당하고 존경을 받지 못하는 사람은 자신의 일에서도 의미와 가치를 찾기 어렵다. 이런 것들이 보장되지 않은 상태에서 일을 강요받는다면, 결국 그는 병이 들 수밖에 없다.

인간에게는 자신과 자신이 살고 있는 세계 사이 공명의 순간이 필요하다.[1] 공명의 경험은 노동의 기쁨의 중요한 원천이다. 직장에서 작은 성공이라도 경험해본 사람은 자기 자신의 영향력을 경험한다. 즉, 성공 경험이 있는 사람은 다시금 공명 경험을 낳을 수 있는 일의 효력을 경험할 수 있는 것이다. 많은 노동자들이 (기업가나 상사들도 마찬가지로) 일에 주어진, 공명 및 자기 영향력의 경험을 만드는 기회에 대해 무심하다. 하지만 종종 이런 기회를 찾아내야 한다.

물론 모든 일자리가 공명이나 자기 영향력을 경험할 수 있도록 기회를 제공하는 것은 아니다. 이는 노동자에게 적합한 업무 과제가 부여될 때 가능하다. 만약 업무가 노동자 자신에게 맞지 않는 것이라면, 최상의 업무 조화를 이끌어내기 위해 노동자 자신은 무엇을 할 수 있고 또 회사는 어떤 점을 개선해야 하는지 면밀히 검토되어야 한다. 최선의 노력을 했음에도 상황이 나아지지 않는다면 그 회사는 완전히 새롭게 혁신을 단행해야 하며, 그렇지 않으면 그곳 노동자는 회사를 그만두는 편이 낫겠다.

일과 삶이 보조를 맞추며 균형 있게 가기 위해서는 행복한 삶에 일이 기여하는 바가 있어야 한다. 하지만 자신의 업무 분야를 지속적으로 발전시키고 확장시킬 기회란 이제 옛말이 되어버렸다. 세넷이 '맥잡'이라고 표현한 그런 일자리만이 넘친다.[2] 삶을 발전시킬 수 있는 직업적 경로가 있다는 것은 여러모로 의미가 깊다.

수년, 수십 년 동안 축적된 경험과 지식이 미래의 어느 순간에 가치를 발할 때 노동자들은 자신의 일을 세넷이 표현한 대로 '장인의 작업'으로 받아들여, 자발적으로 일을 잘해내고 싶은 욕구를 발전시키게 된다. 그리고 업무 경력을 장기적으로 관리할 수 있다는 조건에서 젊은이들은 분명 가정을 이룰 준비를 갖출 수 있다.

마지막 장에서는 일을 행복하고 건강하게, 성공적으로 수행하기 위해서는 어떤 노력을 해야 하는지 개별 노동자와 동료 집단, 노동조합과 사측, 리더십 및 관리 수준, 기업 차원의 노동자 건강관리 등 다양한 측면에서 상세히 살펴본다. 이 밖에 정치, 교육, 양육의 관점에서도 중요하게 다뤄볼 것이다. 마지막으로, 노동의 영역에 속하는 차원들과 연관된 다른 측면들에 대해서도 살펴보고자 한다.

직장에서의
내적 태도와 행동

업무 과부하로 건강상 문제가 있거나 번아웃 혹은 우울증의 위협을 받는 사람들이 있다. 만약 당신이 의사나 심리학자라면 이들에게 (주변의 많은 조언처럼) 특정 행동 처방을 내리는 것이 별 의미가 없다는 것을 즉시 알아챌 것이다. 일과 삶에서 가장 중요한 것은 **균형**이다. 직업이나 업무상 문제 상황에 처한 사람이 있다면 어느 하나를 선택해야 한다는 식의 양자택일 전략을 권하기보다는 오히려 감정과 생각, 그리고 행동이라는 두 대척점 사이에서 균형을 찾도록 돕는 편이 더 낫다.

이를 분명히 이해하게 해주는 첫 번째 예가 바로 개인의 정체성 identity에 대한 중요한 질문이다. 회사에서 나는 나답게 (혹은 내가 생각하는 나답게) 있을 수 있을까? 업무 역할 때문에 나의 정체성을 숨

겨야만 할까?

모든 직업은 개인의 태도나 행동을 업무 역할에 맞추도록 요구한다. 물론 피할 수 없는 요구이기는 하지만, 그렇다고 해서 직장인들이 회사에 들어서는 순간 자신의 개성이나 인격, 다정함, 유쾌함, 매력, 유머를 마치 외투처럼 옷걸이에 걸어두었다가 퇴근할 때 다시 걸쳐 입고 나가야 한다는 뜻은 아니다. 개인의 정체성과 직업적 역할 중에서 하나를 택하는 것이 아니라 이것 사이의 균형을 맞춰야 한다는 의미이다.

하지만 안타깝게도 안 좋은 기분을 감추기 위한 과장된 말이나 행동을 '좋은 태도'로 받아들이는 일터가 많다. 때로는 즐거운 기분으로 일하는 사람이 상사나 동료로부터 '회사에 놀러 왔나?', '일은 제대로 하고 있는 건가' 같은 의심을 받기도 한다. 따라서 업무 분위기를 좋게 하기 위해서는 상급자들이 직접 적극적으로 노력해야 한다.

직장인 개인의 또 다른 차원의 균형을 이야기할 때 중요한 것이 바로 업무와의 동일시Identifikation다. 이 일에 얼마나 헌신해야 하는가? 동시에 어느 정도까지 일과 거리를 두어야 하는가? 이 균형은 탈진, 번아웃 증후군, 우울증과 관련해 특히 중요하다. 자신을 업무와 (거의 완전히) 동일화하는 사람은 업무를 자신의 거의 유일한 관심사로 만들어버린다. 이런 사람에게 직업적 성공은 매우 중요한 의미가 있다. 실패했을 경우 그가 받는 스트레스는 엄청나다.

업무와의 동일화와 대척적 입장에 있는 것이 바로 거리 두기의 능력이다. 거리 두기의 능력이란 이른바 '스위치를 잘 꺼둘 수 있는' 능력으로, 머릿속에서 업무에 관한 생각을 비워두고, 비워둔 만큼 다른 것에 몰두할 수 있는 능력을 의미한다.

110%의 최선을 다하고, 헌신하고, 종종 완벽주의적 성향을 보이고, 다른 업무를 더 맡아달라는 요청을 받았을 때 기분 나빠하며 "안 됩니다!"라고 말하지 못하는 직장인들이 있다. 그들은 대부분 과도한 업무 부담에 시달리며 밤과 주말 시간 내내 업무를 처리하느라 자신의 개인 생활을 희생한다.

이들과 달리, 어떤 일이 있어도 겉으로 보기에 평정을 잃지 않는, 여유로움과 평온함을 추구하는 사람들이 있다. 그들은 자신의 소임을 다하며, 실수를 저지르지 않는다. 그런데 그들에게는 자신의 존재를 드러내지 않는 엄청난 재능이 있다. 특히, 그들이 중요한 프로젝트에 차출되거나 그들에게 부수적으로 업무 요청이 더 들어올 때 이 재능이 빛을 발한다.

일과 자신을 동일시하는 전자의 사람들은 과부하가 걸린 자신의 업무량을 줄이고 자신의 사생활을 지키기 위해 '아닙니다'라고 말하는 법을 배워두는 것이 좋다(이때 그들은 현명한 직장 상사를 두어야 한다). 결과적으로 자신의 건강을 꾸준히 유지하기 위해서는 말이다. 일과의 동일시에 거리를 두는 동료들의 경우에는 중요한 것을 놓치고 있다. 공명이나 자기 영향력과 같은 경험을 해볼 수 없기 때문이다. 이들에게는 가급적 일에 적극적으로 관여할 수 있도록 동기부여를 해주는 것이 좋다.

일터에서 중요한 것은 의무감과 거리 두기 능력 간의 균형이다. 업무 중에는 완전히 일에 몰입하고, 틈틈이 휴식을 취하고, 과도한 업무 부담을 떠안지 않고, 초과근무 시간의 한계를 정하고[3], 필요하다면 NO라고 분명히 거부 의사를 표현하고, 퇴근 이후에는 업무에 대한 생각에서 자유로워야 한다. 이것이 바로 건강을 지킬 수 있는 업무 태도다. 무리하게 일과 자신을 동일시하면서 건강상 문제가 있는 사람이라면, 특히 순환계나 심장 장애, 번아웃이나 우울증을 앓는 사람이라면 제일 먼저 일중독에서 벗어나야 한다.

심각하게 일과 자신을 동일시하는 사람들은 전형적인 일중독 상태를 보이고, 그런 사람들은 끊임없이 일만 할 경우 일종의 '의무 중독Pflichtrausch'에 빠지게 된다. 일을 '끊는다'는 것이 이들에게는 불가능하다. 왜냐하면 러셀이 지적한 것처럼 "평생 동안 장시간 일해온 사람이 갑자기 일을 하지 않게 된다면 매우 따분하고 지루한 시간을 보내야 하기 때문이다".[4] 그들이 삶에서 잃어버린 것은 여가를 즐기는 능력이다. 말하자면 아무런 의도나 예정 없이 일을 멈추고, 어느 곳에서 편안하게 머무르면서 꿈을 꾸고, 관조적인 명상에 잠기고, 어떠한 목적도 없이 즐기면서 자유롭게 친구들과 교유하는 능력을 상실하는 것이다.

일 외에서도 만족을 얻을 수 있는 충만한 삶을 살기 위해서는 직장 생활과 개인 생활이 엄격히 분리되어야 한다. 2011년에 실시된 공신력 있는 여론조사 결과에 따르면 직장인의 27%가 근무시간 외에도 고용주의 연락을 '자주' 받았고, 일부는 '매우 자주' 받았다고 한다. 또 전체 응답자의 7% 이상이 근무시간 외에도 정기적으로 업무를 처리했다고 답했다.[5] 직장 생활과 개인 생활을 분리하는 데 있어 수많은 직장인들이 중대한 문제를 안고 있었던 것으로 보인다.[6] 그들 중 일부는 고용주나 상사가 좋지 않은 상황에 처해 있어서 그들을 대신해야 했지만, 일반적으로 직장 생활과 개인 생활의 경계가 허물어지는 경우는 두 가지이다. 고용주나 상사가 자신의 종업원들을 저녁이나 주말에도 놔주지 않고 부리려는 경우와, 노동자 스스로 일에 구속되려고 하는 경우다(문제가 되는 것이 바로 이 경우다).

환자들을 상담해온 나의 경험에서 보면, 대다수의 사람들이 과도한 업무 요청을 받았을 때 처음에는 고용주나 상사에게 상냥하게, 하지만 매우 분명하게 "일에 집중해서 더 좋은 업무 성과를 내기 위해 개인 생활만큼은 지키고 싶습니다"라고 거부 의사를 밝힌다. 하지만 조금 지나서는 과도한 요구를 별다른 저항 없이 받아들이거나 당연한 것으로 여긴다. 보통의 경우 이들은 자신이 '가치 있고' 특별히 '중요한' 사람이라고 느끼기 위해 고용주나 상사들이 주중이나 주말 구분 없이 밤낮으로 연락해오는 것을 암묵적으로 받아들인다. 하지만 소위 이런 '명예'는 지속적으로 비싼 대가를 치를 수밖에 없다.

개인의 일상을 유지하기 위해서는 무엇보다 근무시간 외에는 머리를 비우고, 마무리되지 않은 일이나 업무 문제에 대한 생각을 꺼

두거나 의식적으로라도 미뤄둘 수 있어야 한다. 물론 쉬운 일이 아니다. 앞서 언급했던 2011년 여론조사에서 응답자의 34%가 퇴근 후에도 일을 생각하며, 집에 와서도 상시적으로 회사의 문제라든지 남은 과제를 고민한다고 답했다.

많은 이들이 일에 대한 생각을 접기 위해 술을 마시거나 담배를 피우고, 약을 먹는다. 하지만 이는 올바른 방법이 아니다. 퇴근 후, 혹은 주말 동안 머리를 쉬게 할 수 있는 가장 효과적인 방법은 빨리 걷기, 조깅, 자전거 타기, 수영 등 운동을 하는 것이다. 특히 요가는 많은 효과를 볼 수 있는 운동이다. 많은 사람들이 요가를 운동량이 적은 명상 정도로 잘못 받아들이고 있는데, 요가는 매우 힘든 동작을 요하는 체조다(물론 자신의 몸에 맞춰 따라 할 수 있을 만큼만 해야 한다). 또한 요가는 운동을 좋아하지 않는 사람도 할 수 있다. 특히 아쉬탕가 요가처럼 까다로운 변형 동작을 할 때에는 땀이 흐를 정도로 힘들 수 있다.

일터에서의 건강을 지키는 데 있어 중요한 것이 바로 매체와의 관계다. 인터넷 등의 여러 매체가 만들어내는 정보와 소통의 가능성을 유용하고 균형 있게 활용하는 사람은, 텔레비전을 악마의 작품으로 여기고 이를 없애려고 호전적 태도를 보이는 순수주의자들에게 결코 동의하지 않을 것이다. 하지만 성인, 아이 할 것 없이 많은 사람들이 텔레비전 앞에서 떠날 줄 모르는 상황에서 이것이 얼마나 건강을 위협하는 습관인지를 과학적으로 입증한 연구 결과를 언급하지 않

는다면 이 또한 어리석은 일일 것이다.[7]

매체와 관련해서 발생하는 첫 번째 위협은 바로 수면 장애다. 우리 뇌가 제대로 작동하고, 기억을 유지하고, 일상의 문제를 잘 해결하기 위해서는 충분한 수면이 필요하다. 이를 위해 성인은 매일 7∼8시간, 12세 이하의 아동은 매일 10시간 이상 잠을 자야 한다. 근무 시간 외의 시간에 텔레비전이나 컴퓨터 앞에서 장시간을 보내는 사람의 뇌는 밤이나 주말에도 활발히 활동한다. 많은 사람들이 규칙적인 '영상 중독'의 희생자가 되었다. 밤마다 '화면'을 소비하면서 잠을 희생물로 바치는 사람은 자신의 업무 능력을 저하시키고, 인터넷의 가상적 관계로 대체할 수 없는 현실의 사회관계를 피폐하게 만든다.

영상 매체를 많이 사용하면 수면 장애가 생길 뿐만 아니라 뇌 건강에도 나쁜 영향이 미친다. 동물원에서 벵골원숭이를 관찰해본 사람이라면 벵골원숭이가 갇혀 있지 않은 상태에서도 안절부절못하고 끊임없이 이리저리 돌아다니는 모습을 기억할 수 있을 것이다. 벵골원숭이들은 불안한 눈빛으로 주변의 작은 것에도 반응을 보이며 주변을 주의 깊게 살핀다.

시선을 벵골원숭이에서 어린아이에게로 옮겨보자. 완전히 자신을 잊고 하나의 사물에만 온통 관심을 집중하고 있는 서너 살 어린아이를 떠올려보자. 아이들은 인형을 뚫어져라 쳐다보며 자신들만의 대화를 나누고, 장난감을 요리조리 만지작거리고, 만화 속 주인공의 행동을 따라 하고, 블록을 쌓느라 정신이 없다. 아이들이 놀이에 깊이 빠져 있는 것과 벵골원숭이들이 주변을 경계하며 살피는 것 사이에는 중대한 차이가 있다. 벵골원숭이의 경우는 폭넓지만 피상적인 주의력을 갖고 행동한다. 이 주의력은 동물들이 (인간의 진화론적 조상들도) 수백만 년 동안 야생에서 살아남을 수 있도록 해주었다. 이에 반해 아이는 한곳에 관심과 주의를 모으는 집중력의 양상을 보여준다. 벵골원숭이의 집중 방식이 야생에서의 생존을 위한 것이라면, 아이의 주의력은 곰곰이 생각하고, 어려운 문제를 창의적·지적으로 해결하는 것을 가능하게 하는 능력이다. 벵골원숭이와 아이의 주의력 차이는 우리의 여가 활동과 관련해 어떤 의미가 있는가?

주의력의 두 가지 구조, 즉 불안하지만 폭넓은 주의력과 깊고 초점이 명확한 주의력은 뇌 연구자들에 의해 매우 정확히 분석되었다.[8] 벵골원숭이의 폭넓지만 피상적인 주의력은 우리 인간에게도 낯설지 않다. 즉 멀티태스킹이 작동하는 공간이 오직 일터만은 아니다. 우리는 개인 생활에도 멀티태스킹을 적용하고 있다. 만약 우리가 동시에 많은 것을 주의 깊게 바라봐야 한다면(혹은 바라보고자 한다면), 우리 뇌에서는 이미 진화론적으로 매우 오래되었지만 15년 전에야 비로소 발견된 디폴트 모드 네트워크가 활성화된다.[9] 이메일을 쓰고, 휴대폰을 확인하고, 인터넷을 하면서 음악을 듣는 등 동시에 여러 일을 할 때 필요한 주의력은 이 체계에서 작동된다. 디폴트 모드 네트워크는 알츠하이머를 포함해 여러 정신 장애에 영향을 미친다는 의혹을 받고 있다. 놀이에 빠져 있는 아이에게서 볼 수 있는,

한곳에 관심과 주의를 모으는 집중력은 성인들에게서는 한 가지 일에 집중하며 몰두할 때 작동한다. 이는 많은 업무 현장을 지배하는 멀티태스킹을 제한하고, 사적 영역에서도 최대한 이를 줄이려 노력하는 것이 우리 자신과 우리 뇌에 왜 좋은지를 증명해준다.

우리는 일상생활에서 가능한 한 종종 한 가지 일에 집중하며 시간을 보내는 것이 좋다. 가령 책을 읽는다든지, 바둑이나 장기를 둔다든지, 아이와 함께 시간을 보낸다든지, 악기를 연주한다든지, 음악을 듣는다든지, 대화를 나눈다든지 하는 것이다. 또한 조깅, 수영, 자전거 타기, 요가 같은 운동도 주의력에 좋은 가능성을 제공할 것이다. 우리의 주의력이 한 가지에만 초점을 맞출 수 있으면 디폴트 모드 네트워크는 활성화되지 않고 정지될 수 있다.

동료애와 리더십

동료 간에 서로를 물고 뜯는 분위기에서 고도의 집중력을 요하는 업무를 하고 있는 사람이라면, 그는 지금 두 개의 전쟁을 동시에 치르는 중이고, 머지않아 아플 가능성이 높다. 서로 챙기고 도움을 주고받는 동료 사이의 인정과 지원은 직장에서 건강을 지키고 번아웃 증후군을 예방할 수 있는 가장 중요한 요인 중 하나다. 여기서 또다시 신경생물학적 맥락이 중요한 역할을 한다. 뇌의 동기체계가 활성화되고 그곳에서 에너지와 행복 전달물질이 분비되기 위해서는 사회적 차원의 준비가 필요하다. 일하는 사람은 인도적·신경생물학적 토대에서 동료와 상사들의 공적 지원을 받아야 한다. 고객, 동료, 상사의 인정과 지원이 없다면, 그곳은 질병에 가장 취약할 수밖에 없는 환경과 같다.

　동료애가 (리더십도 마찬가지로) 직장 생활에서의 건강에 미치는 영향은 이미 여러 연구들을 통해 입증되었다.[10] 그중에서 독일 노동자들의 동료애의 수준을 나타내는 대표적인 조사 결과를 살펴보면, 전체 응답자의 31%가 직장 동료들로부터 지원을 받지 못한다고 했고,[11] 9%는 여러 방식으로 차별을 받고 있다고 답했으며, 7.5%는 동료들로부터 상당한 괴롭힘과 위협을 당했다고 답했다. 심지어 동료에게 물리적 폭력을 당했다고 응답한 사람도 2%에 이른다.[12]

　모빙Mobbing은 차별의 또 다른 형식이다. 집단따돌림 혹은 집단괴롭힘을 의미하는 모빙은 독일을 포함해 유럽권에서 주로 쓰는 표현이고, 미국을 포함한 국제적 언어 사용에서는 흔히 불링Bullying이라고 한다. 병원의 직원들을 대상으로 한 조사를 보면, 전체 직원 가운데 4~5%가 불링에 시달리고 있다.[13] 이들이 우울증으로 이어질 가능성은 그렇지 않은 이들에 비해 약 4배 정도 높았고, 심장 질환의 위험도 2배 정도 높게 나타났다.[14] 안타까운 것은 과거에 우울증을 겪었던 직장인이 불링의 희생자가 될 확률이 2배 정도 높다는 점이다.

직장 내 괴롭힘의 문제를 거론할 때 빠질 수 없는 것이 바로 남자 상사나 동료의 성추행이다. 성추행에는 외설적인 발언을 하거나 의도적으로 중의적인 표현을 하는 것, 성적인 농담을 던지는 것, 상대가 원하지 않는 신체 접촉을 시도하는 것 등이 포함된다. 또한 상대 여성이 성적인 접촉을 거부했다고 해서 여성의 약점을 가지고 협박하는 것도 명백히 성추행 행위다.

하지만 유감스럽게도 많은 남성들은 자신들의 이런 행동이 여성을 모욕하고 당혹스럽게 하고 위협하는 것임을 모르고, 오히려 자신들의 행동을 여성들이 재치 있고 유쾌하게 받아들일 거라고 생각한다. 여성에 비해 남성은 통계적으로 타인의 행동을 인식하고 해석하는 능력이 떨어지기 때문에,[15] 여성이 동료로서 베푸는 친절과 도움, 호의를 자신에 대한 이성적 호감의 표시로 오해하는 것이다. 남성들은 여성 동료와 부하 직원을 동료로서 공평, 공정하게 대해야 하고, 직장 내에서 어떤 희롱과 추행도 용납될 수 없음을 제대로 인지해야 한다.

상사들은 직장 내 분위기에 엄청난 영향력을 발휘한다. 그들은 자신의 일뿐만 아니라 팀이나 조직 내의 모든 일에서 능력을 과시하고 싶어 한다. 심약하고 자존감이 떨어지는 상사들은 겉으로는 종종 '보스'인 척하지만, 내심으로는 자신이 부하 직원들보다 우위에 있지 못한 것 같다는 불안감을 느낀다. 특히 부하 직원들 간의 관계가 돈독할 때 이런 불안감을 더 많이 느낀다. 그래서 많은 상사들은 심지어 자신의 부하 직원들이 서로 싸우고 경쟁하도록 부추긴다. 부하 직원 사이의 불신과 반목이 자신의 자리를 공고히 하는 데 도움이 될 거라는 희망을 갖고서 말이다.

이러한 상황에서는 상사의 총애를 받기 위한 온갖 권모술수가 난 무하며, 간신이 활개를 친다. 당연히 조직력과 실행력은 약화된다. 한 조사에 따르면 독일 직장인들의 53%가 상사로부터 어떤 지원도 받지 못하고 있다고 생각한다.[16]

이처럼 '위로부터의 불링'은 광범위하게 퍼져 있다. 《신자본주의 문화》[17]에서 세넷은 "관리 능력이 뛰어난 젊은 엘리트들이 여러 곳에 투입되었지만 때로는 그들의 사회적 능력이 성공으로 이어지지 못한다"라고 지적했다.[18] 사이코패스 분야의 세계적 권위자로 꼽히는 미국의 로버트 헤어Robert Hare 박사는, 상사의 리더십 문제로 인한 정신병 발병률(전체 인구의 6%)이 일반 인구에서 발생하는 정신병 발병률(전체 인구의 1%)보다 6배나 높다고 지적했다.[19]

우리 경제 시스템에서는 무정하고 부도덕한 사람이 평범한 사람들보다 사회에서 더 빨리 성장하고 승진하는 것처럼 보인다.[20] 하지만 정신 질환을 갖고 있는 자가 조직의 리더로 있다면, 이는 부하 직원의 건강을 위협할 뿐만 아니라 회사 전체에 막대한 손실을 끼칠 수 있다. 적절한 예가 바로 '프랑스 텔레콤France Telekom'이다. 2008년에 이 회사의 임원이 점심시간에 약물 과다 복용으로 자살을 시도했고, 잇따라 60여 명의 직원이 스스로 목숨을 끊었다. 2000년 초반에 프랑스 텔레콤이 민영화되는 과정에서 시작된 과도한 업무 부하, 장기간의 구조 조정, 부적절한 부서 배치, 강압적인 분위기 등이 이 연쇄 자살 사건의 원인으로 지목되었다. 전례 없는 '위로부터의 정신적 테러'로 기억되는 사건이다.[21]

강하고 훌륭한 상사들은 직원들에게 성과를 요구하긴 하지만, 팀의 결속력과 우의를 깨지 않고 오히려 독려한다. 왜일까? 첫째, 수많은 학술 연구가 보여주는 것처럼 팀원 간의 경쟁이 심하면 팀의 성과가 떨어지기 때문이다.[22] 둘째, 팀의 집단지성이 좋다는 것은 팀원들의 평균 지능지수가 높다는 것이 아니라 문제 해결 능력이 높다는 것을 의미하는데, 이는 서로를 이해하는 능력이 탁월하다는 것을 시사하기 때문이다.[23] 셋째, 앞에서 밝힌 것처럼 동료 의식을 높이는 것은 팀원들의 건강을 지키고 질병에 걸릴 확률을 줄여주는 길이기 때문이다.

무엇보다 흥미로운 것은 경쟁이 심한 상태에서 발생하는 스트레스가 서로를 이해하는 데 중요한 역할을 하는 유전인자의 활동을 방해한다는 사실이다. 간단히 말하자면 이는 상사들이 경쟁에 불을 붙여서 생기는 스트레스가 직원들의 상호 이해를 담당하는 유전인자의 활동 자체를 봉쇄한다는 뜻이다.[24] 많은 연구 결과가 지적하는 것처럼 서로를 이해하는 능력이 낮아 경쟁력이 떨어지는 팀은 당연히 문제 해결 능력도 낮은데, 여기에 상사가 팀원들을 분열시키기까지 한다면 팀원들의 성과 창출에 찬물을 끼얹는 것과 같다. 따라서 상사들은 팀원들의 단결에 매우 큰 영향력을 행사하고 있다는 것을 명심해야 한다. 그리고 우리 모두는 직원들을 대하는 방식에서 상호이해 유전자를 깨우는 방향으로[25] 전환해야 하고 상사들도 당연히이에 동참해야 한다.

상사들에게는 현명한 리더십을 통해 부하 직원들의 동기체계에자극을 주고 이를 토대로 그들의 성과 창출을 이끌어내는 것이 신경생물학적 관점에서 중요하다. 직장인들의 '애사심'에 대한 여러 연구에 따르면, 리더십은 직장인들의 소속감에 실제로 매우 중요한 역할을 한다. 자기 회사에 대한 감정적 애착이 클수록 결근 횟수는 적고, 이직률은 낮고, 업무 생산성은 높게 나타난다. 또한 애사심이 큰직원과 만나는 고객은 자신이 좋은 대우를 받고 있다고 느낀다. 하지만 2011년 갤럽이 실시한 여론조사 결과에 따르면 독일의 직장인가운데 자신의 애사심이 높다고 답한 사람은 14%에 불과하다.[26] 전체 응답자 중 63%는 보통이라고 답했고, 23%(약 800만의 직장인들)는 회사에 애착이 없다고 답했다. 반면, 2001년 실시한 여론조사에서는 회사에 전혀 애착이 없다고 답한 직장인의 비율이 15%였는데,이 수치는 10년 사이에 2배 이상 뛰었다.

애사심이 없는 직원들은 이미 마음속으로 사표를 낸 것과 다를 바없다. 이렇게 회사에 대한 감정적 애착이 감소한 주된 원인은, 설문조사가 보여주는 것처럼, 잘못된 직원 관리 방식과 리더십 때문이다.[27]이 때문에 직원들은 직장에서 존중받지 못하는 기분을 수없이 느낀다고 호소한다.[28] 그래서 훌륭한 '관계 관리Beziehungsmanagement'[29]가 필요하다.[30]

  팀원들에게 적극적으로 동기를 부여하고 팀원들이 일에서 기쁨을 느낄 수 있도록 상사들이 효과적으로 할 수 있는 일은 부하 직원들과 원만하고 프로다운 관계를 유지하는 것이다. 직원들의 동기체계는 그들이 개인적으로 '주목받고' 있다는 느낌을 받을 때에만 작동될 수 있다. 하지만 많은 상사들은 '관계'를 맺고 유지한다는 것이 무엇을 의미하는지 제대로 이해하지 못하고 있다. 그에 반해 일부 상사들은 (주로 남성보다는 여성 상사들이)[31] 직관적인 재능을 활용해 부하 직원들과 좋은 '관계'를 형성한다. 그러나 대부분의 상사들에게 이 주제는 여전히 낯설고 모호한 영역이다. 직장에서의 관계 형성은 상사가 부하 직원들과 사적으로 가깝게 지낸다거나 그들에게 이성적 호감을 갖는 것이 아니다. 이는 오히려 잘못된 처신이다![32] 그렇다고 상사가 가식적으로 행동해야 한다거나 직원들을 쫓아다녀야 한다는 의미도 절대 아니다. 직원들과 개인적 관계를 지속적으로 유지하고, 직원들을 존중하고 친절하게 대하는 것으로도 충분하다. 말하자면 상사들은 가식적이지 않고 '평범하게' 처신하기만 하면 된다. 상사들은 직원들의 기쁨의 감정과 함께 분노의 감정도 살펴야 하지만, 그들을 비판할 때는 결코 평정을 잃거나 인신공격을 하지 말아야 한다.

  상사로서 원만하고 프로답게 부하 직원들과 관계를 형성한다는 것은 애정과 확실한 관리 사이의 균형을 찾아내는 것이다. '애정'이란 최소한 일주일에 한 번, 조직의 규모가 작을 때에는 일정한 거리를 두되 잠깐씩이라도 매일매일 일대일로 만나서 직원들과 업무에 관해 이야기를 나누는 것을 의미한다. 이것은 서로 얼굴을 맞대고 해야 하는 일로서, 결코 이메일로 대신할 수 없다는 것을 인식하는 것이 중요하다! 또한 직원들이 어떤 일을 하고 있는지 제대로 파악해 직원 개개인에게 올바른 피드백을 주는 것도 애정이라고 할 수 있다. 그렇다고 직원들을 매일 호출해 칭찬을 하거나 질타를 하는 것은 오히려 불필요한 역효과만 낸다.

또한 부하 직원이라면 예의에 어긋나지 않는 선에서 적당한 거리를 유지한 채 자신의 업무 처리에 대한 상사들의 평가나 점검을 요청해야 하며, 어떤 점에서 보완이 필요한지, 또 자신이 잘 개선해가고 있는지를 상사들에게 확인받아야 한다. '확실한 관리'란 직원들로 하여금 자신의 업무 성과가 규정에 따라 투명하게 평가되고, 공정하고 사실에 근거해 지적받는다는 것을 알게 하는 것이다. 직원의 사생활을 들추어내고 비난하는 것도 상사의 중대한 잘못이다.[33] 만약 직원을 비판할 일이 있다면, 열린 공간이 아닌 독립된 공간에서 책임자가 참석한 가운데 비판해야 한다.

상사들은 부하 직원들의 번아웃 증후군을 예방할 수 있는데, 중요한 '균형'의 의미를 마음에 새긴다면 직원의 건강을 위해 많은 일을 할 수 있다. 핵심은 세 가지 균형, 즉 업무 성과에 대한 요구와 인정간의 균형('노력 대 보상'), 업무 성과에 대한 요구와 업무 자율성 간의 균형('요구 대 통제'), 업무 성과에 대한 요구와 자원 간의 균형('요구 대 자원')이다. '인정'에서 가장 중요한 형식은 공정한 보수 외에, 생산된 업무에 대한 가치 평가, 안정된 일자리와 승진의 기회다. '업무 자율성'은 직원들이 업무 처리 방식과 기한을 일정 부분 스스로 결정할 수 있을 때 주어진다. 업무를 담당하는 직원들은 불필요하게 세세한 상사의 지시와 간섭을 받아서는 안 된다.

업무량과 리듬(시간당 업무 처리)은 업무 능력에 맞아야 하고 이를 넘어서는 안 된다. '성과를 더 높이려는' 의욕 때문에 성과 기준을 올리는 것은 아무런 의미가 없다. 이와 반대인 경우에도 추락만이 있을 뿐이다.

이보다 더 중요한 것은 정기적으로 휴식을 갖는 것이다. 직원은 하루 업무 시간 가운데 일정 시간 휴식을 취할 수 있어야 하고, 회사 아닌 다른 곳에서 (업무를 보는 곳에서는 절대로 삼가야 할) 점심식사를 할 수 있어야 한다.[34] 상사들이 부하 직원들의 업무 성과뿐만 아니라 건강을 지킬 수 있는 조직 문화에도 주의를 기울인다면, 분명 조직 내 인적 자원과 직원들의 업무 능력을 강화하는 데 큰 도움이 될 것이다.

기업 차원의
노동자 건강관리

일이 건강에, 특히 정신 건강에 상당한 영향을 끼친다는 사실은 광대한 데이터베이스를 통해 입증된다. 많은 기업은 이미 이러한 사실을 충분히 인식하고 있는 듯했다. 하지만 독일 연방 경영자총협회는 정신적 고통은 기본적으로 직장 내 상황에 기인하는 것이 아니라 직장 밖의 원인에서 비롯된다고 공식 입장을 밝혔다. "직원들의 정신 건강이 문제 될 때 기업이 이에 미친 영향은 제한적이다. 왜냐하면 정신 질환의 원인은 업무 환경이 아닌 다른 곳에 있기 때문이다."[35]

경영자총협회는 (문자 그대로) "정신 질환 환자들이 증가한 것은 모두 유전적 기질 때문"[36]이라고 주장했다. 하지만 경영자총협회가 우리 국민의 '유전적 기질'이 수년 전부터 퇴행하고 있음을 수용한다는 것은 결국 우리가 여기서 증명한 사실을 인정하는 셈이다.

얼마 전부터 대표적인 정신의학자들이 경영자총협회의 주장을 지지하고 나섰다. 그들은 번아웃 증후군을 (노동과 관련된 의학 개념으로서) 존재하는 않는 것이라고 설명하고 직장에서의 정신적 문제들을 우울증으로(개인 질환의 의학 개념으로) 환원시켰다. 그래서 그들은 향정신성 의약품으로 업무 조건을 개선하려고 하지만, 이는 결과적으로 잘못된 시도임이 분명하다.

이와 마찬가지로, 많은 아이들이 겪고 있는 주의력 장애ADHD의 경우에도 원인이 신체 활동 부족, 컴퓨터 과다 사용 및 텔레비전 과다 시청, 잘못된 식습관 및 영양 불균형, 양육의 문제와 밀접한 관련이 있음에도 불구하고 안타깝게도 ADHD를 겪는 아이들에게 다량의 리탈린과 그와 유사한 약물이 처방되고 있다. 이 아이들이 커서 직장인이 되어 이런 향정신성 약을 계속 복용하게 되는 것은 막아야 하지 않을까. 약을 권하는 것보다 좋은 업무 환경을 조성하기 위한 고민과 수고가 급선무일 것이다.[37]

직장 내 스트레스로 인한 건강 장애 문제가 우리 사회에 만연한 상황에서, 기업 차원의 노동자 건강관리가 단지 상사와 직원들에게 조언하는 것에 그쳐서는 안 된다. 기업은 위험 평가 틀에서 기업 내 스트레스로 인한 구성원들의 육체적·정신적 건강 장애를 분석 평가하고 이에 대한 적절한 해결책과 예방책을 강구해야 하며, 1996년 발의된 노동보호법Arbeitsschutzgesetz은 이를 의무화하고 있다.[38] 하지만 독일 연방노동사회부가 기업 차원의 건강관리 대책을 촉구한다고 하더라도,[39] 기업의 입장에서는 (노사정 대표와 노조 대표도 마찬가지로) 새롭고 낯선 주제에 꾸준히 관심을 기울이고 실행하기가 쉽지 않다. 아무리 기업을 위한 방침임을 인정하더라도 말이다.

전체 기업의 60%만이 노동보호법에 따라 포괄적인 위험 평가를 시행하고 있고, 이 가운데 단 30%만이 직원들의 정신적 부하를 파악하고 있다.[40] 기업 감독 기관이 기업을 방문하지만 백 번 중에서

두 번 정도만 직원들의 정신적인 부하를 묻고 조사하는 것으로 드러났다.[41]

그러나 기업 차원의 노동자 건강관리는 기업의 번거로운 과제가 아니라 기업이 관심을 갖고 선행해야 할 중대사이다. 기업이 기계와 설비는 세심히 정비하고 관리하면서 직원들을 한번 쓰고 버릴 일회용 물건처럼 소모하는 것은 대체 어떤 의미일까? 위에서 지적한 것처럼 기업의 경영진이 직원들의 건강을 우선시하는 경영 방침을 세우면, 중간 관리자들은 이 방침을 구체적으로 실행에 옮길 것이다. 이는 수십 년 사이 우리 업무 환경을 지배해온 과중한 업무와 업무 강도를 제한하고, 여러 압박과 기계화된 업무의 단조로움을 제거하고, 직장 내 관계의 지원에 대한 여러 가능성을 인지한다는 것을 의미한다. 말하자면 원만한 조직 문화를 조성하고, 직원들의 휴식을 허용 및 유지하며, 직원 관리를 위해 상사들을 재교육하고 리더십을 육성하는 것이 가능해지는 것이다.

앞으로는, 기업에 전속 의사를 두고 이 의사들을 지속적으로 양성하는 일에 특별한 의미가 부여될 것이다. 현재까지 기업 전속 의사가 육체적 요인, 특히 물리화학적 요인으로 인한 질병의 치료에 대해서만 교육을 받았다면, 앞으로는 정신의학에 대해서도 연수를 받아야 한다. 이 연수의 목적은 직원들의 불평불만을 정신적으로 감정하는 것이 아니라, 이들의 사회적·심리적·육체적 장애 요인들을 종합적으로 이해하고 진단해서 치료가 필요한 경우 이를 회사에 통지

하는 것이다.

독일 연방노동사회부는 기업들에 노동자 건강 예방·관리 차원에서 유용한 모종의 비관료적 조직을 새로이 구성할 것을 제안했다.[42] 이는 직원들로 이뤄진 일종의 건강 모임으로, 월별이나 분기별로 한 번씩 열려 직장 내 다양한 문제, 특히 사람 사이의 갈등이나 정신적 부담을 느끼는 업무 및 업무 처리 방식, 또 모두가 느끼는 여러 과도한 요구들에 대해 의견을 나눈다. 이와 같은 건강 모임에는 정기적으로, 혹은 기업의 요청에 의해 의사가 참여할 수 있다(이러한 문제를 논하고 해결하는 데는 결국 기업 전속 의사들이 관여할 수밖에 없다).

건강 모임이 조직 내 여러 건강 위협 요인을 지속적으로 모니터링하는 가운데 특정 부서에서 직원들 사이의 분쟁이나 갈등이 발생한다면, 이때는 분야 전문가들로 구성된 슈퍼비전 그룹의 도움을 받아도 좋다. 가령 학교 교사직, 보육사 및 보육 교사직, 간호·간병직, 의사직 등 직원들 간에 필요와 요구가 많은 직군에서는 슈퍼비전 그룹을 독립된 부서나 기구 형태로 개설해야 한다. 슈퍼비전의 모니터링은 외부에서 파견된 슈퍼바이저가 직접 진행할 때 가장 효과가 클 것이다.[43]

사회정치적 상황

지난 몇 년 사이 노동 세계에서 관찰되는 변화는 일개 기업의 차원을 넘어서 확산되고 있다. 한 사회 내의 구성원들이 어떻게 일하고 또 어떻게 일에서 배제되는지 정치적으로 성찰해 봐야 한다. 따라서 이와 관련된 몇 가지 논제를 선정할 필요가 있다.

우선 가장 중요한 주제는 노동조합의 역할이다. 자유민주주의와 사회적 시장경제를 좋은 모델로 여기는 사람은 (세넷의 표현대로) '신자본주의 문화'의 위험에 맞서야만 한다.[44] 민주주의적 참여 가능성들, 사회적이고 인간적인 특징들, 건강에 유익한 노동 조건들이 수용되지 않는 위험 말이다. 따라서 노동조합의 역할이 중요하다. 개인주의가 늘어가고 노동 세계에서 인간의 개별화가 진행되는 상황에서 노동자들이 다시금 더 견고하게 연합하고 조직화하는 것은 매우 가치 있는 일이다. 또한 노동 세계가 급격하게 요동치는 상황에서 이 책에서 요구하는 질문 제기와 문제들을 분석하고 새로운 해결 방안을 찾기 위해서도 노동조합의 역할은 필수적이다.

테일러리즘을 재도입하려는 움직임이 이미 오늘날의 노동 세계를 흔들고 있다. 기업의 많은 경영자들이 노골적으로 테일러리즘을 도입하려고[45] 애쓰는 가운데 이를 저지하려는 움직임 또한 진지하고 효과적으로 이뤄져야 한다. 19세기에 많은 산업 현장에 도입되었던 테일러리즘은 노동을 인간에 맞게 변형시키려고 하기보다는 인간을 노동에 (특히 노동에 투입된 기계에) 알맞게 적응시키려고 하기 때문이다. 새로운 테일러리즘을 도입하려는 시도들은 이제 산업 분야에만 머물지 않고 간호, 노인 간병 등의 의료 분야로 확대되고 있다. 비록 일부이지만 테일러리즘을 적용한 병원에서는 간호사에게 어느 시간대에 어떤 의료 서비스를 환자들에게 제공해야 하는지를 분 단위로 지시한다.

또한 모니터 화면이나 다른 기계 장치가 일을 시키는 (콜센터 상담원의 경우와 같은) 곳에서의 테일러리즘은 위협적이다. 이런 곳에서 일하는 노동자의 건강은 수치가 말해주듯이 끔찍하다.[46] 최근 몇 년 사이 업무가 가중되고 성과나 일정에 대한 압박이 가중되는 곳은 어디든(물론 전체 노동 세계가 이에 해당되지만) 새로운 테일러리즘의 위협을 받고 있다. 따라서 인간성뿐만 아니라 건강을 위해서도 테일러리즘에 맞서야 할 것이다. 노동조합이 정신노동 분야에서의 접촉 공포증을 없애고, 직장에서의 정신 건강을 노동자들의 가장 중요한 문제로 여겨 이를 지키겠다는 각오가 클수록, 노동조합의 관심은 노동의 질적인 측면으로 더욱 많이 옮겨 갈 것이다.[47]

최근의 학술 연구들이 보여주는 것처럼 민주주의 국가와 복지국가에서는 건강이 중요한 문제로 취급된다. 2009년에 발표된 한 연구에서는 노동 조건, 직장에서의 스트레스, 그리고 정신 건강 기준이 전 세계적으로 비교, 조사되었다.[48] 스칸디나비아식 '보편적' 복지 정책모델을 따르는 국가들이 가장 나은 노동환경을 갖추고 있으며, 결과적으로 이들 국가의 노동자들이 심리사회적 부담을 가장 적게 느끼고, 우울증에 가장 적게 걸린다. 이와는 별개로 유럽 국가들의 삶의 기쁨을 비교한 연구들을 보면 소득 불균형이 심한 국가일수록 국민들의 삶의 기쁨이 낮게 나타난다.[49] 이와 관련된 통계자료를 살펴보면, 1990년대부터 소득과 재산의 불균형이 급격하게 증가했고, 이는 독일을 포함한 거의 모든 서구권 국가에서 확인된다. 분명 잘못된 방향으로 흘러가고 있는 것이다.[50]

무조건 국민소득을 늘리기 위해 몇 해 전부터 제안된 모델들은 자세히 들여다보면 해결책이 전혀 아니다.[51] 그 어떤 모델을 선택해 살펴봐도 마찬가지다. 모델들이 약속한 것, 가령 관료제 폐지 등은 유지될 수 없다. 또한 이 모델들은 장애인의 수를 전혀 고려하지 않았는데, 만약 이것까지 포함한다면 국민소득을 훨씬 웃도는 재정이 필요하다. 또한 국민소득을 늘리기 위해서 불법 노동이 이루어질 가능성이 높으며, 기본 소득 증가를 위해 불법 노동이 요구될 수도 있다. 무엇보다 젊은 사람들이 노동에서 쉽게 배제될 수 있으며, 심지어 이들의 노력, 교육, 성과에 대한 동기까지 꺾일 수 있다. 이 모델들에 대한 실증 분석을 시도한 독일 프라이부르크 대학 경영학과 교수이자 복지 전문가인 게오르크 크레머Georg Cremer와 마인츠 대학 가톨릭신학부 학장인 게르하르트 크루이프Gerhard Kruip는 결과적으로 이 복지모델을 국가가 재정적으로 감당할 수 없음을 명확히 밝혔다.

1980년대부터 노동 조건이 악화되는 것을 보면서 통제를 벗어난 글로벌 금융시장으로 전 세계의 비판적 시선이 옮겨 갔다.[52] 국제 투자가, 헤지펀드와 은행 등 금융시장의 자본가들은 자신들이 경제를 일으키고 경영을 잘할 수 있다며 자유 시장을 찬양하는 노래를 불렀다(제5장 참조). 그들이 만들어낸 투기성 거품이 꺼지자마자 이 자본가들에게 유리하게 작용했던 자유 시장의 원칙들이 폐기되었다. 엄청난 손실은 결국 납세자들의 부담으로 넘어왔다. 이에 대한 분노는 보수주의 진영으로까지 확대되었고, 이를 두고 독일 일간지《프랑크푸르터 알게마이네 차이퉁Frankfurter Allgemeine Zeitung》의 발행인 프랑케 시르마허Franke Schirrmacher는 "시민 의식의 자기 각성"이라고 단언했다.[53] 리카도는 "자본이란 아직 투자되지 않은 노동"이라고 하면서(제6장 참조) 자본은 리카도 자신이 배운 것과는 반대되는 방향으로 나아갈 가능성이 있다고 지적한 바 있다.[54]

아직 해결해야 할 과제가 남아 있다. 독일의 전 헌법재판소장 에른스트 볼프강 뵈켄푀르데Ernst Wolfgang Böckenförde에 의해 제안된 "법적 권리를 행사할 줄 알고 결정할 수 있는 국가권력"을 수립하는 것이 바로 그것이다. 여기서 국가권력이란 사회주의 국가에서 흔히 본 것처럼 금융 분야를 통제하되 결코 자유를 희생시키지 않는 권력을 의미한다. 뵈켄푀르데는 "이 국가권력의 수립은 모든 분야 모든 구성원들의 동의와 전적인 지지를 통해서는 실현될 수 없다"라고 강조했다.[55] 즉 치열한 정치적 공방과 경쟁을 통해서만 이뤄질 수 있다는 것이다.

양육과 교육

1만 2,000년 전 인류가 정착을 시작한 때를 (제6장에서 상술한 바와 같이) 노동이 발명된 시기로 가정한다고 하더라도[56] 노동의 전제, 즉 인간의 도구를 만드는 능력은 이보다 수십만 년 더 앞선다.[57] 물론 인류가 정착을 하면서 농사와 재배, 가축 사육, 그리고 얼마 후 철기 제작까지 인류의 기술은 급속도로 발전을 거듭했다. 이 시기의 문명의 발달은 수백만 년 동안 진행된 인간 진화의 역사에서 전례가 없을 정도로 획기적인 것이었다.[58]

우리 인간 종이 오늘날까지 개발하고 발전시킨, 또한 노동이 발생하는 곳이라면 어디에든 적용할 수 있는 온갖 기술과 지식은 매혹적이면서도 매우 복잡하고 위협적이다. 축적된 지식과 능력이 저장될 수 있었던 인간 뇌의 시스템은 우리 유전 소질의 일부이기도 하다. 하지만 인간 뇌에 구축된 지식 베이스knowledge base와 숙련도는(매체학의 언어로 말하면 '콘텐츠'는) 그 자체로 뇌에 입력되는 것이 아니다. 일생을 위해 그리고 직업적 활동을 위해 꼭 필요한, 진화론적으로 축적된 지식들은 당연히 유년기와 청소년기를 거치면서 습득되어야 한다.

간단히 말해서, 모든 아이는 인류의 인지 발달 과정을 거쳐야 하며, 이는 우리가 흔히 '양육'과 '교육'이라고 부르는 과정을 통해서만 가능하다.[59] 양육과 교육은 아이의 '본성Natur'에 반하는 과정이 아니다.

　아이들은 신경생물학적 관점에서 보면 엉뚱한 방식으로 사고하는데, 아이들의 사고방식은 장 자크 루소Jean-Jacques Rousseau, 1712~1778의 '자연Natur' 개념과도 밀접한 관련이 있다. 사회적 지식을 습득하는 데 특화된 전뇌와, 인지적 사고와 지적 실행을 담당하는 대뇌는 양육과 교육이 우리 본성의 일부임을 명확히 해주는 생물학적 '내부 고발자'이다. 아이를 제대로 키우지 않고 교육하지 않는 사람은 아이의 '자연스러운' 뇌 성장이라는 직무를 유기하는 셈이다.

　'양육'과 '교육'은 동물계에서도 다양한 방식으로 이루어진다. 많은 동물의 행동 양식이 이전에는 '본능적으로', 즉 유전적으로 이미 주어진 것으로 생각되었지만, 사실 사회적이고 인식적인 학습의 결과였다. 양육과 교육이 비생물학적인 것이 아니라 이미 생물학적으로 예정된 프로그램이라는 주장이 있다. 하지만 이는 한때 도입되었다가 비인간적 교육 목표로 폐기된 '흑색 교육학'[60]을 변호해주지 못하며, 우리가 문명적 삶의 여러 측면 가운데 특히 육체 활동과 여가의 부족을 진화론적으로 발전시켜오지 못했다는 사실과도 모순된다.

　진화론적으로 관찰했을 때 우리 뇌는 인식적 사고와 지적인 실행 훨씬 전부터 감정적 욕구와 감정 능력을 관장해왔다. 전두엽이라는 곳은 사회적 능력과 고등한 행동을 관장하며, 따라서 고등 생물일수록 잘 발달해 있다. 이 사회적 능력은 바로 '협업'(이것 없이 결코 노동이 불가능한)을 의미한다.[61]

아이를 양육하면서 우리는 세 가지 뇌 체계, 즉 감정·인식·사회 체계[62]가 서로 관련되어 발달한다는 것을 잘 숙지하고 있어야 한다. 많은 연구가 보여주듯이, 감정적 결핍이 있는 아이들은 인지적·지적 발달에서 제약을 받는다. 또한 인지적·지적 발달에 자극을 받지 못한 아이들은 제대로 된 사회적 지식을 습득하는 과정에서도 심각한 문제를 겪게 된다.

모든 것은 감정적 발달과 함께 시작된다. 감정적 발달은 (태어날 때부터의) 애정 어린 신체적 접촉과 감정이입 그리고 가정에서의 보호를 전제로 한다. 많은 사람들이 제대로 의식하지 못하지만, 인지적·지적 발달은 유아기에 시작된다. 이 시기가 중요한 것은 아이가 장난감이나 인형을 손으로 만지고 느끼고 다루는 놀이의 과정에서 '세계'를 파악하고 이에 대해 말하는 법을 습득하기 때문이다. 이 두 과정은 매우 밀접하기 때문에 영상으로 보여주는 놀이로는 대체될 수 없다![63]

우리 뇌가 사회적으로 성숙해가는 것도 마찬가지로 (취학 이전인) 유아기부터 시작된다. 사회적 성숙은 아이가 세 살부터 서서히 나이에 맞게 사회적으로 어울리는 법을 배워나가는 과정에서 이루어진다. 아이는 무언가를 함께 나누고, 기다리고, 충동을 절제하는 법을 체득하게 되는데, 따라서 최소한 세 살 이후에는 아이를 체계적 보살핌이 가능한 그룹에 보내 교육받게 하는 것이 좋을 수 있다.

학교나 대학에서 수준 높은 지식과 문화를 습득할 수 있으려면 한

두 살 때의 기초적 발달이 이루어져 있어야 한다. 하지만 많은 아이들이 유아기에 감정적·인지 언어적·사회적으로 충분한 자극을 받지 못해서 학교 교육에 많이 뒤처진다.

아이들은 학교에 들어가면서 원하는 것을 표현하고, 환경에 적응하고, 무언가를 위해 노력하는 일이 눈에 띄게 증가한다. 학교는 아이들의 본질적 욕구를 채워주는(운동, 음악, 자유분방함을 보장해주는 공동체) 동시에 아이들을 인지적으로 이끌어야 한다. 하지만 학교라는 기관에 대해 제대로 이해하지 못하던 때가 있었고, 그래서 그 시대로부터 아이들을 보호해야만 했던 때도 있었다. 다행히 우리 시대에는 아동은 누구나 학교교육을 받을 수 있다. 교육의 의무가 도입되기 이전인 18세기[64]에만 해도 아이들은 단지 노동력으로밖에 받아들여지지 않았다. 안타깝게도 오늘날에도 아프리카와 아시아 몇몇 국가에서 여전히 그런 것처럼 말이다.[65]

현재까지도 우리의 교육제도가 완벽한 틀을 갖추었다고 생각하는 사람은 없을 것이다. (필자는 '학교에서의 건강'이란 주제로 수년간 학문적 연구를 진행해 결과물을 《학교를 칭찬하라Lob der Schule》라는 책으로 출간한 바 있는데, 이 책에서 이에 대해 상세히 기술했다.)[66] 그럼에도 불구하고 우리는 아이들에게 학교를 다니는 것이 특권임을 명확하게 일러주어야 한다. 학교는 종일반이어야 하고, 아이들의 삶의 공간이 되어야 한다. 또한 학교는 학습의 터전이 되어야 하고, 손으로 뭔가를 만들 수 있는 배움의 공간이 되어야 하며, 운동과 음악, 예술과 생태적 체험을 할 수 있는 장이 되어야 한다.

젊은 사람들의 교육의 운명이 그들의 미래에 어떤 영향을 미치는지를 보여주는 학술 연구가 있다. 유년기와 청소년기에 제대로 된 교육을 받지 못한 사람들은 나중에 일할 기회를 갖게 되더라도 여러 면에서 열악한 노동을 할 가능성이 매우 높았다. 숙련된 기술이나 전문성이 미흡한 사람의 실업률은 전체 실업자의 20%에 달하는데, 전체 실업자의 평균과 비교해 배 이상 높았다.[67] 준비된 능력이 없는 사람은 직장에서 매우 낮은 임금을 받으며, 임시직에 종사할 가능성도 상당히 높다(제3장 참조).[68] 이에 반해 잘 교육받은 사람은 직장에서 사회심리학적 문제를 덜 겪고,[69] 우울증을 앓을 위험이 낮으며, 일반적으로 더 건강하게 일하고 있는 것으로 나타난다.[70]

교육 수준과 장래 직업 간의 직접적 상관관계를 살펴보면 직업교육을 받지 않거나 학교를 제대로 마치지 못한다면 미래는 그리 밝지 않은 듯하다. 제3장에서 언급한 대로 독일에서 고등학교를 졸업하지 못하고 사회에 진출하는 청소년의 비율이 연간 9%에 이른다(이민자 출신은 19%). 직업교육을 받지 못한 비율은 연간 14%이다(이민자 출신은 38%).[71] 18~65세 독일인 중 750만여 명은 문맹이다.[72] 이 정도면 전체 독일 인구의 약 14%에 해당한다. 유럽 노동시장에서 고도의 전문성과 기술에 대한 수요가 급속히 늘고 있기 때문에,[73] 학교교육이나 직업교육을 받지 못해 능력이 떨어지는 사람들의 미래는 결코 낙관적일 수 없을 것이다. 청소년들이 좋은 교육을 받느냐

그렇지 못하느냐는 근본적인 생존 문제가 되고 있다.

이미 강조한 대로 학교는 학생들이 즐거움을 느낄 수 있는 삶의 공간이어야 한다. 하지만 학교가 학생들에게 모든 것을 제공해줘야 한다고 생각하고 그런 기대를 부추기는 것은 현실을 완전히 왜곡하는 것이다. 아이와 학부모 스스로도 많은 노력을 해야 한다는 사실을 애써 외면하려는 것 또한 결국 스스로를 속이는 것과 같다. 우리가 아이들에게 나이에 맞는 자세와 지식을 배우고 이를 실천하기 위해 노력해야 한다는 것을 가르치지 않는다면, 그들은 학교를 졸업해 사회로 진출하면서 매우 힘들고 실망스러운 경험을 하게 될 것이다.

하지만 이와 같은 것을 아이들에게 요구하기에 앞서 그들에 대한 지원이 선행되어야 한다. 부모로서의 책임을 인지하는 것은 (사랑에서 비롯되었든 아니든) 앞으로 굉장한 영향력을 발휘하게 될 것이다. 필자의 생각에 따르면, 아이들 교육에서 가장 중요하고 결정적인 것은 교육의 가치에 대한 부모의 자세이다.[74]

노동, 삶의 기쁨, 여유

일반적으로 사람들은 어렸을 때부터 갖고 있던 성향을 커서도 그대로 갖고 있다. 마찬가지로 유년 시절에 받았던 외부의 강제적 자극을 쉽게 떨치지 못해서 결국 자신의 것으로 지니고 있는 경우도 많다. 필자가 여기서 간단히 비판적으로 살펴보려는 이 메커니즘에는 분명 어떤 장점들이 있다. 그중 하나는, 우리의 운명 때문인지 타인의 영향력 때문인지는 몰라도 외부의 자극을 자신의 것으로 체화하고 나면, 통제력을 상실한다거나 멸시를 당한다거나 하는 느낌이 잦아지거나 없어진다는 것이다. 다시 말해서 부모로부터 물려받은 것을 아이들이 자신의 것으로 만들어, 그에 힘입어서 외부의 어려움으로부터 자신을 보호할 수 있다는 것이다. 이러한 메커니즘은 아이들이 성장해 훗날 부모가 되어서도 여전히 영향력을 잃지 않는다. 교육을 받게 하고 사회에 적응하며 함께 살아가는 모습을 보여주는 것만큼 아이들에게 중요한 것은 없다. 시간이 지나면 자연히 그들 스스로도 부모나 어른이 말한 것들을 직접 느끼고 말하고 행동으로 옮기게 될 것이기 때문이다. 아이뿐만 아니라 성인에게도 작용하는 소위 '공격자와의 동일시Identifikation mit dem Aggressor'[75]라는 이 심리적 메커니즘은 이점도 많지만, 반면에 어딘가 모르게 애매모호하고 위협적인 측면도 있다. 특히 일의 영역에서 그렇다.

지금까지 누차 언급했듯이 노동에 의해 공명이 형성되면 노동은 행동의 욕구와 원초적 기쁨을 만들어낼 수 있다. 그런데 수천 년 동안 강제적인 노동이 이뤄졌다! 그리고 어느 순간에 변화가 일어났다. 우리 인간이란 종은 강제적 노동에서 창끝을 돌려 '노동윤리'라는 의무적인 노동을 창조해낸 것이다.

이렇게 변모한 노동의 의미는 구약성서의 창조 설화에서("네 얼굴에 땀이 흘러야 빵을 먹을 수 있다"), 중세 시대의 수도원 문화에서("기도하라 그리고 노동하라"), 루터와 칼뱅의 프로테스탄티즘에서("인간은 하늘을 나는 새들처럼 노동을 위해 창조되었다"), 마르크스에서 레닌에 이르는 엄격한 노동윤리에서("일 하지 않는 자 먹지도 말라") 드러나고 있으며, 지금도 마찬가지다. 이렇게 노동의 상을 확립하는 것은 노동을 통해 얻는 기쁨의 가능성을 차단하기 위해서가 아니다. 필자에게 중요한 것은, 메커니즘이 무의식적으로 작용하는 권력에 있다 보면 노동 너머에 있는 기쁨의 의미와 사랑을 잃어버릴 위험이 있음을 날카로운 눈으로 주시하는 것이다. 노동 너머의 기쁨이란 앞에서 언급했듯이 여가, 놀이, 음악, 운동, 한가로움, 꿈, 아무런 의도 없이 다른 사람들과 함께 있는 것이다.

더불어 우리는 일과 여가 사이의 균형을 맞추려고 했는지도 모른다. 이 균형을 잘만 맞춘다면 삶의 기쁨은 일뿐만 아니라 여가와도 관계될 수 있다. 일과 여가는 특정한 환경에서도 서로 연결될 수 있다. 우리가 인간으로서 (세계의 자원을 정당하게 분배한다고 해도) 일 없이는 살 수 없다는 것은 노동의 당위성을 과도하게 평가하는 것을 우려했던 여러 사상가들도 동의하는 바이다. 고대 그리스의 사상가들도 (그들이 여가를 모든 것 위에 놓았다고 해도) 노동(특히 육체노동)의 필연성을 부정한 것은 아니었다(그들이 노동을 노예들에게 떠넘겼을지라도 말이다).

일 때문에 너무 많이 근심하지 말라고 권유한 예수 그리스도는 어디에서도 노동의 필연성을 부정하지 않았다. 그로부터 수세기가 지난 후대의 사람인 (노동을 전에 명명된 것과 동등하게 취급하지 않았던) 라파르그는 비록 '노동 중독'에 대한 성급한 비판가였다고 해도 '매일 세 시간만 하는 노동'을 이야기했다. 라파르그와 유사하게 러셀은 노동의 도덕을 '노예 도덕'으로 바라보았고 "모든 사람이 늘 비용과 거주 문제를 걱정한다"라고 냉소적으로 말했다. 이와 더불어 그는 당시 하루 노동시간에서 네 시간을 줄이자고 주장했고, 여가를 "문명 발전에서 본질적인 것"으로 보았다. 그는 이미, 아이들에게 "노동은 불가피한 것이라고 가르쳐야 하고, 불가피한 일을 위해 적당한 여가를 가져야 한다"라고 촉구했다.[76]

만약 인간이 노동을 통해 무한한 에너지를 제공받을 수 있고 자신의 창조적인 욕망과 자기실현을 무한히 펼칠 수 있다면, 인간에게 노동은 커다란 행복의 원천일 수 있다. 신경생물학적·의학적·심리적 견지에서 볼 때 이것이 사실임을 주지시키는 것이 이 책의 목적이었다.

실제로 여러 위험을 내포하고 있는 '노동의 적'은 게으름이 아니다. 게으름 자체는 논의할 게 못 된다. 노동의 실제적인 적은 일하는 인간의 가치가 떨어지고, 인간이 의미를 상실한 채 일하고, 비인간적인 강압에 처하고, 낮은 임금을 받거나 영혼이 없는 기계가 되어가는 상황이다. 그래서 바로 이러한 상황에서의 노동을 논해야 한다. 사람을 적합하지 않은 노동 조건으로 밀어 넣으려는 사람들과 아무런 저항도 하지 않고 그런 노동 조건으로 들어가려는 사람들이 노동이 주는 행복의 가능성을 파괴한다. 이와 더불어 노동을 강압적인 어떤 것으로 내면화한 사람들, 또는 이미 일중독에 빠진 사람들의 수가 증가하는 것도 그러한 행복의 가능성을 파괴한다.

사람을 비인간적인 노동 조건으로 끌어들이는 사람들에게 인도적으로, 정치적으로 맞서야 한다. 지나치게 일에 빠진 사람들에게는 정치적으로 접근할 수가 없다. 왜냐하면 '일에 미쳐 있다'는 것이 일반 사람에게는 그리 불쾌한 것으로 여겨지지 않기 때문이다. 일중독이 넘어서는 안 될 한계를 넘어, 번아웃 증후군이나 우울증, 심장 질환으로 나아간다는 것을 알기 전까지 말이다.

이런 위험을 민감하게 받아들이게 하는 것도 이 책의 부차적 목적이었음을 마지막으로 밝힌다.

| 주 |

제1장 일과 삶 : 공감하는 경험 또는 소외?

1) Richard Sennett, *The Culture of the New Capitalism*(Yale Univ. Press, 2006) ; Byung-Chul Han, *Müdigkeitsgesellschaft*(Berlin : Matthes und Seitz, 2010) 참조.

2) Joachim Bauer, "Die Freiburger Schulstudie", *SchulVerwaltung Baden-Württemberg* 12(2004), 259~264쪽 ; Ders. u. a., "Correlation between burnout syndrome and psychological and psychosomatic symptoms among teachers", *International Archives of Occupational and Environmental Health* 79(2006), 199~204쪽 ; Ders. u. a., "Belastungserleben und Gesundheit im Pfarrberuf", *Deutsches Pfarrerblatt* 109(2009), 460~466쪽 ; Thomas Unterbrink u. a., "Burnout and effort-reward-imbalance in a sample of 949 German teachers", *International Archives of Occupational and Environmental Health* 80(2007), 433~441쪽 ; Ders. u. a., "Parameters influencing health variables in a sample of 949 German teachers", *International Archives of Occupational and Environmental Health* 82(2008), 117~123쪽 ; Ders. u. a., "Improvement in school teachers' mental health by a manual-based psychological group program", *Psychotherapy and Psychosomatics* 79(2010), 262~264쪽 ; Ders. u. a., "Burnout and effort-reward imbalance improvement for teachers by a manual-based group program", *International Archives of Occupational and Environmental Health* 85(2012), 667~674쪽 ; Uwe Rose u. a., "Intention as an indicator for subjective need : A new pathway in need assessment", *Journal of Occupational Medicine and Toxicology*(2010), 5:20 ; Linda Zimmermann u. a., "Mental health and patterns of work-related coping behaviour in a German sample of student teachers : a cross-sectional study", *International Archives of Occupational and Environmental Health* 85(2012), 865~876쪽.

3) 필자는 여성의 절대적 평등권을 주장하지만 원만한 독서를 위해 특별한 경우에만 양성을 표기하고자 한다. 하나의 성만을 표기한다고 해서 결코 다른 성을 배제하는 것은 아니다.

4) 노동이 시작된 것은 대략 1만 2,000년 전 인간의 정착 때부터라고 고고학자들은 보고 있다. Klaus Schmidt · Göbekli Tepe · M. Özdogan · N. Basgelen · P. Kuniholm (Hrsg.), *The Neolithic Turkey*(Istanbul : Archaeology and Art Publications, 2011).

5) Richard Sennett, *The Culture of the New Capitalism*.

6) 〔옮긴이주〕 생산성의 효율을 높이기 위해 노동자의 움직임, 동선, 작업량, 작업 과정 등을 초·분 단위로 나누어 노동 표준화를 이루고자 하는 과학적 관리 이론.

7) Johannes Paul II, "Laborem Exercens, Enzyklika"(1981).

8) 〔옮긴이주〕 솔리다르노시치 운동은 1980년 폴란드의 레닌 조선소 노동자들을 중심으로 출범한 자유 노조가 주도한 운동으로 공산 체제 붕괴의 서막을 열었다.

9) Enrico Sperfeld, *Arbeit als Gespräch. Jozef Tischners Ethik der Solidarnosc*(Freiburg/München : Karl Alber, 2012).

10) Joachim Bauer, *Warum ich fühle was du fühlst. Intuitive Kommunikation und das Geheimnis der Spiegelneurone*(Hamburg : Hoffmann und Campe, 2005).

11) Charles Taylor, *Quellen des Selbst*(Frankfurt/Berlin : Suhrkamp Verlag, 1996) ; Ders., *Ein säkulares Zeitalter*(Frankfurt/Berlin : Suhrkamp Verlag, 2012) ; Hartmut Rosa, "Is there anybody out there? Stumme und resonante Weltbeziehung-Charles Taylors monomanischer Analysefokus", *Unerfüllte Moderne? Neue Perspektiven auf das Werk von Charles Taylor*(Frankfurt/Berlin : Suhrkamp, 2011) ; Ders., "Ist da draußen jemand?", *Frankfurter Rundschau* 18/19(2011년 6월) ; Ders., "Ändere doch mal dein Leben(Interview)", *Frankfurter Allgemeine Zeitung* 2(2011년 7월 7일) ; Ders., "From work-life to work-age balance? Acceleration, alienation and appropriation at the Workplace", *Manuskript*(2012) ; Ders., "Arbeit und Entfremdung", *Manuskript*(2012) ; Ders., *Weltbeziehung im Zeitalter der Beschleunigung*(Frankfurt/Berlin : Suhrkamp Verlag, 2012).

12) Statistisches Bundesamt, *Qualität der Arbeit*(2012), 64쪽.

13) 헤겔의 소외 개념에는 당연히 부정적인 의미만 있는 것은 아니다. 그는 소외 개
   념을 인식 과정의 불가피한 전제로 여긴다.

14) Statistisches Bundesamt, *Qualität der Arbeit*(2012), 64쪽.

15) Befragung des Gallup Institutes(2012).

16) Befragung des Gallup Institutes(2012).

17) DGB Index Gute Arbeit–Der Report 2010(2010).

18) "Befragung des Umfrageinstitutes Technologia", *Badische Zeitung*(2012년 3월 7일)
   에서 인용.

19) Bernd Raffelhüschen · Klaus–Peter Schöppner, *Glücksatlas 2012*(München : Albrecht
   Knaus Verlag, 2012).

20) Bruce Headley u. a., "Long–running German panel survey shows that personal
   and economic choices, not just genes, matter for happiness", *PNAS 107 : 17922~
   17926*(2010).

21) Vorwerk Familienstudie(2011), 46쪽.

22) Bruce Headley u. a., "Long–running German panel survey shows that personal and
   economic choices, not just genes, matter for happiness", 표 1 참조.

23) Anne Maria Möller–Leimkühler, "Männer, Depression und 'männliche Depression'",
   Fortschr. Neurol. Psychiat 77(2009), 412~422쪽.

24) 남성들의 우울증 위험이 낮다고 알려주는 숫자들은 거짓이다. 왜냐하면 남성들
   은 우울증을 겪을 때 여성들과는 다른 증상을 보이기 때문이다. 같은 연령대에
   서 남성의 자살률이 여성보다 몇 배 높은 것으로 나타났다. Anne Maria Möller–
   Leimkühler, "Männer, Depression und 'männliche Depression'" 참조.

25) Bernd Raffelhüschen · Klaus–Peter Schöppner, *Glücksatlas 2012*, 그림 42 참조.

26) Hilary Waldron, "Links between early retirement and mortality", *Social Security Ad-
   ministration, Washington, D. C., ORES Working Paper Series Number* 93(2001) ; Shan
   P. Tsai u. a., "Age at retirement and long term survival of an industrial population",

Britsh Medical Journal, doi : 10.1136/ bmj.38586.448704.*EO*(2005) ; Christina Bamia u. a., "Age at retirement and mortality in a general population sample", *American Journal of Epidemiology* 167(2008), 561∼569쪽 ; Andreas Kuhn u. a., "Fatal attraction? Access to early retirement and mortality", *Forschungsinstitut zur Zukunft der Arbeit. Discussion Paper* No. 5160(2010).

27) Shan P. Tsai u. a., "Age at retirement and long term survival of an industrial population" ; Andreas Kuhn u. a., "Fatal attraction? Access to early retirement and mortality".

28) 〈창세기〉 1장 28절.

29) 〈창세기〉 3장 19절.

30) 〈창세기〉 4장 3절∼8절.

31) Johannes Paul II, "Laborem Exercens, Enzyklika".

32) 〈마태복음〉 20장 1절∼16절.

33) 〈마태복음〉 6장 26절.

34) 〈데살로니가 후서〉 3장 10절.

35) Wladimir Iljitsch Lenin, "Staat und Revolution Teil 5, V. Kapitel", *Werke, Band 25*(Berlin : Dietz Verlag, 1972).

36) Martin Luther, *Eine Predigt vom Ehestand*(Wittenberg, 1525).

37) Werner Conze, "Arbeit", W. Conze u. a. (Hrsg.), *Geschichtliche Grundbegriffe. Historisches Lexikon zur politisch-sozialen Sprache in Deutschland I*(Stuttgart : Klett Verlag, 1972), 163쪽.

38) Werner Conze, "Arbeit", 172쪽.

39) Werner Conze, "Arbeit", 169쪽.

40) Immanuel Kant, *Anthropologie in pragmatischer Hinsicht*(1798), §87.

41) Karl Marx, *Ökonomisch-philosophische Manuskripte*(1844).

42) 〔옮긴이주〕 1875년 독일노동동맹과 독일사회민주노동당이 정부의 탄압에 대처하기 위해 고타에서 합동 대회를 열고 독일사회주의노동당을 결성하면서 채택한 강령. 후에 마르크스는 이 강령의 이론적 모순을 비판하는《고타강령 비판

Kritik des Gothaer Programms》을 썼다.

43) 〔옮긴이주〕독일사회민주당의 이론가. 엥겔스와 가까웠고, 고타강령을 수정한 에르푸르트강령을 기초했다.

44) Werner Conze, "Arbeit", 204쪽.

45) 폴 라파르그의 생애에 대해서는 다음을 참조. Pablo Pereza, "Das Recht auf Faulheit-100 Jahre später", Paul Lafargue, *Das Recht auf Faulheit(Le droit à la paresse)* (Frankfurt, 2010).

46) Paul Lafargue, *Das Recht auf Faulheit(Le droit à la paresse)*.

47) 〔옮긴이주〕18세기의 독일 계몽주의 사상가, 극작가, 비평가. 대표작으로는 평론 〈라오콘〉, 〈현인 나탄〉 등이 있다.

48) 레싱의 시 〈게으름Die Faulheit〉의 마지막 세 구절을 인용했다.

49) 〔옮긴이주〕《방사放射》와 《유리벌》로 유명해진 저술가로, 보수 혁명에 속하는 민족주의, 반민주주의, 엘리트 성향의 초기 저술로 바이마르 공화국에 맞섰다. 그가 국가사회주의의 선구자인지에 대해서는 이견이 분분한데, 그는 1930년대 초기에 나치의 영혼 없는 대중운동의 전체주의와 거리를 두었다.

50) 〔옮긴이주〕독일의 철학자로 카를 마르크스의 사상에 기초해 있고 오늘날 신마르크주의자로 불린다.

51) 〔옮긴이주〕유대-독일-미국 정치 사상가로 인간의 자유를 위한 정치 참여, 전체주의와 악의 평범성을 주장했다. 대표작으로는 《인간의 조건》, 《예루살렘의 아이히만》, 《전체주의의의 기원》 등이 있다.

52) Severin Müller, *Phänomenologie und philosophische Theorie der Arbeit* Bd. 1 ∼ 2(Freiburg : Karl Alber Verlag, 1992/1994).

53) Severin Müller, *Phänomenologie und philosophische Theorie der Arbeit*.

54) Ernst Bloch, *Prinzip Hoffnung*(Frankfurt, 1959).

55) Ernst Bloch, *Subjekt-Objekt. Erläuterungen zu Hegel*(Frankfurt, 1962).

56) Hannah Arendt, *Vita activa oder Vom tätigen Leben*(München, 1960).

제2장 일이 뇌를 만나다 : 신경생물학적으로 본 노동의 다양성

1) Joachim Bauer, *Schmerzgrenze. Vom Ursprung alltäglicher und globaler Gewalt* (München : Blessing Verlag, 2011), 제5~6장 참조.

2) 당시에는 신경계의 소진에 신경쇠약증이 적용되지 않았다.

3) [옮긴이주] 동기부여 체계에 대한 상세한 설명은 Joachim Bauer, *Prinzip Menschlichkeit. Warum wir von Natur aus kooperieren*(Hamburg : Hoffmann und Campe, 2006) 참조. 이 책은《인간을 인간이게 하는 원칙》이란 제목으로 번역되었다.

4) "그렇기 때문에 대부분의 또는 모든 생명체가 자연선택 방식으로 진화했고 그들 생명체의 모든 행동이 습성과 좋은 느낌의 감정에 좌우된다는 주장은 상당히 설득력 있다." Charles Darwin, *Mein Leben*(Frankfurt : Insel Verlag, 1993). 다윈은 계속해서 "우리는 이것을 전력을 다할 때 느끼는 기쁨을 통해 확인한다. 말하자면 종종 육체적으로나 정신적으로나 전력을 다하여 기쁨을 느낄 때, 우리가 매일 식사를 하고 가족으로부터 축복과 사랑을 받을 때, 아주 특별하게 기쁨을 느낄 때 맛볼 수 있다"라고 강조한다.

5) 이를 통해 우리는 찰스 다윈이 오늘날 주목받고 있는 신경생물학적 인식을 앞당겼다고 말할 수 있을 것 같다.

6) 돈이 (신경생물학적으로 말하자면 심리적으로 드러나듯이) 사회의 애정, 관심을 드러내는 대체물이라는 것은 캐슬린 보즈Kathleen Vohs의 실험을 통해 밝혀졌다. Kathleen D. Vohs u. a., "The psychological consequences of money", *Science* 314(2006), 1154~1156쪽 ; Kathleen D. Vohs u. a., "Merily activating the concept of money changes personal and interpersonal behavior", *Current Directions in Psychological Science* 17(2008), 208~212쪽 ; Xinyue Zhou u. a., "The symbolic power of money", *Psychological Science* 20(2009), 700~706쪽.

7) 영어 'empathy'의 동의어로 'compassion'이 있다. 'empathy'와 'sympathy/compassion'을 구별하는 것이 기본적으로 중요하다. 왜냐하면 원칙적으로 사디스트는 희생자의 고통을 느끼지만 그럼에도 (또는 아마도 그 때문에) 희생자에게 고통을 주

기 때문이다. 사디스트가 다른 사람의 감정을 느끼는지, 또는 다른 사람의 고통을 상상할 수는 있지만 느낄 수는 없는 냉혹한 정신병자인지도 확실치가 않다.

8) [옮긴이주] 마음 이론이란 신념, 의도, 바람, 이해 등과 같은 정신적 상태가 자신뿐만 아니라 상대방의 행동에도 영향을 미친다는 주장이다.

9) (거울 체계로도 언급되는) 뉴런의 공명체계에 대한 개요는 Joachim Bauer, *Warum ich fühle was du fühlst. Intuitive Kommunikation und das Geheimnis der Spiegelneurone* 참조.

10) 물론 우리가 영화나 텔레비전 화면에 등장하는 다른 사람들을 볼 때도 이 공명은 작동할 수 있다. 또한 텔레비전 화면에 나타나는 가상의 인물들을 통해서도 그들의 리얼리티 때문에 뉴런의 공명이 작동한다.

11) 뉴런의 공명체계가 제대로 작동하지 않는 자폐증 환자들은 주변인들이 어떤 상태에 있는지에 대해 아무런 감정이 없다. 자폐증은 여성보다 남성에게서 10배 정도 더 많이 나타난다.

12) Anita W. Woolley u. a., "Evidence for a collective intelligence factor in the performance of human groups", *Science* 330(2010), 686~688쪽.

13) 남성들은 경쟁을 유발하는 호르몬인 테스토스테론을 더 많이 갖고 있다. 경쟁 그 자체는 문제를 최선으로, 가장 효과적으로 해결하는 경우에는 결코 나쁜 것이 아니다. 그럼에도 우리 남성들을 포함해서 많은 사람들이 과장된 (남성적인) 경쟁 행위와 부족한 협업으로 세계를, 또한 직장에서의 건강을 망치고 있다.

14) 이를 익힐 수 있는 좋은 방법으로는 학술적으로 연구가 잘된 "자비 명상Loving Kindness Meditation"(Judson A. Brewer u. a., "Meditation experience is associated with differences in default mode network activity and connectivity", *Proceedings of the National Academy of Sciences* USA PNAS. DOI 10.1073/pnas.1112029108(2011)) 이 있다. 직관적인 감정이입의 훈련이 어렵다는 것은 공명체계 영역에 장애가 있는 자폐증 환자의 치료가 왜 몇 년 동안 제자리에 머물고 있는지를 말해준다. 자폐증 환자를 (인위적으로 생산된) 옥시토신으로 치료하려는 시도는 진행되고 있지만 이것의 확실한 결과는 아직 나오지 않고 있다.

15) Terrie Edith Moffitt u. a., "A gradient of childhood self-control predicts health, wealth, and public safety", *Proceedings of the National Academy of Sciences*, doi : 101073/pnas.1010076108(2011).

16) 슈퍼비전 그룹은 심리적 역량도 없이 '코치'라고 자칭하는 사람이 아니라 역량 있는 진행자에 의해 선도되어야 한다. 역량 있는 슈퍼비전 진행자로는 슈퍼비전 에 대한 교육을 받은 심리학자나 사회사업가, 심리 치료 교육을 받은 의사가 적 합하다.

17) Bundesministerium für Arbeit und Soziales, *Psychische Gesundheit im Betrieb*, 39~40 쪽.

18) [옮긴이주] 코르티솔은 급성 스트레스에 반응해 분비되는 물질로, 스트레스에 대항하는 신체에 필요한 에너지를 공급해준다.

19) 스트레스 인자인 코르티코트로핀 방출 호르몬Corticotropin-Releasing-Hormone (CRH)이 관건으로, 이 호르몬의 분비는 시상하부라는 곳에서 관장한다. 스트 레스 인자 CRH가 생산하는 단백질Protein은 맨 먼저 뇌하수체에 작용한다. 여 기서 ACTH라는 전달물질이 분비되는데, 이 전달물질은 부신피질에서 스트레 스 호르몬 코르티솔이 분비되게 한다. 코르티솔은 다시 포도당의 분비가 잘 되게 한다. 포도당 없이는 뇌나 근육이 활동할 수 없다. 전체 진행은 몇 초에서 몇 분 동안에 이루어진다. 스트레스 체계에 대한 상세하고 포괄적이며 일반인들이 이 해할 수 있는 설명은 다음을 참조. Joachim Bauer, *Das Gedächtnis des Körpers. Wie Beziehungen und Lebensstile unsere Gene steuern*.

20) [옮긴이주] 교감신경은 신체가 위급한 상황(갑작스럽고 심한 움직임, 운동, 공포 와 분노)에 처했을 때 대처하는 기능을 한다.

21) 여기서 영어 표기를 덧붙인 것은 이 분야의 개념에 맞추려는 필자의 의도이다. 어떤 독자들에게는 도움이 되리라 여긴다.

22) Bruce McEwen, "Allostasis and allostatic load: Implications for Neuropsychophar-macology", *Neuropsychopharmacology* 22(2000), 108~124쪽 ; Ders., "Sex, stress and the hippocampus : allostasis, allostatic load and the aging process", *Neurobiology*

of Aging 23(2002), 921~939쪽. 이에 대한 개괄적인 설명은 Joachim Bauer, *Das Gedächtnis des Körpers. Wie Beziehungen und Lebensstile unsere Gene steuern* 참조.

23) Bruce McEwen, "Allostasis and allostatic load: Implications for Neuropsychopharmacology"; Ders., Sex, stress and the hippocampus : allostasis, allostatic load and the aging process".

24) 개괄적인 설명은 Joachim Bauer, *Das Gedächtnis des Körpers. Wie Beziehungen und Lebensstile unsere Gene steuern* 참조.

25) 동일한 외부의 상황들이 각기 다른 사람들에게 각각의 스트레스 반응을 일으킨다는 것은 미국의 심리학자 리처드 라자러스Richard Lazarus(1922~2002)가 주창한 '대응 스트레스 모델transactional stressmodel'의 핵심이다. 이에 대해서는 Bruce McEwen, "Allostasis and allostatic load : Implications for Neuropsychopharmacology", *Neuropsychopharmacology*; Joachim Bauer, *Das Gedächtnis des Körpers. Wie Beziehungen und Lebensstile unsere Gene steuern*; Bundesministerium für Arbeit und Soziales, *Psychische Gesundheit im Betrieb* 참조.

26) Byung-Chul Han, *Müdigkeitsgesellschaft*. 한 교수는 오랫동안 바젤 대학에서 강의했고, 독일 카를스루에 조형예술대학에 잠시 있다가 현재는 베를린 예술대학 철학 교수로 재직하고 있다.

27) Bundesministerium für Arbeit und Soziales, *Psychische Gesundheit im Betrieb*.

28) 디폴트 모드란 '전원이 꺼진 상태'를 일컫는다. 뇌에는 이미 전원이 들어와 있기 때문에 특별히 해야 할 과제, 업무가 없을 시에는 '뇌의 전원이 꺼진 상태'로 돌아와야 한다. 이 상태를 '디폴트 모드 네트워크'라고 하는데, 비록 '디폴트 모드'의 본래 의미와는 다르지만 이 명칭이 유지되고 있다.

29) Marcus E. Raichle u. a., "A default mode of brain function", *Proceedings of the National Academy of Sciences* PNAS 98(2001), 676~682쪽 ; Michael D. Fox u. a., "The human brain is intrinsically organized into dynamic, anticorrelated functional networks", *Proceedings of the National Academy of Sciences* PNAS 102 : 9673~9678(2005) ; Maila F. Mason u. a., "Wandering minds : The default network and

stimulus-independent thought", *Science* 315(2007), 393～395쪽 ; Randy L. Buckner u. a., "The brain's default network", *Annals of the New York Academy of Sciences* 1124(2008), 1～38쪽 ; Marcus E. Raichle, "Two views of brain function", *Trends in Cognitive Sciences* 14(2010), 180～190쪽 ; Alan Anticevic u. a., "The role of the default mode network deactivation in cognition and disease", *Trends in Cognitive Sciences* 16(2012), 584～592쪽.

30) 주의력결핍 과잉행동 장애. 독일어로는 ADHS(Aufmerksamkeits-Defizit-Hyperaktivitätsstörung), 영어로는 ADHS(Attention Deficit Hyperactivity Syndrome) 혹은 ADHD(Attention Deficit Hyperactivity Disorder)라 한다.

31) Daniel H. Weissman u. a., "The neural bases of momentary lapses in attention", *Nature Neuroscience* 9(2006), 971～978쪽 ; Alan Anticevic u. a., "The role of the default mode network deactivation in cognition and disease". 독일 산업안전보건부 가 실시한 실험에 따르면 직장에서의 멀티태스킹은 정신 건강에 상당한 영향을 끼친다. 그래서 직장인이 업무 수행 시 실수를 하고 더욱이 실수했음을 알지 못 해서 수정도 못하는 지경에 이르게 된다고 한다. Andrea Lohmann-Haislah u. a., *Stressreport Deutschland 2012*(Berlin : Bundesanstalt für Arbeitsschutz und Arbeitsmedizin, 2013), 129～133쪽.

32) Hans-Jürgen Rumpf u. a., "Prävalenz der Internetabhängigkeit(PINTA Studie)", *Bericht an das Bundesministerium für Gesundheit*(Univ. zu Lübeck und Universitätsmedizin Greifswald, Manuskript , 2012).

33) Patrica M. Greenfield u. a., "Technology and informal education : What is taught and what is learned", *Science* 323(2009), 69～71쪽.

34) Marcus E. Raichle u. a., "A default mode of brain function" ; Randy L. Buckner u. a., "The brain's default network" ; Alan Anticevic u. a., "The role of the default mode network deactivation in cognition and disease".

35) 이에 대해서는 Joachim Bauer, *Schmerzgrenze. Vom Ursprung alltäglicher und globaler Gewalt* 참조. 사회적으로 따돌림을 당할 때 뇌가 이를 육체적 고통으로 느낀다는

것은 진화론적 근거가 있다. 인간의 진화론적 조상들은 수백만 년 동안 사회적 그룹 안에서 살았고, 공동체로부터 따돌림을 받는다는 것은 곧 죽음을 의미했기 때문이다. 그래서 인간의 뇌는 따돌림, 배척을 육체적 고통과 마찬가지로 실존적 위험으로 해석하도록 발달했다.

36) 우울증 질환의 발생과 양상에 대한 상세한 설명은 Joachim Bauer, *Das Gedächtnis des Körpers. Wie Beziehungen und Lebensstile unsere Gene steuern* 참조.

37) 사람들은 영성(인간을 의미를 추구하는 존재로 여기는 개념)과 심령술(마술적인 힘을 좇는 신앙)을 자주 혼동한다. 심령술과 달리 영성은 과학 법칙이나 의학에 이의를 제기하지 않는다. (영성과 구분되는) 영성주의와 마술적인 힘에 대한 신앙은 무의미하다.

38) Bundesministerium für Arbeit und Soziales, *Psychische Gesundheit im Betrieb*, 22쪽.

39) 〔옮긴이주〕 Aaron Antonovsky, *Salutogenese*(Tübingen : dgvt Verlag, 1997). 에런 안토노브스키는 유대인으로 미국에서 태어나 예일대학에서 박사학위를 받았다. 그 후 이스라엘에서 대학 강의와 연구에 매진했으며, '건강의 기원Salutogenesis' 개념을 주창했다.

40) 긴밀감sense of coherence의 독일어 표현은 '의미 관계를 위한 감각ein Sinn für Sinnzusammenhänge'이다.

41) 외상 후 스트레스 장애와 트라우마 후유증의 상세한 개요는 Joachim Bauer, *Das Gedächtnis des Körpers. Wie Beziehungen und Lebensstile unsere Gene steuern* 참조.

42) François Dubet, *Ungerechtigkeiten*(Hamburger Edition, 2008). 프랑스 사회학자의 이 책은 폭넓은 경험적 연구에 기초했다.

43) 그렇다고 해서 트라우마를 겪은 사람들이 특권을 가져야 한다는 것은 아니다. '까칠한' 동료가 이전에 폭력을 당했다는 사실이 밝혀진다면 동료들이 더 이상 그를 배척하지 않고 그와 대화하는 데 도움이 될 수 있다는 것을 지적하려는 것이다.

제3장 노동환경

1) 〔옮긴이주〕영어로는 'attention economy'. 세인의 주목 여부에 따라 경제의 성패가 결정된다는 경제 개념. 관심경제라고도 하며, 토머스 데븐포트Thomas H. Davenport와 존 벡John C. Beck에 의해 처음으로 개념화 되었다.

2) Internationales Arbeitsamt Genf, *Das Vorgehen gegen Kinderarbeit forcieren* (2010).

3) Beate Andrees · Patrick Belser (Hrsg.), "Forced labor : Coercion and exploitation in the private economy", *International Labor Office*(2009). 이 경영 보고서는 국제노동기구 웹사이트(www.ilo.org)에서 찾아볼 수 있다.

4) Martin Prince, "No health without mental health", *Lancet* 370(2007), 859~877쪽 ; Ronald C. Kessler u. a., "The global burden of mental diseases", *Epidemiologia e Psychiatria Sociale* 18(2009), 23~33쪽 ; "Global Burden of Diseases Study", *Lancet* 380(2012년 12월), 2053~2260쪽.

5) DGB-Index, *Gute Arbeit-Der Report 2010*. 이 보고서는 인프라테스트가 실시한 설문조사를 토대로 한 것이다.

6) DGB-Index, *Gute Arbeit-Der Report 2010*.

7) Robert-Koch-Institut, *GBE Kompakt : Arbeitsbelastungen und Gesundheit*(2011). 독일 질병통제센터의 라르스 크롤Lars Kroll, 슈테판 뮈터스Stephan Mütters, 니코 드라가노Nico Dragano는 독일에 거주하는 18세 이상의 2만 2,000명에게 설문했는데, 이 중에서 1만 3,000여 명이 응답에 참여했다. 이들이 전체 노동자를 대표한다고 보기는 어렵다. 예를 들면 응답자 중에는 조기 은퇴자들과 실업자들도 포함되어 있다. 따라서 이 설문조사는 실제로 고용된 사람들을 대상으로 한 여론조사와는 몇몇 결과에서 어느 정도 차이가 있을 수 있다.

8) DGB-Index, *Gute Arbeit-Der Report 2010*. 이 수치는 두이스부르크-에센 대학이 IT업계 종사자들을 대상으로 실시한 설문조사의 결과와 비슷하다. 2001년에는 자기 일을 계속 할 수 있을 같다고 응답한 비율이 57%였다면, 2009년에는 37%만이 긍정적으로 답했다. IAQ-Report, *Institut Arbeit und Qualifikation der Uni-*

versität Duisburg-Essen(2010).

9) Robert-Koch-Institut, *GBE Kompakt : Arbeitsbelastungen und Gesundheit*, 표 2.

10) Robert-Koch-Institut, *GBE Kompakt : Arbeitsbelastungen und Gesundheit*, 표 3.

11) Statistisches Bundesamt, *Bevölkerung mit Migrationshintergrund*(2012). 학교를 제대로 마치지 못했거나 직업교육을 받지 못한 젊은 사람들의 비율은 Georg Cremer, "Der Reform zweiter Teil. Es braucht eine Arbeitsmarktpolitik für gering Qualifizierte", *Herder Korrespondenz* 60(2006), 26〜29쪽에서 인용.

12) 2013년의 취업자와 실업자의 수치는 Bundesagentur für Arbeit, "Der Arbeits- und Ausbildungsmarkt in Deutschland", *Monatsbericht Januar 2013*(www.arbeitsagentur. de); Statistisches Bundesamt, *Qualität der Arbeit*(2012) 참조.

13) Institut für Demoskopie Allensbach, *Vorwerk Familienstudie 2012. Ergebnisse einer repräsentativen Bevölkerungsumfrage zur Familienarbeit in Deutschland*(2012).

14) 노동청 보고에 따르면 분기마다 실업수당이 적용되는 실업자의 비율은 5.3%에 이른다. Bundesagentur für Arbeit, *Der Arbeits-und Ausbildungsmarkt in Deutschland* (2013년 1월). www.arbeitsagentur.de.

15) 주당 평균 근무시간은 조사와 방법에 따라 약간의 차이를 보인다. Statistisches Bundesamt, *Qualität der Arbeit* ; *Stressreport Deutschland 2012*. 유럽에서 주당 가장 적게 일하는 사람은 프랑스와 핀란드의 정규직이고(39.7시간), 가장 많이 일하는 사람은 그리스 노동자(44.6시간)와 루마니아 노동자(44시간)다.

16) 이에 대해서도 마찬가지로 통계마다 약간의 차이가 있다. Statistisches Bundesamt, *Qualität der Arbeit* ; *Stressreport Deutschland 2012*(이 보고서는 Andrea Lohmann-Haislah와 동료들이 작성했고, 베를린 산업안전보건부가 2013년 1월에 발간했다. www.baua.de/dok/3430796 참조).

17) *Stressreport Deutschland 2012* ; Statistisches Bundesamt, *Qualität der Arbeit*.

18) *Stressreport Deutschland 2012* ; Statistisches Bundesamt, *Qualität der Arbeit* ; Bundesministerium für Arbeit und Soziales, *Psychische Gesundheit im Betrieb*. 독일 연방노동사회부는 2011년 기준, 전체 노동자의 60%가 주 40시간 이상을 일한다

고 보고했다. 본문에 제시된 수치는 〈2012년 독일 스트레스 보고서Stressreport Deutschland 2012〉를 인용한 것으로, 이는 주당 초과근무 시간과 비교할 때 차이가 있고, 월급 노동자와 관계된 수치다. 또 다른 연구 방식은 (종일제 노동자나 시간제 노동자를 구별하지 않고) 주 10시간 이상 초과근무하는 사람들을 조사한 것으로, 여기에는 모든 고용인의 20%가 해당된다. DGB-Index, *Gute Arbeit-Arbeitshetze, Arbeitsintensivierung, Entgrenzung*(2012) 참조(이 보고서는 2011년 독일 본 사회조사센터Das Umfragezentrum Bonn에서 실시한 설문조사를 토대로 한 것이다).

19) *Stressreport Deutschland 2012*; Bundesministerium für Arbeit und Soziales, *Psychische Gesundheit im Betrieb*; Robert-Koch-Institut, *GBE Kompakt : Arbeitsbelastungen und Gesundheit*; Hans-Jürgen Urban·Klaus Pickshaus, "Prekäre oder regulierte Flexibilität? Eine Positionsbestimmung", *Fehlzeitenreport*(2012). 독일 연방노동사회부 조사(2011)에서 드러난, 토요일과 일요일, 공휴일에도 일하면서 주당 초과근무를 하는 노동자의 비율은 여기서 인용한 〈2012년 독일 스트레스 보고서〉의 수치와 편차가 있다. 또한 독일 질병통제센터의 조사(2011)와 우르반과 픽스하우스의 조사(Hans-Jürgen Urban·Klaus Pickshaus, "Prekäre oder regulierte Flexibilität? Eine Positionsbestimmung")와도 (무엇보다 교대근무와 관련해) 수치상 차이가 있다. 이는 누구를 대상으로 조사했느냐에 따라 달라진다(예를 들면 월급 노동자 대 고용인 대 인구).

20) Bundesministerium für Arbeit und Soziales, *Psychische Gesundheit im Betrieb*; Statistisches Bundesamt, *Niedriglohn und Beschäftigung 2010*(2012).

21) Statistisches Bundesamt, *Niedriglohn und Beschäftigung 2010*.

22) Bundesministerium für Arbeit und Soziales, *Psychische Gesundheit im Betrieb*.

23) Bundesministerium für Arbeit und Soziales, *Psychische Gesundheit im Betrieb*.

24) Statistisches Bundesamt, *Niedriglohn und Beschäftigung 2010*.

25) Statistisches Bundesamt, *Niedriglohn und Beschäftigung 2010*.

26) Statistisches Bundesamt, *Qualität der Arbeit*.

27) Hans-Jürgen Urban · Klaus Pickshaus, "Prekäre oder regulierte Flexibilität? Eine Positionsbestimmung".

28) Statistisches Bundesamt, *Qualität der Arbeit*.

29) Johannes Siegrist u. a., *Psychosoziale Arbeitsbelastungen und Gesundheit bei Erwerbstätigen : Eine europäische Vergleichsstudie*(Hans Böckler Stiftung, 2009).

30) Bundesregierung, *Armuts- und Reichtumsbericht*(2012).

31) Statistisches Bundesamt, *Niedriglohn und Beschäftigung 2010*.

32) Bundesregierung, *Armuts- und Reichtumsbericht*.

33) *Stressreport Deutschland 2012* ; Statistisches Bundesamt, *Qualität der Arbeit*.

34) 자영업자들(중소규모로 자기 사업을 하는 사람, 의사 등) 중에 주 48시간 이상 일하는 사람은 57%이다. 개원 의사의 근무시간은 평균적으로 일주일에 58시간이고, 종합병원 등의 전문의는 주당 55시간 일하는 것으로 나타났다. Infas-Umfrage im Auftrag von Kassenärztlicher Bundesvereinigung und Virchow-Bund, *Die Welt* (2012년 6월 6일).

35) Marianna Virtanen u. a., "Overtime work as a predictor of major depressive episode", *PLoS One* 7 : e30719. doi : 10.1371/journal. pone.0030719.

36) Marianna Virtanen u. a., "Overtime work as a predictor of major depressive episode".

37) Statistisches Bundesamt, *Qualität der Arbeit*.

38) 종업원 관련 수치는 〈2012년 독일 스트레스 보고서〉에서 인용했다. 자영업자의 경우에는 수치상 차이가 난다. 이에 대해서는 다음을 참조. *Stressreport Deutschland 2012* ; Institut für Demoskopie Allensbach, *Vorwerk Familienstudie 2012* ; Die Welt, *Berufung auf Zahlen des Hightech-Verbandes Bitcom und des DGB*(2012년 6월 13일).

39) Institut für Demoskopie Allensbach, *Vorwerk Familienstudie 2012*.

40) Statistisches Bundesamt, *Qualität der Arbeit*.

41) Statistisches Bundesamt, *Qualität der Arbeit*.

42) Robert-Koch-Institut, *GBE Kompakt : Arbeitsbelastungen und Gesundheit*, 표3.

43) Statistisches Bundesamt, *Qualität der Arbeit*, 60쪽.

44) IAQ-Report, *Institut Arbeit und Qualifikation der Universität Duisburg-Essen*.

45) Statistisches Bundesamt, *Qualität der Arbeit*, 62쪽.

46) Bärbel Meschkutat u. a., *Der Mobbing-Report?Repräsentativstudie für die Bundesrepublik Deutschland*(Wissenschaftsverlag NRW : Dortmund, 2002) ; Statistisches Bundesamt, *Qualität der Arbeit*.

47) Bärbel Meschkutat u. a., *Der Mobbing-Report-Repräsentativstudie für die Bundesrepublik Deutschland* ; Reinhold S. Jäger, "Mobbing von Lehrkräften"(독일 코블렌츠 대학 경험교육연구소의 원고).

48) Statistisches Bundesamt, *Qualität der Arbeit* ; Wolfgang Hien, "Arbeitsverhältnisse und Gesundheitszerstörung der Arbeitenden. Eine Forschungsskizze am Beispiel der Entwicklung in Deutschland seit 1970", *Soziale Geschichte Online* 5(2011), 64~113쪽.

49) DGB-Index, *Gute Arbeit-Arbeitshetze, Arbeitsintensivierung, Entgrenzung*. 업무의 누적화, 가속화와 깊이 연관된 직업군은 건축업(73%), 보건 및 사회복지업(68%), 정보통신(67%)이 있다.

50) DAK(Deutsche Angestellten Krankenkasse), *Gesundheitsreport*(Hamburg, 2012) ; Robert-Koch-Institut, *GBE Kompakt : Arbeitsbelastungen und Gesundheit*. DAK와 DGB의 수치가 다른 것은 조사 대상이 다르기 때문이다. DAK는 성인 인구를 대상으로 했고, DGB는 고용인들을 대상으로 했다.

51) DGB-Index, *Gute Arbeit-Arbeitshetze, Arbeitsintensivierung, Entgrenzung*. 시간, 기한에 쫓기는 직업군은 숙박업(70%), 보건 및 사회복지업(65%), 건축업(60%)이다.

52) Bundesministerium für Arbeit und Soziales, *Psychische Gesundheit im Betrieb* ; IAQ-Report, *Institut Arbeit und Qualifikation der Universität Duisburg-Essen*, 그림 3.

53) Bundesministerium für Arbeit und Soziales, *Psychische Gesundheit im Betrieb*.

54) Bundesministerium für Arbeit und Soziales, *Psychische Gesundheit im Betrieb*.

55) Johannes Siegrist u. a., *Psychosoziale Arbeitsbelastungen und Gesundheit bei Erwerbstätigen : Eine europäische Vergleichsstudie*(Hans Böckler Stiftung, 2009).

56) Statistisches Bundesamt, *Niedriglohn und Beschäftigung 2010*(2012) ; Holger Pfaff, *Beruflicher Stress : Ursachen und Vermeidungsstrategien*(Skript, 2011).

57) Robert-Koch-Institut, *GBE Kompakt : Arbeitsbelastungen und Gesundheit.*

58) TK(Techniker Krankenkasse), *Gesundheitsreport 2012 : Mobilität, Flexibilität, Gesundheit*(2012), 47~48쪽.

59) TK, *Gesundheitsreport 2012 : Mobilität, Flexibilität, Gesundheit.*

60) Bundesministerium für Arbeit und Soziales, *Psychische Gesundheit im Betrieb.*

61) Wissenschaftliches Institut der AOK, *Fehlzeitenreport*(2012).

62) 〔옮긴이주〕상대적으로 부가가치가 높은 일을 하는 직장인들이 주로 가입하는 보험사라고 한다.

63) TK(Techniker Krankenkasse), *Gesundheitsreport 2012 : Mobilität, Flexibilität, Gesundheit.* 이 보고서는 업무의 질과 이동 거리가 밀접한 관계가 있음을 보여준다.

64) Robert-Koch-Institut, *GBE Kompakt : Arbeitsbelastungen und Gesundheit.*

65) Christine M. Hoehner u. a., "Commuting distance, cardiorespiratory fitness, and metabolic risk", *American Journal of Preventive Medicine*, doi : 10.1016/j.amepre. 2012.02.020.

66) Robert-Koch-Institut, *Studie zur Gesundheit Erwachsener in Deutschland* (DEGS, 2012).

67) Marianna Virtanen u. a., "Overtime work as a predictor of major depressive episode".

68) Robert-Koch-Institut, *GBE Kompakt : Arbeitsbelastungen und Gesundheit.*

69) 남성의 경우에는 공무원이 일반 사무직 종사자들보다 더 건강을 해치고 있다. Robert-Koch-Institut, *GBE Kompakt : Arbeitsbelastungen und Gesundheit.*

70) Hans-Böckler-Stiftung, "Psychosoziale Arbeitsbelastungen und Gesundheit bei älteren Erwerbstätigen", *Eine europäische Vergleichsstudie*, Projekt 2-2007-997-4 (2009).

71) Joachim Bauer, *Lob der Schule*(Hamburg : Hoffmann und Campe, 2007) ; Ders., "Beziehungen gestalten—Konflikte entschärfen. Coaching für Lehrergruppen. Ein

Manual", *Psychologie Heute compact* 16(2007), 90∼95쪽 ; Ders., "Die Freiburger Schulstudie" ; Ders. u. a., "Correlation between burnout syndrome and psychological and psychosomatic symptoms among teachers" ; Ders. u. a., "Working conditions, adverse events and mental health problems in a sample of 949 German teachers", *International Archives of Occupational and Environmental Health* 80(2007), 442∼449 쪽 ; Ders. u. a., *Gesundheitsprophylaxe für Lehrkräfte—Manual für Lehrer-Coachinggruppen nach dem Freiburger Modell*(Selbstverlag der TU Dresden : 2007) ; Thomas Unterbrink u. a., "Burnout and effort-reward-imbalance in a sample of 949 German teachers" ; Ders. u. a., "Parameters influencing health variables in a sample of 949 German teachers" ; Ders. u. a., "Improvement in school teachers' mental health by a manual-based psychological group program" ; Ders. u. a., "Burnout and effort-reward-imbalance improvement for teachers by a manual-based group program". 우리가 한 조사에 따르면 개신교 목사는 교직원들에 비해 직업상의 스트레스를 덜 받는다. Joachim Bauer u. a., "Belastungserleben und Gesundheit im Pfarrberuf", 460∼466쪽. 그리고 우리 연구진은 독일 질병통제센터의 지원을 받아 교직원을 대상으로 예방 프로그램을 연구했다. Ders. u. a., *Gesundheitsprophylaxe für Lehrkräfte? Manual für Lehrer-Coachinggruppen nach dem Freiburger Modell*. 이 프로그램의 효과는 다음을 참조. Thomas Unterbrink u. a., "Improvement in school teachers' mental health by a manual-based psychological group program".

72) Robert-Koch-Institut, *Studie zur Gesundheit Erwachsener in Deutschland*.

73) Robert-Koch-Institut, *Studie zur Gesundheit Erwachsener in Deutschland*. 번아웃 증후군(이에 대해서는 제4장 참조)은 높은 사회 계층에 속한 사람들에게서 더 강하게 나타난다. 반대로 우울증은 사회적 지위가 낮은 사람들에게서 나타난다. 이 것은 부분적으로 차이가 있는 것으로 보이는데, 진단을 어떻게 내리느냐에 따라 달라질 수 있기 때문이다.

74) Hans-Jürgen Urban u. a., "Das Handlungsfeld psychische Belastungen", Lothar Schröder und Hans-Jürgen Urban (Hrsg.), *Jahrbuch Gute Arbeit*(Bund Verlag,

2012).

75) *Salzburger Nachrichten*(2012년 4월 12일).

76) IAQ-Report, Institut Arbeit und Qualifikation der Universität Duisburg-Essen, 일반 사람들 중에 만성적 소진의 증상을 보이는 비율은 6%이다. Yve Stöbel-Richter u. a., *Prävalenz von psychischer und physischer Erschöpfung in der deutschen Bevölkerung und deren Zusammenhang mit weiteren psychischen und somatischen Beschwerden*(2013).

77) DAK, *Gesundheitsreport*(Hamburg, 2012).

78) Yve Stöbel-Richter u. a., *Prävalenz von psychischer und physischer Erschöpfung in der deutschen Bevölkerung und deren Zusammenhang mit weiteren psychischen und somatischen Beschwerden*.

79) Hans-Martin Hasselhorn und Matthias Nübling, "Arbeitsbedingte psychische Erschöpfung bei Erwerbstätigen in Deutschland", *Arbeitsmedizin, Sozialmedizin, Umweltmedizin* 39(2004), 568~576쪽.

80) Institut für Demoskopie Allensbach, *Vorwerk Familienstudie 2012. Ergebnisse einer repräsentativen Bevölkerungsumfrage zur Familienarbeit in Deutschland*.

81) IAQ-Report, *Institut Arbeit und Qualifikation der Universität Duisburg-Essen*.

82) DAK, *Gesundheitsreport*(2009).

83) DAK, *Gesundheitsreport* (2009).

84) Wissenschaftliches Institut der AOK, *Fehlzeitenreport*에서 인용. 이 수치는 보험사마다 약간씩 다르다.

85) 몇몇 보험사에서는 휴직 일수가 더 길다(최고 40일). 이 수치도 Wissenschaftliches Institut der AOK, *Fehlzeitenreport*에서 인용했다.

86) Bundesministerium für Arbeit und Soziales, *Psychische Gesundheit im Betrieb* ; Wissenschaftliches Institut der AOK, *Fehlzeitenreport* ; Heinz Kowalski, *Burnout im Gesundheitswesen*(Institut für Betriebliche Gesundheitsförderung, 2011).

87) Wissenschaftliches Institut der AOK, *Fehlzeitenreport* ; Bundesministerium für Arbeit

und Soziales, *Psychische Gesundheit im Betrieb.*

88) DAK, *Gesundheitsreport*(2012). 가장 빈번한 정신 질환 진단은 우울증에 가까운 증후군이다. 더 이상 일을 할 수 없는 경우들 가운데 우울증 반응을 보인 경우가 1.3%, '우울증기'로 접어들었다는 진단을 받은 경우가 1.2%로 나타났다.

89) Johannes Siegrist u. a., *Psychosoziale Arbeitsbelastungen und Gesundheit bei Erwerbstätigen : Eine europäische Vergleichsstudie.* 우울증 장애의 배경과 진행 과정에 대한 상세한 설명은 Joachim Bauer, *Das Gedächtnis des Körpers. Wie Beziehungen und Lebensstile unsere Gene steuern*(Frankfurt : Piper, 2004) 참조. 업무 스트레스가 우울증의 발생 원인 가운데 하나다. 역으로 우울증은 직장인이 스트레스를 더 많이 겪게 만든다. 직장에서의 스트레스와 우울증은 쌍방 관계다. 우울증은 일반 사람들에게(남성들보다는 여성들에게) 널리 퍼져 있다. 우울증 환자의 삶을 살펴보면 우울증은 나이에 따라 달라진다. 4%(젊은이)~9%(나이 든 사람)의 남성이 우울증을 앓고 있고, 8%(젊은이)~20%(나이 든 사람)의 여성이 우울증에 시달리고 있다. Robert-Koch-Institut, *Studie zur Gesundheit Erwachsener in Deutschland.* 여기서 '젊은이'의 나이는 18~29세이고, '나이 든 사람'은 45~64세이다. '여기에 포함되지 않은 사람들'의 나이는 30~44세이다. 만약 특정 세대를 선정하고 우울증 비율을 살펴본다면 2%(젊은이)~6%(나이 든 사람)의 남성이, 5%(젊은이)~12%(나이 든 사람)의 여성이 우울증을 앓고 있다. 전체 인구 비율로 보면 우울증 환자는 6% 정도 되며, 전체 성인 가운데 남성의 8%, 여성의 14%가 우울증을 앓고 있고, 남성의 9%, 여성의 20%가 불안 장애를 겪고 있다. 그리고 남성의 7%, 여성의 15%가 심신의 고통을 안고 있으며, 남성의 7%, 여성의 2%가 중독 증세를 갖고 있다. 결과적으로 18~65세의 독일 성인들 중 31%가 한 가지 정신 장애를 앓고 있는 셈이다. Frank Jacobi u. a., "Psychische Störungen in der deutschen Allgemeinbevölkerung", *Bundesgesundheitsblatt, Gesundheitsforschung, Gesundheitsschutz* 47(2004), 736~744쪽.

90) Johannes Siegrist u. a., *Psychosoziale Arbeitsbelastungen und Gesundheit bei Erwerbstätigen* ; DAK, *Gesundheitsreport*(2012).

91) Johannes Siegrist u. a., *Psychosoziale Arbeitsbelastungen und Gesundheit bei Erwerbstä-tigen*. 우울증의 증후군을 갖고 있다고 해서 모두가 우울증 환자가 되는 것은 아니다.

92) Hans-Jürgen Urban · Kollegen, *Das Handlungsfeld psychische Belastungen*.

93) DAK, *Gesundheitsreport*(2012). 또한 낮은 교육 수준도 우울증에 시달릴 위험을 (좋지 않은 근무 환경에 놓일 위험도) 높일 수 있다. Johannes Siegrist u. a., *Psycho-soziale Arbeitsbelastungen und Gesundheit bei Erwerbstätigen*.

94) 독일에서 우울증의 위험이 높은 직업군으로는 의사, 특히 정신과 의사가 있다. 이미 언급한 것처럼, 전체 인구 가운데 우울증 증세를 보이는 비율이 대략 6%인 반면에, 개원 의사뿐만 아니라 정신과 의사 중에 우울증 증세를 보이는 비율은 20%를 웃돌아 거의 3배 차이가 난다(물론 브라운-Braun의 연구를 전적으로 신뢰할 수는 없다). 전체 인구 가운데 6~7%가 향정신성 약을 복용하는 반면에 정신과 의사들 중 최대 13%, 동네 의원 의사들 가운데 17% 이상이 향정신성 약을 복용한다. 2008년에 발표된 브라운 연구에 따르면 정신과 의사들 중 9%가 향정신성 약을 복용하고 있고, 2012년 연구에서는 이 수치가 13% 이상으로 상승했다(두 연구 모두 공신력이 떨어진다). 그리고 정신과 의사들 가운데 4~10%가 위험할 정도로 술을 마시고 있는 것으로 나타났다. Michael Unrath, u. a., "Psychische Gesundheit von Hausärzten in Rheinland-Pfalz", *Deutsches Ärzteblatt* 109(2012), 201~207쪽 ; Maxi Braun u. a., "Burnout, Depression und Substanzgebrauch bei deutschen Psychiatern und Nervenärzten", *Nervenheilkunde* 27(2008), 800~804쪽 ; Ders. u. a., "Depression, burnout and effort-reward-imbalance among psychia-trists", *Psychotherapy and Psychosomatics* 79(2010), 326~327쪽.

95) 이에 대한 개괄적인 설명은 Joachim Bauer, *Das Gedächtnis des Körpers. Wie Bezie-hungen und Lebensstile unsere Gene steuern* 참조.

96) Johannes Siegrist u. a., *Psychosoziale Arbeitsbelastungen und Gesundheit bei Erwerbstä-tigen*.

97) Johannes Siegrist u. a., *Psychosoziale Arbeitsbelastungen und Gesundheit bei Erwerbstä-

tigen.

98) Statistisches Bundesamt, *Qualität der Arbeit* TK, *Gesundheitsreport 2012*의 보고서는 이보다 더 높게 잡고 있다.

99) Statistisches Bundesamt, *Qualität der Arbeit.* TK, *Gesundheitsreport 2012*의 보고서에서는 장기 입원 일수가 더 높게 나타났고, 2006 · 2007 · 2008년의 이들 보고서에서는 우울증 증세인 의기소침으로 인한 입원 일수가 이와 비슷한 것으로 나타났다.

100) TK, *Gesundheitsreport 2012 : Arbeitsunfähigkeiten.*

101) DAK, *Gesundheitsreport*(2012) ; Heinz Kowalski, *Burnout im Gesundheitswesen.*

102) DAK, *Gesundheitsreport*(2012).

103) 독일보험의사협회와 비르호브연합단체Virchow-Bund가 함께 1만 명의 의사들을 대상으로 실시한 인파스 여론조사에서, 응답자의 50%가 진료를 마치고 퇴근하면 "완전히 지친 느낌"이라고 답했고, 30%는 "탈진 상태"라고 답했다(이것은 번아웃 증후군과는 다르다). "Jeder dritte Arzt fühlt sich ausgebrannt", *Die Welt*(2012년 6월 6일) 참조.

104) 우리 연구진이 실시한 연구조사에 따르면 교직 종사자들 가운데 30%가 번아웃 증후군에 비견될 만한 상황에 처해 있고, 20%가 의사의 진단이 필요할 정도의 스트레스를 받고 있다.

105) Robert-Koch-Institut, *GBE Kompakt : Arbeitsbelastungen und Gesundheit.*

106) Anette Dowideit · Flora Wisdorff, "Beitrag zu den neuesten Zahlen der Deutschen Rentenversicherung zu deren Frühberentungsstatistiken"('Mit Wellness gegen die Frührente'), *Welt*(2012년 12월 30일), 27쪽 ; Bundesministerium für Arbeit und Soziales, *Psychische Gesundheit im Betrieb.*

107) Map-Report. 경제학자이자《매니저 매거진, 기업 자문Manager Magazin, Unternehmensberater》의 편집위원을 역임한 만프레트 포벨라이트Manfred Poweleit가 발행한 통계자료집은 이 책과 맥을 같이한다.

108) *Stressreport Deutschland 2012.*

109) 2013년 1월 10일자 《디 벨트Die Welt》지에 게재된 경영자연합회 대표 디터 훈
트Dieter Hundt의 인터뷰 기사 참조.

제4장 번아웃, 우울증, 스트레스

1) Wolfgang P. Kaschka, "Mode-Diagnose Burnout", *Deutsches Ärzteblatt* 108(2011
년 11월 18일), 781~787쪽 ; Jörg Blech, "Schwermut ohne Scham", *Der Spiegel*
6(2012), 122~131쪽.

2) 번아웃 증후군과 관련하여 매번 '신경쇠약'이 언급된다(Jörg Blech, "Schwermut
ohne Scham", *Der Spiegel*). 신경쇠약에 대한 최초의 진단은 미국의 신경학자 조
지 밀러 비어드George Miller Beard(1839~1883)로 거슬러 올라간다〔George M.
Beard, "Neurasthenia, or nervous exhaustion", *Boston Medical and Surgical Journal*
80(1869), 217~222쪽〕. 우울증이라는 개념이 정립되지 않았던 18세기에 비어
드는 '신경쇠약'으로 나타나는 증상(신체적·정신적 피로, 무기력, 불안, 두통, 성
기능 저하)의 원인이 도시의 증가, 현대의 문명 생활, 스트레스와 성과 압박이라
고 보았다. 진보적인 의학자였던 비어드는 정신병 환자 보호를 위해 노력했고, 사
형제 폐지를 위해 애쓰기도 했다. 비어드의 지적처럼 도시화와 정신 질환 간의 상
관관계는 최근에 와서야 본격적으로 과학적으로 규명되었다. 그중 독일 만하임의
뇌 과학자인 안드레아스 마이어-린덴베르크의 연구팀이 발표한 연구결과가 인
상적이다. Florian Lederbogen u. a., "City living and urban upbringing affect neural
social stress processing in humans", *Nature*, doi : 10.10038/nature10.190, Vol. 474 :
498~501(2011).

3) "번아웃은 의학적으로 의미가 없다고 합니다. 왜냐하면 주목할 만하다고 여겨졌
던 번아웃이 실은 우울증과 동일한 것이기 때문입니다"라는 저명한 정신과 전문
의의 언급이 《슈피겔Der Spiege》지에서 인용되었다. Jörg Blech, "Schwermut ohne
Scham", *Der Spiegel*.

4) DGPPN(Deutsche Gesellschaft für Psychiatrie, Psychotherapie und Nerven-heilkunde), "Positionspapier zum Thema Burnout", *Der Nervenarzt* 4(2012), 535~542쪽 ; Mathias Berger u. a., "Burn-out ist keine Krankheit", *Deutsches Ärzteblatt* 109(2012), B610~B612.

5) Sandra Dietrich u. a., "Depression in the Workplace : A systematic review of evidence-based prevention strategies", *International Archives of Occupational and Environmental Health* 85(2012), 1~11쪽 ; Peter Falkai · Oliver Gruber, "Nachholbedarf bei betrieblicher Gesundheitsförderung in Deutschland", *Der Nervenarzt* 4(2012), 535~537쪽.

6) 우리 연구진은 수년 전부터 직업에서의 건강 문제에 몰두했고 연구 성과물을 국제 학술지에 꾸준히 발표했다. Joachim Bauer, "Die Freiburger Schulstudie", 259~264쪽 ; Ders. u. a., "Correlation between burnout syndrome and psychological and psychosomatic symptoms among teachers" ; Ders. u. a., "Working conditions, adverse events and mental health problems in a sample of 949 German teachers", *International Archives of Occupational and Environmental Health* 80(2007), 442~449쪽 ; Thomas Unterbrink u. a., "Burnout and effort-reward-imbalance in a sample of 949 German teachers" ; Ders. u. a., "Parameters influencing health variables in a sample of 949 German teachers" ; Ders. u. a., "Improvement in school teachers' mental health by a manual-based psychological group program" ; Ders. u. a., "Burnout and effort-reward- imbalance improvement for teachers by a manual-based group program" ; Ders. u. a., "A manual-based group program to improve mental health : what kind of teachers are interested and who stands to benefit from this program?", *International Archives of Occupational and Environmental Health*, doi : 10.1007/s00420-012-0832-y(2012) ; Uwe Rose u. a., "Intention as an indicator for subjective need : A new pathway in need assessment", *Journal of Occupational Medicine and Toxicology* 5(2010), 20쪽 ; Linda Zimmermann u. a., "Mental health and patterns of work-related coping behaviour in a German sample of student teachers : a cross-sectional

study", *International Archives of Occupational and Environmental Health*.

7) 레빈의 리더십 관련 주제와 도미 이후의 연구 성과는 이 책의 논의에서 벗어나므로 다루지 않겠다.

8) Anitra Karsten, "Psychische Sättigung", *Psychologische Forschung* 10(1928), 142~254쪽 ; Kurt Lewin, "Die Bedeutung der 'Psychischen Sättigung' für einige Probleme der Psychotechnik", *Psychotechnische Zeitschrift* 3(1928), 182~188쪽 ; Helmut E. Lück, "Anfänge der Wirtschaftspsychologie bei Kurt Lewin", *Gestalt Theory* 33(2011), 91~114쪽 ; Marianne Soff, "Von der psychischen Sättigung zur Erschöpfung des Berufswillens. Kurt Lewin und Anitra Karsten als Pioniere der Burn-out-Forschung", *Gestalt Theory* 33(2011), 183~200쪽.

9) 〔옮긴이주〕유의성誘意性이란 어떤 일이나 사건에 따라 일정한 태도를 취하도록 요구하는 자극으로, 마음을 끄는 적극적 유의성과 반발을 유도하는 소극적 유의성이 있다.

10) Kurt Lewin, "Die Bedeutung der 'Psychischen Sättigung' für einige Probleme der Psychotechnik". Marianne Soff, "Von der psychischen Sättigung zur Erschöpfung des Berufswillens. Kurt Lewin und Anitra Karsten als Pioniere der Burn-out-Forschung"에서 인용.

11) Anitra Karsten, "Psychische Sättigung". Marianne Soff, "Von der psychischen Sättigung zur Erschöpfung des Berufswillens. Kurt Lewin und Anitra Karsten als Pioniere der Burn-out-Forschung"에서 인용. 본문의 고딕체는 카르스텐이 강조한 것이다.

12) Kurt Lewin, "Die Bedeutung der 'Psychischen Sättigung' für einige Probleme der Psychotechnik". Marianne Soff, "Von der psychischen Sättigung zur Erschöpfung des Berufswillens. Kurt Lewin und Anitra Karsten als Pioniere der Burn-out-Forschung"에서 인용.

13) Anitra Karsten, "Psychische Sättigung". Marianne Soff, "Von der psychischen Sättigung zur Erschöpfung des Berufswillens. Kurt Lewin und Anitra Karsten als Pioniere der Burn-out-Forschung"에서 인용.

14) Kurt Lewin, "Die Bedeutung der 'Psychischen Sättigung' für einige Probleme der Psychotechnik". Marianne Soff, "Von der psychischen Sättigung zur Erschöpfung des Berufswillens. Kurt Lewin und Anitra Karsten als Pioniere der Burn-out-Forschung"에서 인용.

15) 〔옮긴이주〕수정의 밤(1938년 11월 9일~10일)은 나치가 독일 전역의 수만 개에 이르는 유대인 가게를 약탈하고 수백여 개의 유대교 회당에 불을 지른 날로, 당시 깨진 유대인 상점 진열창의 파편들이 반짝거리며 거리를 메웠다고 해서 '수정'의 밤 사건으로 불린다.

16) 〔옮긴이주〕테오도어 라이크는 프로이트의 지도하에 심리학 학위를 받은 오스트리아 출신의 정신분석가로 나치를 피해 미국으로 망명했고, 정신분석가를 위한 국립심리학회National Psychological Association for Psychoanalysis의 창단 멤버로 활동했다.

17) Julie S. Darnell, "Free Clinics in the United States", *Archives of Internal Medicine* 170(2010), 946~953쪽.

18) Herbert J. Freudenberger, "Staff Burn-out", *Journal of Social Issues* 30(1974), 159~165쪽.

19) Herbert J. Freudenberger, "Staff Burn-out", *Journal of Social Issues*.

20) 이를 풀이하면 '타인에게 뭔가를 주고 타인을 위해 뭔가를 하려는 충동 혹은 마음ein Bedürfnis anderen etwas zu geben, für andere etwas zu tun'이다.

21) Herbert J. Freudenberger, "Staff Burn-out", *Journal of Social Issues*.

22) 프로이덴베르거에 관한 전기는 Wilmar B. Schaufeli u. a., "Burnout : 35 years of research and practice", *Career Development International* 14(2009), 204~220쪽 참조.

23) Christina Maslach, "Burned-out", *Human Behavior* 9(1976), 16~22쪽.

24) 〔옮긴이주〕스탠퍼드 감옥 실험은 1971년 스탠퍼드 대학 심리학과의 필립 짐바도 교수가 수감자와 교도관의 심리적 어려움을 이해하고, 인간이 견딜 수 있는 스트레스의 한계치를 측정하며, 권위에 대한 인간 복종의 심리를 파헤치기 위해 수행한 심리 역할 실험이다. 70명의 지원자 중 대학생인 24명이 선발되어 죄수

와 교도관 역을 맡았으며 스탠퍼드 대학 심리학과 건물 지하에 있는 가짜 감옥에서 생활했다. 그들은 자기 역할에 예상보다 잘 적응해, 교도관들은 권위적으로 행동했고 심지어 가혹 행위까지 했다. 2주간 진행하기로 예정된 실험이었으나 가상의 상황이 통제 불능으로 치닫자 모든 실험은 6일 만에 종료되었다. 실험의 진행 상황과 결과에 대해서는 아직까지도 논쟁의 여지가 많다.

25) 필립 짐바도는 필자와의 대화에서 감옥 실험을 중단하게 되는 데에는 아내인 매슬랙의 조언이 큰 역할을 했다고 털어놓았다.

26) 이에 대해서는 Christina Maslach u. a., "Job Burnout", *Annual Review of Psychology* 52(2001), 397~422쪽 ; Wilmar B. Schaufeli u. a., "Burnout : 35 years of research and practice", *Career Development International* 참조.

27) 의학과 정신의학에서 '증후군'은 증상을 나타내는 군群에 포함된다. 그래서 '증후군'은 진단을 통해 병명이 결정되는 것이 아니라 여러 증상들 가운데 일부분만을 차지한다.

28) 〔옮긴이주〕 비인격화, 또는 이인증Entpersönlichung/Depersonalisation은 자신을 낯설게 느끼거나 자신으로부터 분리, 소외된 느낌을 경험하는 것으로, 자기 자신을 지각하는 데에 이상이 생긴 상태. 이인증을 앓는 사람은 자신의 일에 (전에 없었던) 거부감을 느끼며 무엇보다 대인관계에서 냉소적이고 의심하는 태도를 보이게 된다.

29) Christina Maslach · Susan E. Jackson, "The measurement of experienced burnout", *Journal of Occupational Behavior* 2(1981), 99~113쪽 ; Christina Maslach · Susan E. Jackson, *The Maslach Burnout Inventory (Research edition)*(Palo Alto, CA : Consulting Psychologists Press, 1981b). 현대에 맞게 수정된 진단지는 1996년에 발표되었다 (Christina Maslach u. a., *The Maslach Burnout Inventory (3rd ed.)*(Palo Alto, CA : Consulting Psychologists Press, 1996).

30) 이에 대해서는 Wilmar B. Schaufeli u. a., "Burnout : 35 years of research and practice", *Career Development International* 참조.

31) 이에 대해서는 Wilmar B. Schaufeli u. a., "Burnout : 35 years of research and prac-

tice", *Career Development International* 참조.

32) 〔옮긴이주〕 업무 환경 요인은 상황 요인, 즉 개인에게 주어진 환경과 함께 주변과
   의 관계, 자신이 속한 조직의 관계까지 포괄하는 개념이다.

33) 이에 대해서는 뒤에서 짧게나마 다시 언급하고자 한다. 크리스티나 매슬랙은 개
   인의 위험 요인을 더 다양하게 분석했고, 필자는 이를 제7장에서 다룰 것이다. 그
   녀는 개인의 번아웃 위험 요인으로서 외적 통제 요소external locus of control로
   나타나는 수동적(무의식적) 삶의 방어 자세, 신경증(불안, 적대감, 우울, 정서 불
   안)과 같은, 소위 'A 타입'의(경쟁의식, 높은 지배 욕구, 적대감) 여러 요인들을
   알고 있었다. 이에 대해서는 Christina Maslach u. a., "Job Burnout", *Annual Review
   of Psychology* 52(2001), 397~422쪽 참조.

34) Bundesministerium für Arbeit und Soziales, *Psychische Gesundheit im Betrieb*.

35) 직장인 개인의 건강의 위험에 대해서는 제7장에서 다룰 것이다.

36) Robert A. Karasek, "Job demands, job decision latitude, and mental strain: Implica-
   tions for job redesign", *Administrative Science Quarterly* 24(1979), 285~308쪽.

37) Robert A. Karasek u. a., "The job content questionnaire(JCQ)", *Journal of Occupa-
   tional Health Psychology* 3(1998), 322~355쪽.

38) Robert A. Karasek u. a., "Job decision latitude, job demands and cardiovascular
   disease : a prospective study of Swedish men", *American Journal of Public Health*
   71(1981), 694~705쪽 ; Niklas Gebele, "Zur objektiven Erfassung von Tätigkeits-
   merkmalen nach dem Job Demand-Control Modell", Manuskript. Dissertation an
   der Universität Marburg/Lahn(2009/2010).

39) Robert A. Karasek u. a., "Job decision latitude, job demands and cardiovascular dis-
   ease : a prospective study of Swedish men", *American Journal of Public Health*.

40) 그리스 출신의 에반겔리아 데메루티는 강사로서 오랫동안 위트레흐트와 올덴
   부르크에서 활동했다. 올덴부르크의 카를 폰 오시츠키 대학에 있는 동안 그녀
   는 '올덴부르크 번아웃 목록Oldenburg Burnout Inventory(OLBI)'을 만들어냈
   다. Evangelia Demerouti, *Burnout : Eine Folge konkreter Arbeitsbedingungen bei Dien-*

stleistungs- und Produktionstätigkeiten. Studien zur Arbeits- und Organisationspsycholog ie(Frankfurt a. M. : LangVerlag, 1999).

41) 샤우펠리는 매슬랙과 공동으로 두 편의 중요한 논문을 발표했다. Christina Maslach u. a., "Job Burnout", *Annual Review of Psychology* ; Wilmar B. Schaufeli u. a., "Burnout : 35 years of research and practice", *Career Development International.*

42) Christina Maslach u. a., "Job Burnout" ; Wilmar B. Schaufeli u. a., "Burnout : 35 years of research and practice".

43) 2012년에 실시한 갤럽 여론조사에서 직장인의 23%가 직장과의 연대감이 없다고 답했고, 63%는 약간 있다고 답했다. 2001년 조사에서는 연대감이 없다고 답한 비율이 단 15%였다. 데메루티와 샤우펠리에 따르면 연대감의 결여는 계속해서 소속감의 결여를 낳는다.

44) Evangelia Demerouti u. a., "A model of burnout and life satisfaction among nurses", *Journal of Advanced Nursing* 32(2000), 454~464쪽 ; Ders., u. a., "The job demands-resources model of burnout", *Journal of Applied Psychology* 86(2001), 499~512쪽.

45) Johannes Siegrist, "Adverse health effects of high effort-low reward conditions at work", *Journal of Occupational Health Psychology* 1(1996), 27~43쪽.

46) Mika Kivimäki u. a., "Job Strain as a risk factor for coronary heart disease", *The Lancet*, doi : 10.1016/50140-6736(12)60994-5(2012년 9월 14일). 이 조사에서는 메타분석이 사용되었다.

47) Johannes Siegrist u. a., *Psychosoziale Arbeitsbelastungen und Gesundheit bei Erwerbstätigen : Eine europäische Vergleichsstudie* ; Johannes Siegrist, "Gratifikationskrisen am Arbeitsplatz und ihre Folgen", *11. DGPPN-Hauptstadtsymposium. Berlin 7.3*(2012). 지크리스트가 자신의 모델 연구에 카라섹을 인용했다고 해서 잘못한 것은 아니다. 연구자들은 보통 부분적으로 동료들의 모델들을 사용한다.

48) Johannes Siegrist u. a., *Psychosoziale Arbeitsbelastungen und Gesundheit bei Erwerbstätigen : Eine europäische Vergleichsstudie.*

49) Johannes Siegrist u. a., *Psychosoziale Arbeitsbelastungen und Gesundheit bei Erwerbstätigen : Eine europäische Vergleichsstudie*.

50) Kirsi Ahola u. a., "Contribution to the association between job strain and depression : the health 2000 study", *Journal of Occupational and Environmental Medicine* 48(2006), 1023~1030쪽 ; Johannes Siegrist u. a., *Psychosoziale Arbeitsbelastungen und Gesundheit bei Erwerbstätigen : Eine europäische Vergleichsstudie* ; Renate Rau u. a., *Untersuchung arbeitsbedingter Ursachen für das Auftreten von depressiven Störungen*(BAuA Forschungsbericht F 1865/Dortmund, 2010) ; Marianna Virtanen u. a., "Overtime work as a predictor of major depressive". 르네 라우와 동료들이 진행한 연구에 의하면 '통제(자율)'라는 독립적인 요인이 우울증 위험에 아무런 영향을 끼치지 않는다고 한다. 물론 이것은 그들이 선정한 연구 대상(병원 근무자, 은행의 금융 상품 판매자, 소도시의 시청 사무직원들)이 '통제(자율)' 때문에 많은 부분에서 침해를 당하는 직업(예를 들면 백화점 계산대, 산업단지에서 기계를 다루는 직업)의 종사자가 아니기 때문에 가능한 것이었다.

51) Mika Kivimäki u. a., "Job Strain as a risk factor for coronary heart disease", *The Lancet* ; Eva-Maria Backé, u. a., "The role of psychosocial stress at work for the development of cardiovascular disease-a systematic review", *International Archives of Occupational and Environmental Health* 85(2012), 67~79쪽 ; DAK, *Gesundheitsreport*(2012).

52) DAK, *Gesundheitsreport*(2012).

53) Johannes Siegrist, "Gratifikationskrisen am Arbeitsplatz und ihre Folgen".

54) Johannes Siegrist u. a., *Psychosoziale Arbeitsbelastungen und Gesundheit bei Erwerbstätigen : Eine europäische Vergleichsstudie*.

55) DAK, *Gesundheitsreport*(2012).

56) Johannes Siegrist, *Gratifikationskrisen am Arbeitsplatz und ihre Folgen. 11*.

57) Johannes Siegrist, *Gratifikationskrisen am Arbeitsplatz und ihre Folgen. 11*.

58) Renate Rau u. a., *Untersuchung arbeitsbedingter Ursachen für das Auftreten von depre-*

ssiven Störungen.

59) Johannes Siegrist u. a., *Psychosoziale Arbeitsbelastungen und Gesundheit bei Erwerbstä-tigen : Eine europäische Vergleichsstudie* ; Renate Rau u. a., *Untersuchung arbeits-bedingter Ursachen für das Auftreten von depressiven Störungen?* ; Johannes Siegrist, "*Gratifikationskrisen am Arbeitsplatz und ihre Folgen*". '우울증 증상'은 소위 '경증 우울증', '중증 우울증'으로 분류된다. 라우와 그의 동료들은 '보상' 요인이 중증 우울증을 일으킬 위험이 1.7배 높다고 보고 있다.

60) DAK, *Gesundheitsreport*(2012) ; Eva-Maria Backé u. a., "The role of psychosocial stress at work for the development of cardiovascular disease-a systematic review".

61) DAK, *Gesundheitsreport*(2012) ; Eva-Maria Backé u. a., "The role of psychosocial stress at work for the development of cardiovascular disease-a systematic review".

62) Johannes Siegrist, "*Gratifikationskrisen am Arbeitsplatz und ihre Folgen*".

63) Johannes Siegrist u. a., *Psychosoziale Arbeitsbelastungen und Gesundheit bei Erwerbs-tätigen : Eine europäische Vergleichsstudie* ; Johannes Siegrist, "*Gratifikationskrisen am Arbeitsplatz und ihre Folgen*".

64) 이미 언급한 대로 '이탈'은 (매슬랙의 모델에서의) '이인증'과 유사하지만, 이젠 고객, 의뢰인, 환자에 대한 냉소적이고 거부적인 자세를 포함하기보다는 자신의 일을 거부하는 내적 자세를 의미한다(쿠르트 레빈이 서술한 '심리적 포만 상태'와 비슷하다).

65) 다음 단락에서 거론되는 연구들은 올덴부르크의 번아웃 목록표가 아니라 매슬랙의 번아웃 목록표MBI를 주로 활용했다.

66) Christina Maslach u. a., "Job Burnout", *Annual Review of Psychology* 52(2001), 397~422쪽.

67) Christina Maslach u. a., "Job Burnout", *Annual Review of Psychology*.

68) Kirsi Ahola u. a., "Contribution to the association between job strain and depression : the health 2000 study", *Journal of Occupational and Environmental Medicine*.

69) Wolfgang Hien, "Arbeitsverhältnisse und Gesundheitszerstörung der Arbeitenden.

Eine Forschungsskizze am Beispiel der Entwicklung in Deutschland seit 1970", *Soziale Geschichte Online* 5(2011), 77쪽.

70) Klaus Gebuhr, *Die vertragsärztliche Tätigkeit im Lichte des Burnout- Syndroms*(NAV-Virchow Bund und Brendan-Schmittmann-Stiftung, 2011).

71) Wolfgang Hien, "Arbeitsverhältnisse und Gesundheitszerstörung der Arbeitenden. Eine Forschungsskizze am Beispiel der Entwicklung in Deutschland seit 1970", 77쪽.

72) Marie C. Poncet u. a., "Burnout syndrome in critical care nursing staff", *American Journal of Respiratory and Critical Care Medicine* 175(2007), 698~704쪽. 여기서 연구 대상은 프랑스 간호사들로, 독일의 상황과 큰 차이는 없다.

73) Heinz Kowalski, *Burnout im Gesundheitswesen*(Institut für Betriebliche Gesundheitsförderung, 2011)에서 인용.

74) Kirsi Ahola · Jari Hakanen, "Job strain, burnout, and depressive symptoms". *Journal of Affective Disorders* 104(2007), 103~110쪽 ; Marie C. Poncet u. a., "Burnout syndrome in critical care nursing staff", *American Journal of Respiratory and Critical Care Medicine*.

75) Ad Appels · Erik Schouten, "Burnout as a risk factor of coronary heart disease", *Behavioral Medicine* 17(1991), 53~59쪽.

76) Teija Honkonen u. a., "The association between burnout and physical illness in the general population", *Journal of Psychosomatic Research* 61(2006), 59~66쪽.

77) Teija Honkonen u. a., "The association between burnout and physical illness in the general population", 59~66쪽.

78) Kirsi Ahola u. a., "Burnout as a predictor of all-cause mortality among industrial employees : a 10-year prospective registerlinked study", *Journal of Psychosomatic Research* 69(2010), 51~57쪽.

79) Kirsi Ahola u. a., "Burnout as a predictor of all-cause mortality among industrial employees : a 10-year prospective registerlinked study".

80) 일의 스트레스는 카라섹의 '직무-자율' 불균형으로 측정되었고, 번아웃 증후군

의 발생은 '매슬랙의 번아웃 목록표'로, 우울증은 정신 측정 과정으로 파악될 수
있다. Kirsi Ahola u. a., "Contribution to the association between job strain and de-
pression : the health 2000 study", *Journal of Occupational and Environmental Medi-
cine* ; Kirsi Ahola · Jari Hakanen, "Job strain, burnout, and depressive symptoms",
Journal of Affective Disorders.

81) 남성들에게는 위험이 22배 높았고(!), 여성들에게는 '단지' 약 4배 높았다. Kirsi
Ahola · Jari Hakanen, "Job strain, burnout, and depressive symptoms", *Journal of Af-
fective Disorders.* 전체적인 위험은 7배 높다. Kirsi Ahola u. a., "Contribution to the
association between job strain and depression: the health 2000 study", *Journal of Oc-
cupational and Environmental Medicine.*

82) 우울증 없이 번아웃 증후군을 앓는 사람들의 23%가 3년 내에 우울증으로 발전
한다고 한다. Kirsi Ahola · Jari Hakanen, "Job strain, burnout, and depressive symp-
toms".

83) Christopher J. L. Murray · Alan D. Lopez, "Alternative projections of mortality and
disability by cause 1990∼2020 : Global Burden of Disease Study", *Lancet* 349 :
1498∼1504(1997).

84) Frank Jacobi u. a., "Psychische Störungen in der deutschen Allgemeinbevölkerung",
Bundesgesundheitsblatt, Gesundheitsforschung, Gesundheitsschutz.

85) Renate Rau u. a., *Untersuchung arbeitsbedingter Ursachen für das Auftreten von depre-
ssiven Störungen*에서 인용.

86) 이에 대해서는 Joachim Bauer, *Das Gedächtnis des Körpers. Wie Beziehungen und Leb-
ensstile unsere Gene steuern* 참조.

87) Christina Maslach u. a., "Job Burnout", *Annual Review of Psychology* 52(2001).

제5장 노동 세계에서 '신자본주의 문화'로

1) 〔옮긴이주〕 독일 혁명은 3월 혁명, 빈 혁명, 베를린 혁명 등 1848~1849년에 독일 전 지역에서 벌어진, 혁명적 움직임과 관련된 역사적 사건들을 총칭하는 말이다.

2) 독일제국 시민의 평균 기대수명은 1850년에는 35세였고, 1870년에는 45세였다. 19세기 중엽에 전체 인구 중 65세 이상의 노인은 5% 미만에 불과했다.

3) 테일러와 테일러리즘에 관해서는 Severin Müller, *Phänomenologie und philosophische Theorie der Arbeit*, Bd. 1(Freiburg : Karl Alber Verlag, 1992) ; Michael S. Aßländer, *Bedeutungswandel der Arbeit. Aktuelle Analysen 40*(München : Hanns Seidel Stiftung, 2005) ; Helmut E. Lück, "Anfänge der Wirtschaftspsychologie bei Kurt Lewin", *Gestalt Theory* 33(2011), 91~114쪽 참조.

4) '심리기법'에 대해서는 Uwe Schaarschmidt · Ulf Kieschke, "Differentielle Psychologie im Arbeits- und Berufsbereich", K. Pawlik (Hrsg.), *Theorien und Anwendung der Differentiellen Psychologie, Enzyklopädie der Psychologie, Themenbereich C*, Serie VIII, Bd. 5(Göttingen : Hogrefe, 2004), 741~774쪽 참조.

5) 〔옮긴이주〕 뮌스터베르크(1863~1916)는 독일계 미국 심리학자로, 심리학을 응용해 산업심리학, 법심리학, 의학심리학, 치료심리학, 교육심리학, 비즈니스심리학 등으로 재창조했다.

6) 〔옮긴이주〕 슈테른(1871~1938) 역시 독일계 미국 심리학자로, 심리학과 철학 두 분야의 통합을 시도했으며, 차이심리학, 아동심리학, 청년심리학, 교육심리학에 업적을 남겼다.

7) Helmut E. Lück, "Anfänge der Wirtschaftspsychologie bei Kurt Lewin"에서 인용.

8) 이 중에서 특히 발터 뫼데Walther Moede(1888~1958)를 주목할 만하다. 〔옮긴이주〕 발터 뫼데는 독일의 노동심리학 교수로, 경제심리학과 정신공학을 최초로 정립했다.

9) Helmut E. Lück, "Anfänge der Wirtschaftspsychologie bei Kurt Lewin".

10) 이들을 통해 일반적인 임금 상황이 크게 개선될 수 있었다.

11) Richard Sennett, *The Culture of the New Capitalism*.

12) Richard Sennett, *The Culture of the New Capitalism*, 34쪽.

13) 1944년 여름 미국 뉴햄프셔 브레턴우즈에서 제2차 세계대전 연합국인 44개국의 재무장관, 중앙은행 대표자들이 모여 미국 달러화를 기축 통화로 하는 금환본위제도를 협의했다. 모든 국가들의 통화 시세는 금이나 금을 변환할 수 있는 미국 달러화로 고정되었다. 이와 함께 브레턴우즈에서 합의된 사항은 세계은행과 국제통화기금 창설로 이어졌다. 독일연방공화국은 1949년에 이 협정에 참여했다. 브레턴우즈 협약이 유효했을 때는 국제 자본의 이동이 통제되었다. 베트남 전쟁 이후 금융 문제로 미국은 재정 적자와 달러 인플레이션이라는 힘든 상황에 처했고, 이로 인해 브레턴우즈 협약은 제 기능을 발휘하지 못하게 되었다. 국제 자본 이동의 통제와 금본위제는 1971년에 붕괴되었고, 고정 통화 시세의 체계는 1973년에 막을 내렸다.

14) Richard Sennett, *The Culture of the New Capitalism*. 세넷은 매킨지McKinsey와 같은 경영 컨설팅 회사의 역할을 지적한다. 컨설팅 회사들은 각 기업에 컨설턴트들을 파견한다. 하지만 그들은 다른 직업을 가져본 적이 없고 단지 추천을 받아 기업에 파견된 젊은 경영학자들로, 세넷의 지적에 따르면 기업에 유리한 역할을 하기보다는 오히려 기업 경영을 더 악화하는 경우가 적지 않다.

15) Richard Sennett, *The Culture of the New Capitalism*. 세넷은 한 기업의 가치를 과반수 정도 소유한 투자가들이 자신들의 목적을 관철시키기 위해 급속도로 경영진을 교체하는 것을 '회전문 경영Drehtürmanagement'이라고 규정하고, 이러한 행태가 만연해 있다고 주장한다. 계획적인 잦은 경영진 교체의 결과로, 한 회사에 충성을 다한 장기근속자는 기발한 생각을 인정하지 않는 성향을 유지한 채 자신을 인정해주고 보호해주는 사람들을 떠나보내고 있다.

16) 주의력결핍 과잉행동 장애ADHD는 뇌가 만성적으로 불안해하고, 차분하게 있지 못하고, 매우 자극적인 환경에 생물학적으로 반응하는 것이다. 이 증후군은 아이들이 컴퓨터 화면이나 텔레비전 앞에서 오랜 시간을 보내는 경우에 쉽게 발생할 수 있다.

17) Byung-Chul Han, *Müdigkeitsgesellschaft*.

18) '일하는 동물Arbeitendes Tier'을 뜻하는 라틴어.

제6장 노동과 여가 : 노동과 삶에 영향을 미치는 것에 대한 이론들

1) 이에 대한 개괄적인 설명은 Joachim Bauer, *Schmerzgrenze. Vom Ursprung alltäglicher und globaler Gewalt*(München : Blessing Verlag, 2011)와 제5장 참조.

2) 이에 대해서는 Klaus Schmidt, *Sie bauten die ersten Tempel*(München : C. H. Beck, 2006) ; Ders., "Göbekli Tepe", M. Özdogan · N. Basgelen · P. Kuniholm (Hrsg.), *The Neolithic Turkey*(Istanbul : Archaeology and Art Publications, 2011) 참조.

3) 물론 이 유적지 전체가 아직 발견되지 않았기 때문에 이 결론은 아직까지 열려 있어야 한다.

4) 이곳은 정착이 시작될 때부터 함께한 가부장제를 표현한 사원이었던 같다. 남성의 상징이 인위적으로 새겨진 구조물은 구석기 말엽에 등장한다. 구석기 시대에 이미 가부장제가 만연해 있었다거나 혹은 양성이 평등했음을 나타내는 유적이나 유물은 현재로서는 아무것도 발견된 것이 없다. 하지만 추측건대, 구석기 시대는 여성 중심 사회이지 않았을까 생각한다. 당시의 작은 입상을 보면 여성성이 매우 세밀하게 강조되어 있기 때문이다.

5) 이에 대한 개괄적인 설명은 Joachim Bauer, *Schmerzgrenze. Vom Ursprung alltäglicher und globaler Gewalt*, 제5장 참조.

6) Joachim Bauer, *Schmerzgrenze. Vom Ursprung alltäglicher und globaler Gewalt* 참조.

7) 농경과 가축 사육은 북부 메소포타미아 고지대에서 서쪽 방향으로 이동해 오늘날의 터키와 발칸 지역을 거처 중유럽까지 확산되었다.

8) Barthel Hrouda, *Mesopotamien*(München : C. H. Beck, 1997) ; Gebhard J. Seltz, *Sumerer und Akkader*(München : C. H. Beck, 2005). 소위 '성전 경제Tempelwirtschaft'라는 수메르인들의 지배 방식은 도시 우루크를 중심으로 한 종교적 국가사회주의의

지배 방식과 일치했다. 그들은 쟁기, 바퀴, 녹로, 벽돌, 문자(쐐기문자)를 발명했지
만 경제적인 사유재산에 대해서는 알지 못했던 것으로 보인다. 사유재산, 화폐, 상
세한 법 체제의 '발명'은 바빌로니아인들에 의해 완성된다.

9) 나일 강 하구에서의 첫 정착은 기원전 4200년경 이전에 시작되었고, 파라오 왕국
은 기원전 3000~700년까지 지배했다. 메소포타미아 왕국처럼 이집트 왕국에도
일꾼, 수공업자, 상인, 행정관리가 있었다.

10) 특히 아시리아인들과 바빌로니아인들은 본격적으로 약탈과 추방을 강행했다. 구
약성서가 말해주듯이 유대 민족은 이들 민족의 포로로 살았다.

11) 고대 그리스 시대는 기원전 800년경부터 기원전 마지막 백 년까지 지속되었다.

12) 고대 로마 시대는 기원전 753년에 시작되어 4세기에 걸쳐 존재했다. 기원후에는
동로마제국과 서로마제국으로 분리되었다.

13) Michael S. Aßländer, *Bedeutungswandel der Arbeit. Aktuelle Analysen 40*, 7쪽에서 인
용. 이것과 고대 그리스, 로마 시대에 대한 인용은 Marie-Dominique Chenu, "Arbeit
I", J. Ritter (Hrsg.), *Historisches Wörterbuch der Philosophie I*(Darmstadt : Wiss-
enschaftliche Buchgesellschaft, 1971), 480~482쪽 ; Werner Conze, "Arbeit", W.
Conze u. a. (Hrsg.), *Geschichtliche Grundbegriffe. Historisches Lexikon zur politisch-
sozialen Sprache in Deutschland I*(Stuttgart : Klett Verlag, 1972), 154~215쪽 ; Sev-
erin Müller, *Phänomenologie und philosophische Theorie der Arbeit*, Bd. I · II(Freiburg :
Karl Alber Verlag, 1992 · 1994) ; Michael S. Aßländer, *Bedeutungswandel der Arbeit.
Aktuelle Analysen 40* 참조.

14) Michael S. Aßländer, *Bedeutungswandel der Arbeit. Aktuelle Analysen 40*, 6쪽에서
인용.

15) Michael S. Aßländer, *Bedeutungswandel der Arbeit. Aktuelle Analysen 40*, 8쪽에서
인용.

16) Michael S. Aßländer, *Bedeutungswandel der Arbeit. Aktuelle Analysen 40*, 10쪽. 아리
스토텔레스에게 수공업은 "육체를 손상시키는 일"로, 그는 수공업을 가리켜 '속
물, 저속한' 것이라고 했다.

17) 〔옮긴이주〕 자유 과목, 인문학, 교양학으로도 번역되는데, 중세에 와서는 문법, 수사학, 변증법, 산술, 기하, 천문, 음악 등을 포괄하는 기초 학문으로 발전했다.

18) Michael S. Aßländer, *Bedeutungswandel der Arbeit. Aktuelle Analysen 40*, 9쪽에서 인용.

19) 〈창세기〉 1장 28절.

20) 〈창세기〉 3장 17절~19절.

21) 기원전 1세기부터 랍비 셰마야Schemaja의 율법으로서 '노동을 사랑하라'라는 교훈이 전해져왔다. Werner Conze, "Arbeit", 158쪽.

22) Matthias Schulz, "Die rohe Botschaft", *Der Spiegel* 17(2011), 107~116쪽.

23) 〈마태복음〉 9장 37절, 20장 1절, 21장 28절 ; 〈누가복음〉 10장 2절, 10장 7절.

24) 〈마태복음〉 6장 20절, 25절~26절, 28절.

25) Dom Paul Delatte, "Kommentar zur Regel des heiligen Benedikt", S. Haering u. a. (Hrsg.), *Regula Benedicti Studia Band 23*(Eos Verlag : St. Ottilien, 2011), 509쪽.

26) 〈데살로니가 후서〉 2장 6절~8절, 10절.

27) Wladimir Iljitsch Lenin, *Staat und Revolution, Werke Bd. 25*(Berlin : Dietz Verlag, 1972), V장.

28) 아리스토텔레스, "De opere monachorum". Werner Conze, "Arbeit"에서 인용.

29) 베네딕투스의 삶에 대해 6세기 말의 교황 그레고리우스 1세가 이렇게 설명했다. 최근 들어 베네딕투스가 실존 인물이 아니라는 의심이 제기되었지만 명쾌한 설명이 아직 없다.

30) Werner Conze, "Arbeit" ; Dom Paul Delatte, "Kommentar zur Regel des heiligen Benedikt".

31) 독일어로 '생존을 위한 노동'.

32) Dom Paul Delatte, "Kommentar zur Regel des heiligen Benedikt".

33) "Vita contemplativa simpliciter melior est quam vita activa" ; Werner Conze, "Arbeit".

34) 마이스터 에크하르트는 독일 도미니크회 수도사였고, 철학자이자 신학자였다. '신비주의자'들은 (불교에서도 그렇듯이) 인간이 특정한 체험 상태에서 신과의

합일을 이룰 수 있다고 생각했다. 마이스터 에크하르트는 정신적인 명상을 '고귀한 것'으로, 노동을 '유용한 것'으로 보았다(Werner Conze, "Arbeit"). 그는 교황의 종교재판소로 끌려가, 판결이 나기도 전에 생을 마감했다.

35) Werner Conze, "Arbeit".

36) Severin Müller, *Phänomenologie und philosophische Theorie der Arbeit*, 18쪽에서 인용.

37) 독일에서 도시들은 자유로운 제국 도시들이었고, 이탈리아에서는 베네치아, 밀라노, 피렌체, 시에나처럼 도시 공화국이었다.

38) Werner Conze, "Arbeit"에서 인용.

39) 원래는 '루터Luther'가 아니라 '루더Luder'였다. 오늘날 우리가 알고 있는 마르틴 루터의 성은 한스 루터에게서 처음 사용되었다.

40) Heinz Schilling, *Martin Luther : Rebell in einer Zeit des Umbruchs*(München : C. H. Beck, 2012) ; www.zeit.de/2008/45/Luther 참조.

41) Werner Conze, "Arbeit".

42) Martin Luther, *Eine Predigt vom Ehestand*(Wittenberg, 1525) ; www.glaubensstimme. de/dku.php?id=autoren:1:luther:e:eine_predigt_vom_ehestand.

43) Max Weber, *Die protestantische Ethik und der Geist des Kapitalismus*(München : C. H. Beck, 2010). 베버는 '프로테스탄티즘과 현대 자본주의의 주목할 만한 일치점'을 보았고, '칼뱅주의와 자본주의의 특별한 친화력'을 발견했다.

44) Klaus Scherzinger, "Kapitalismus, Ökonomismus, Konsumismus", *Forum Schulstiftung* 56(Freiburg, 2012)에서 인용.

45) "Enim adversarius disputatione vincitur et constringitur, hic natura, opere", Francis Bacon, *Novum organum*(1620). Werner Conze, "Arbeit"에서 인용.

46) "Faciliter tous les arts et diminuer le travail des hommes", René Descartes, *Discours de la méthode*(1637/1656). Werner Conze, "Arbeit"에서 인용.

47) Marie-Dominique Chenu, "Arbeit I", J. Ritter (Hrsg.), *Historisches Wörterbuch der Philosophie I* ; Werner Conze, "Arbeit" ; Severin Müller, *Phänomenologie und philosophische Theorie der Arbeit*.

48) 노동이라는 주제에 대한 로크의 입장에 대해서는 Werner Conze, "Arbeit" ; Michael S. Aßländer, *Bedeutungswandel der Arbeit. Aktuelle Analysen 40* 참조. 무엇보다 Severin Müller, *Phänomenologie und philosophische Theorie der Arbeit*, Bd. 1, Bd. 2. 특히 Bd. 2, 418~456쪽에 폭넓고 탁월하게 설명되어 있다. 로크에 따르면 노동은 인간의 삶이 회합과 사냥에서 농업, 정착으로 넘어가는 시기에 '발명'되었다. 로크에게 돈의 발명은 한편으로는 노동이 창조해낸 생산품의 가치를 불가피하게 수적 비례로 표현한 것이었고, 다른 한편으로는 노동이 창조해낸 가치를 각각의 생산품과는 무관한 것으로 만들어버린 것이었다.

49) "세상에 있는 모든 것은 노동에 의해 쟁취된다. 그리고 우리의 열정은 노동을 하게 하는 유일한 원천이다." Werner Conze, "Arbeit"에서 인용.

50) Werner Conze, "Arbeit" ; Michael S. Aßländer, *Bedeutungswandel der Arbeit. Aktuelle Analysen 40.*

51) Marie-Dominique Chenu, "Arbeit I", J. Ritter (Hrsg.), *Historisches Wörterbuch der Philosophie I* ; Werner Conze, "Arbeit", 179쪽 ; Michael S. Aßländer, *Bedeutungswandel der Arbeit. Aktuelle Analysen 40.*

52) 애덤 스미스는 "모든 사람은 자기가 자신의 이익을 좇는다고 믿고 있다. 하지만 실제로는 간접적으로 공익을 최고의 지원으로 경험한다. 각 개인은 '보이지 않는 손invisible hand'에 이끌려 전혀 의도하지 않았던 곳에 이르게 된다"라고 했다. Klaus Scherzinger, "Kapitalismus, Ökonomismus, Konsumismus", *Forum Schulstiftung* 56에서 인용.

53) 스미스는 '교양인'이라는 전제 아래에서 '비생산적인' 활동을 하는 인간과 '생산적인' 활동을 하는 인간을 구별했다. Werner Conze, "Arbeit".

54) Werner Conze, "Arbeit", 182쪽, 197쪽. '초기 사회주의자'이자 프랑스 혁명의 주모자이며 1797년에 음모에 빠져 처형된 프랑수아 노엘 바뵈프François Noel Babeuf(1760~1797)에게 일반적인 노동의 의무는 의문의 여지가 없는 것이었다.

55) Paul Lafargue, *Das Recht auf Faulheit(Le droit à la paresse)*(Verlagsgenossenschaft : Frankfurt, 2010), 37쪽에서 인용.

56) 1799년에 쓰인 실러의 〈종의 노래Das Lied von der Glocke〉에서 다음 구절이 유명하다. "노동은 시민의 장식, 축복은 노력의 대가Arbeit ist des Bürgers Zierde, Segen ist der Mühe Preis."

57) Werner Conze, "Arbeit"에서 인용.

58) Werner Conze, "Arbeit"에서 인용. 칸트는 이것이 '동물 조련'이 아닌 '인간 교육' 으로서 일어나야 한다고 보았다.

59) Werner Conze, "Arbeit"에서 인용.

60) 〈게으름〉과 〈게으름의 찬양〉 두 편의 시에서 그는 노동 중독을 조롱했다. 〈게으름〉의 마지막 구절은 다음과 같다. "모든 일에 게으름을 피우자/사랑과 와인을 제외하고/게으름에 게을러지는 것을 제외하고."

61) 〔옮긴이주〕재화의 생산에 투입된 모든 생산요소의 가격을 합한 원가에 평균 이윤을 가산한 가격.

62) 마르크스는 리카도와 관련해 인간의 욕구에 기반을 둔 상품의 '사용가치'와 시장에서 정해진 상품의 '교환가치'를 구분했다. 마르크스에 따르면 교환가치의 기반에서 달성된 부가가치는 자본 축적의 계기를 만든다(리카도에 따르면 자본은 "아직 투입되지 않은 노동"이다).

63) Werner Conze, "Arbeit" ; Michael S. Aßländer, *Bedeutungswandel der Arbeit. Aktuelle Analysen 40*. 리카도는 이와 관련해 '생생한 노동'과 '아직 투입되지 않은 노동'을 구별했다. 후자가 '자본'으로서의 부의 축적 원천이다.

64) 애덤 스미스는 노동 분업을 바늘 생산과 연관해서 설명한다. "노동자 한 명이 철사를 만들고, 다른 노동자가 철사를 끼워 넣고, 세 번째 노동자가 철사를 자르고, 네 번째 노동자가 철사 끝을 날카롭게 하고, 다섯 번째 노동자가 바늘코를 다듬는다. 바늘코는 두세 개의 다른 작업 과정을 거친다." Severin Müller, *Phänomenologie und philosophische Theorie der Arbeit*, Bd. 1에서 인용.

65) Werner Conze, "Arbeit"에서 인용.

66) Severin Müller, *Phänomenologie und philosophische Theorie der Arbeit*, Bd. 1 ; Michael S. Aßländer, *Bedeutungswandel der Arbeit. Aktuelle Analysen 40*.

67) 테일러리즘은 의료 분야(분 단위 진료) 등에서 다시 도입되고 있다.

68) 인간 노동에 대한 카를 마르크스의 견해는 Severin Müller, *Phänomenologie und philosophische Theorie der Arbeit*, Bd. 1, Bd. 2에 상세히 설명되어 있다.

69) 생산수단의 사회화, 노동시간 단축, 노동환경 개선, '생산성이 높은' 시간대 사용.

70) Marie-Dominique Chenu, "Arbeit I" ; Werner Conze, "Arbeit".

71) Karl Marx, *Ökonomisch-philosophische Manuskripte*(1844) ; Werner Conze, "Arbeit" 에서 인용.

72) Paul Lafargue, *Das Recht auf Faulheit*.

73) 파리코뮌은 1871년 3월부터 1871년 5월까지 진행된, 파리 시의회가 프랑스 중앙 정부에 맞서 사회주의적 의회 민주주의를 건설하려 한 시도였지만 실패하고 말 았다.

74) Pablo Pereza, "Das Recht auf Faulheit - 100 Jahre später", Paul Lafargue, *Das Recht auf Faulheit*, 머리말.

75) 라파르그의 진술은 놀라운 선견지명을 보여준다. 독일 은퇴보험사의 보고에 따 르면 2011년에 모든 조기 은퇴자들 중 41%가 정신적 소진 질환 때문에 일찍 일 을 그만둔 것으로 나타났다(여성 48%, 남성 32%). 2000년에는 이 비율이 24% 에 머물렀다. Anette Dowideit·Flora Wisdorff, "Beitrag zu den neuesten Zahlen der Deutschen Rentenversicherung zu deren Frühberentungsstatistiken", *Welt*(2012 년 12월 30일), 27쪽.

76) Paul Lafargue, *Das Recht auf Faulheit*.

77) '노동 중독'과 같은 중독증의 발생에는 신경생물학적인 이유가 있다(제3장 참 조). 인간의 뇌에 있는 소위 동기부여 체계는 자신의 에너지 전달물질과 행복 전 달물질을 생산한다. 우리가 다른 사람들로부터 인정과 존경을 받는 경험을 할 때 그렇다. 일하면서 진을 다 뺀 대부분의 사람들은 (상사, 동료, 가족으로부터) 인 정 받을 거라는 기대를 갖고 있다. 많은 사람들에게 인정받음에 대한 (그리고 그 것을 통해 신경생물학적으로 유발되는 '좋은 감정'에 대한) 중독은 일의 영역을 좁게 만들어 '노동 중독'의 증세를 악화시킬 수 있다.

78) 세네카는 기원전에서 기원후로 전환되는 시기에 태어나 65년에 네로 황제의 명령으로 목숨을 잃었다.

79) Lucius Annaeus Seneca, *Von der Gelassenheit(Detranquilitateanimi)*(München : Deutscher Taschenbuch Verlag, 2010). 세네카에게서는 인간의 노동에 대한 매우 긍정적인 여러 제안들이 발견된다. 인간은 "단지 끝낼 수 있거나 적어도 끝내기를 바라는 것"을 시작해야만 한다. 노동에서 "결과는 우리 노력과 올바른 관계에 있어야만 한다. 왜냐하면 일반적으로 인간은 성공을 거두지 못할 때 우울함에 빠지기 때문이다." 인간은 "불안한 게으름"으로부터 자신을 보호해야 한다. 이 스토아 철학자는 "각각의 노동이 어떤 목적, 어떤 목표를 갖고 있어야" 하며, 관리직에 있는 사람이라면 "정의, 관대함, 인간됨"을 갖고 행동해야 한다고 강조했다.

80) Friedrich Nietzsche, *Die fröhliche Wissenschaft*(1882) ; Werner Conze, "Arbeit"에서 인용. 니체에 따르면, "노동은 자신의 입장에서 항상 더 많은 선한 양심을 갖는다. 노동의 기쁨을 좇는 성향은 자신을 '회복의 욕구Bedürfnis der Erhohlung'라고 명명하고 자기 자신을 부끄러워하기 시작한다. 교외로 나갈 때면 '건강은 자기가 책임을 지는 것'이라고들 말한다. 물론 관조적인 삶vita contemplativa, 말하자면 친구들과 생각하면서 산책하는 것을 좇는 성향에 자기 경멸과 나쁜 양심을 양보할 수도 있다".

81) Bertrand Russell, *Lob des Müßiggangs*(München : Deutscher Taschenbuch Verlag, 2006). 독일어 판은 1957년에 처음 출간되었다. '게으름에 대한 찬양'이라는 표제의 이 책에는 〈게으름에 대한 찬양〉 외에 〈무엇을 어떻게 가르쳐야 하는가〉, 〈금욕주의에 대하여〉, 〈영혼이란 무엇인가〉 등이 수록되어 있다.

82) Bertrand Russell, *Lob des Müßiggangs*, 22〜24쪽.

83) Severin Müller, *Phänomenologie und philosophische Theorie der Arbeit*, Bd. 1.

84) Bertrand Russell, *Lob des Müßiggangs*.

85) Bertrand Russell, *Lob des Müßiggangs*.

86) Bertrand Russell, *Lob des Müßiggangs*, 24〜25쪽. 러셀은 노동이 우리의 생존에 필요한 것이지만 인간 생활의 목적이라고까지 강조돼서는 안 된다고 보았다. 러셀

은 이러한 메커니즘이 노동이 매우 이로운 자기 목적을 갖고 있다는 잘못된 길로 노동자들을 오도하기 위해 만들어졌다고 비판했다.

87) 이에 적합한 예를 전 독일 총리인 헬무트 콜Helmut Kohl에게서 찾을 수 있다. 콜은 슈바벤 지역의 빌핑겐을 방문했을 때 에른스트 윙거의 탄생 100주년을 기념한다는 명목으로 그에게 존경을 표했다. 물론 이 외에도 여러 사례들이 있다.

88) Aufbereitungs-, Zerstörungs- und Bemächtigungscharakter. Ernst Jünger, *Der Arbeiter. Herrschaft und Gestalt* ; Severin Müller, *Phänomenologie und philosophische Theorie der Arbeit*, Bd. 1, Bd. 2.

89) Severin Müller, *Phänomenologie und philosophische Theorie der Arbeit*, Bd. 1에서 인용.

90) Hannah Arendt, *Vita activa oder Vom tätigen Leben*, Severin Müller, *Phänomenologie und philosophische Theorie der Arbeit*, Bd. 1에서 인용.

91) '노동하는 인간animal laborans'과 '도구적 인간homo faber' 개념은 아렌트에서 유래한다. '노동하는 인간'은 '일하는 동물'이나 '일하는 생명체'라는 의미인 반면, '도구적 인간'은 '도구를 생산하는 인간'임을 의미한다.

92) Hannah Arendt, *Vita activa oder Vom tätigen Leben*, Severin Müller, *Phänomenologie und philosophische Theorie der Arbeit*, Bd. 1에서 인용.

93) 아렌트는 "노동이 몸의 순환에 구속되어 있다고 하는 것은 노동에 시작과 끝이 없다는 의미다"라고 말한다. Hannah Arendt, *Vita activa oder Vom tätigen Leben*. Severin Müller, *Phänomenologie und philosophische Theorie der Arbeit*, Bd. 1에서 인용.

94) 작업은 일과는 반대로 "확실한 시작과 확실한 끝이 있다". Hannah Arendt, *Vita activa oder Vom tätigen Leben*. Severin Müller, *Phänomenologie und philosophische Theorie der Arbeit*, Bd. 1에서 인용.

95) 아렌트에 따르면 "작업 과정을 이끄는 생각이나 모델은 그 과정에 선행될 뿐만 아니라 완성되고 나서도 사라지지 않고 현재까지 남아 있으며, 그로 인해 다른 생각이나 모델이 계속해서 제작될 수 있다".

96) Hannah Arendt, *Vita activa oder Vom tätigen Leben*. Severin Müller, *Phänomenologie und philosophische Theorie der Arbeit*, Bd. 1에서 인용.

97) 제264대 교황(재위 1978~2005). 본명은 카롤 보이티와Karol Wojtyla이다. 1946 년 사제가 된 후, 폴란드 크라쿠프 대학교 신학 교수 등을 거쳐 1964년 크라쿠프 대주교가 되었고, 1947년 추기경에 임명되었다. 1978년 제264대 교황으로 선출 되었고, 선종 전인 2005년까지 교회 안팎의 문제들에 관심을 가지고 많은 활약 을 펼쳤다.

98) 이 교서의 제목은 "노동하는 인간Laborem exercens"으로, 교서 첫 문장의 첫 구문 에서 따온 것이다.

99) "노동은 (…) 인간의 존엄성과 부합하는 것, 인간의 존엄성을 드러내고 높여주는 것이라는 의미에서도 선이다. (…) 노동이 인간에게, 인간의 인간성에 좋다는 것 은 노동을 통해서 인간이 자연을 자기 필요에 따라 이용하면서 자연을 변화시킬 뿐 아니라, 인간으로서의 자기 완성을 이루어 어떤 의미에서는 '더욱더 인간답 게' 되기 때문이다." Johannes Paul II, "Laborem Exercens. Enzyklika".

100) "오늘날의 노동조합들은 경영자와 생산수단을 소유한 자에 맞서 노동자의 합법 적인 권리 보호를 위해 싸우는 투쟁 속에서 태어났습니다. 이 노동조합의 과제 는 모든 영역에서 일하는 노동자의 실존적인 이해를 법이 허용하는 범위 내에 서 방어하는 것입니다. 역사의 경험은 조직 형태가 사회적 삶의 불가피한 요소 라는 교훈을 가르쳐줍니다." Johannes Paul II, "Laborem Exercens. Enzyklika".

101) "인간의 노동도 단지 '일곱째 날'마다 한 번씩 쉬기를 요구할 뿐만 아니라, 또한 노동은 단지 외적인 행동으로 인간의 힘을 사용하는 것일 수만은 없다. 인간의 노동은 인간이 하느님의 뜻에 따라 더욱더 인간 본연의 존재가 되어 주님이 당 신의 종과 친구들을 위해 마련한 '휴식'을 누릴 수 있는 여지를 남겨두어야 한 다." Johannes Paul II, "Laborem Exercens. Enzyklika".

102) 이에 대해 요한 바오로 2세는 〈마태복음〉 6장 25절~34절을 인용한다. Johannes Paul II, "Laborem Exercens. Enzyklika".

103) 노동 너머에 있는 삶과 관련해 〈누가복음〉 10장 38절~42절의 에피소드가 주목 할 만하다. 예수는 마리아와 마르타 자매가 살고 있는 집을 방문한다. 마르타는 예수를 대접하려고 "분주한" 반면에, 마리아는 "주님의 발을 씻기고 그의 말을

경청한다". 마르타는 "여동생이 나만 일하도록 내버려둔다"고 불평하며 예수에 게 부탁했다. "저를 도와주라고 말씀하소서." 예수는 그녀의 말에 대답한다. "마르타야, 마르타야, 너는 걱정과 근심이 너무나 많구나. 그러면서도 어느 것 하나라도 만족을 못하는구나. 마리아는 좋은 일을 선택했다. 이 일을 그녀한테서 빼앗지 않으리라."

제7장 개인적 · 기업적 · 정치적 관점들 그리고 양육의 의미

1) 이에 대해서는 Joachim Bauer, *Das Gedächtnis des Körpers. Wie Beziehungen und Lebensstile unsere Gene steuern* ; Ders., *Warum ich fühle was du fühlst. Intuitive Kommunikation und das Geheimnis der Spiegelneurone* 참조. 사람 사이의 공명이 신경생물학적으로 중요하다는 근거는 바로 거울 뉴런 체계에 있다. 미국의 철학자 찰스 테일러는 공명 경험이 인간의 성공적인 삶에 핵심적 역할을 한다고 주장했는데, 독일의 사회학자 하르트무트 로자도 그의 개념을 전승해 발전시켰다. Hartmut Rosa, "Is there anybody out there? Stumme und resonante Weltbeziehung : Charles Taylors monomanischer Analysefokus", M. Kühnlein · M. Lutz-Bachmann (Hrsg.), *Unerfüllte Moderne? Neue Perspektiven auf das Werk von Charles Taylor*(Frankfurt/Berlin : Suhrkamp, 2011) ; Hartmut Rosa, *From work-life to work-age balance? Acceleration, alienation and appropriation at the Workplace* Manuskript(2012).

2) Richard Sennett, *The Culture of the New Capitalism*.

3) 앞서 언급한 대로, 영국 공무원들을 대상으로 실시한 연구조사에서 매일 최대 한 시간 이내로만 초과근무를 하는 공무원에게서는 번아웃이나 우울증을 겪을 위험이 증가하지 않는다는 것이 밝혀졌다. 건강 유지 면에서는 매일 조금만 더(최대 한 시간 이내로) 초과근무를 하는 직장인이 정시에 퇴근하는 사람보다 나을 수 있다. Marianna Virtanen u. a., "Overtime work as a predictor of major depressive episode", *PLoS One*.

4) Bertrand Russell, *Lob des Müßiggangs*. 뻔히 보이는 지루함을 견디는 것은 굉장히 중요한 능력일 것이다. 발터 베냐민Walter Benjamin은 이 지루함을 '상상 속의 새'라고 명명했다. 상상 속의 새란 "경험이라는 알을 품어 부화시키는" 새를 가리킨다. 다른 곳에서 그는 이 지루함에 대해, "변색되고 낡아버린 수건" 안쪽에 가장 빛나고 가장 화려한 색의 안감이 들어 있는 것과 같다고 했다. Byung-Chul Han, *Müdigkeitsgesellschaft*.

5) DGB-Index *Gute Arbeit*.

6) Wilfried Gließmann, *Frankfurter Rundschau*(2004년 8월 27일). 빌프리트 글리스만 Wilfried Gließmann은 미리 계획한 휴가를 떠나려는 직원(SE)과 상사(V) 간의 대화를 기록했다. 직원이 휴가를 떠나기 직전에 갑작스럽게 회사에 문제가 생겨 상사가 수준급의 소프트웨어 개발자인 그 직원에게 휴가 중에도 회사로부터 오는 연락을 받으라고 하는 상황이다. SE : "휴가 기간 동안 저는 일을 하지 않으려고 합니다만…." V : "이보게, 자네는 문제를 해결할 수 있는 유일한 직원일세…. 여기에 있는 다른 직원들이 전에 내게 말했었네. 그들이 자네에게 수차례 연락을 했지만 자네가 받지 않았다고 하더군." SE : "아닙니다. 지난 휴가 때 저는 아무런 연락을 받지 못했습니다. 저는 항상 휴대폰을 소지하고 있었고 켜놓고 있었습니다." V : "보통 사람들은 밤과 주말에 가장 둔감하지. 나는 들은 말을 단지 전할 뿐이야." SE : "그럼 직원들이 저에 대한 불평불만을 늘어놓았습니까?" V : "글쎄. 분명한 건, 만약 이번 휴가에도 그런 일이 발생한다면 나는 어떤 조치를 취하리라는 것이네…. 휴대폰이 켜져 있는지 아닌지 확인하도록 하게나." SE : "좋습니다. 노트북을 가지고 가서 밤에 항상 확인하도록 하겠습니다." V : "혹시 모르니 이메일도 자주 확인하게나. 알겠나? 여기서는 많은 일들이 일어난다는 것을 잊지 말게. 나는 자네 잘못 때문에 이 자리를 놓치고 싶지는 않네!" Wolfgang Hien, "Arbeitsverhältnisse und Gesundheitszerstörung der Arbeitenden. Eine Forschungsskizze am Beispiel der Entwicklung in Deutschland seit 1970", *Soziale Geschichte Online* 5(2011), 64~113쪽에서 인용.

7) 이에 대해서는 Manfred Spitzer, *Digitale Demenz*(München : Droemer Verlag, 2012)

참조.

8) 이에 대해서는 이 책 제2장 참조.

9) 이에 대해서는 이 책 제2장 참조.

10) Joachim Bauer u. a., "Correlation between burnout syndrome and psychological and psychosomatic symptoms among teachers", 199~204쪽 ; Mika Kivimäki u. a., "Workplace bullying and the risk of cardiovascular disease and depression", *Occupational and Environmental Health* 60(2003), 779~783쪽 ; Clemens Sedmak · Gottfried Schweiger, *Work 2030 and beyond. Internationales Forschungszentrum für soziale und ethische Fragen* Manuskript(Salzburg, 2012) 참조.

11) Statistisches Bundesamt, *Qualität der Arbeit.*

12) Statistisches Bundesamt, *Qualität der Arbeit.* 여기서 언급된 경험들은 "지난 12개월이라는 시간에 한정해" 조사된 것이고, 비율은 12개월로 나눈 수치들이다. 이 조사에서 2%를 차지하는 50명의 직장인들이 12개월 동안에 직장에서 육체적인 공격을 받았다면 아무리 미미한 수치로 보여도 결코 간과할 수가 없다. 우리가 한 연구에서도 교직 종사자들에게서 이와 비슷한 수치가 나타났다.

13) Mika Kivimäki u. a., "Workplace bullying and the risk of cardiovascular disease and depression", *Occupational and Environmental Health.*

14) Mika Kivimäki u. a., "Workplace bullying and the risk of cardiovascular disease and depression".

15) Simon Baron-Cohen, u. a., "Sex differences in the brain", *Science* 310(2005), 819~823쪽.

16) Statistisches Bundesamt, *Qualität der Arbeit.*

17) Richard Sennett, *The Culture of the New Capitalism.*

18) 게르트 발코Gerd Balko는 제철소에서 오랜 시간을 보냈던 한 경영자의 말을 인용한다. "특히 장기근속자들은 젊은 매니저들을 여러 차례 겪었습니다. 그들의 말을 빌리자면 이 젊은 매니저들이 이해하는 사회성은 인간의 것과 닮아 있으면서도 완전히 딴 세상에서 온 것 같다고 합니다. 경제적인 이윤을 좇으면서, 여

행용 캐리어를 끌고 다니고 날로 발전하는 휴대폰을 귀에 대고 통화하는 스마트한 그들의 모습은 마치 비인간적인 관청 그 자체, 또는 미래의 생산과정에 있을 법한 전원 스위치처럼 보였다고 합니다." Gerd Balko, "Gegen die Mitmacher und Fitmacher", *Arbeiterpolitik* 48(2007), 8~11쪽 ; Wolfgang Hien, "Arbeitsverhältnisse und Gesundheitszerstörung der Arbeitenden. Eine Forschungsskizze am Beispiel der Entwicklung in Deutschland seit 1970", *Soziale Geschichte Online*.

19) Anne-Ev Ustorf, "Kollege Fürchterlich", *Süddeutsche Zeitung*(2012년 9월 29일).

20) 독일 경영 분야에서의 반사회적인 행동에 대해서는 전직 매니저이자 저술가인 안드레아스 슈트라우프를 참조. Andreas Straub, "Anleitung zum Schweinsein", *Die Zeit*(2012년 10월 25일).

21) Spiegel Online, "Selbstmordserie—France Telekom Mitarbeiter verbrennt sich selbst" (2011년 4월 26일) ; Die Welt Online, "France-Telekom-Ex-Chefs wegen Selbstmorden vor Gericht"(2012년 7월 6일)

22) 팀 내에서의 경쟁 압박이 미치는 부정적인 영향은 흥미롭게도 남성들보다는 여성들에게서 더욱 두드러진다. Kennneth T. Kishida u. a., "Implicit signals in small group settings and their impact on the expression of cognitive capacity and associated brain responses", *Philosophical Transactions of The Royal Society* B 367(2012), 704~716쪽.

23) Anita W. Woolley u. a., "Evidence for a collective intelligence factor in the performance of human groups", *Science* 330(2010), 686~688쪽.

24) 이는 옥시토신 수용 유전인자Oxytocin-Rezeptor-Gen에 관한 것으로, 독일 연구진이 밝혀냈다. Eva Unternaehrer u. a., "Dynamic changes in DNA methylation of stress-associated genes (OXTR, BDNF) after acute psychosocial stress", *Translational Psychiatry* 2: e150. Doi: 10.1038/tp.2012.77(2012).

25) 이에 대해서는 Joachim Bauer, *Das Gedächtnis des Körpers. Wie Beziehungen und Lebensstile unsere Gene steuern* 참조.

26) Gallup Institut, *Engagement Index Deutschland 2011*(2012) ; Hans Evert, "Das Versa-

gen der Chefs", *Die Welt*(2012년 3월 21일).

27) Gallup Institut, *Engagement Index Deutschland 2011* ; Hans Evert, "Das Versagen der Chefs".

28) 직원들은 회사 전속 의사들에게 사람들 간의 갈등, 무례함, 실망감, 인정받지 못함, 서로 간의 존중감 부족과 전망 없는 직업에 대해 가장 빈번하게 토로한다. Bundesministerium für Arbeit und Soziales, *Psychische Gesundheit im Betrieb*(2011), 37쪽.

29) 영어로는 Staff Relation Management.

30) Frank Weber, "Auch Mitarbeiter kann man motivieren", *Frankfurter Allgemeine Zeitung*(2012년 5월 29일)

31) 남녀 모두 다른 사람들을 이해하고 이 기반 위에서 좋은 관계를 발전시키는 신경생물학적 체계들을 갖고 있는데, 통계에 나타난 평균을 보면 여성들이 이 점에서 더 발달된 것으로 나타난다. 물론 예외적인 경우도 많지만, 이 체계들 가운데 어떤 것들은 훈련으로 더 발전시킬 수 있다.

32) 상사는 직장에서 직원들과 밀접한 관계를 추구할 필요는 없다(반대도 마찬가지다!). 사내 연애는 모든 사람들에게 심각한 문제를 안길 수 있다. 사내 연애는 동료들에게 혼란을 초래할 수 있다. 연애 관계가 지속된다면 팀에서 불만이 제기될 것이다.

33) 사람들 많은 곳에서 직원을 웃음거리로 만들고 직원에게 창피를 준다면 '통각 역치'를 자극하는 것이고 공격, 사보타주 또는 우울증과 수동적인 보복이 초래될 수 있다. Joachim Bauer, *Schmerzgrenze. Vom Ursprung alltäglicher und globaler Gewalt*.

34) 휴식, 특히 점심시간은 부교감신경계의 회복 체계를 작동시키고 스트레스 체계가 잠시 동안이나마 안정되어 건강을 유지하게 한다. 일을 하면서 식사를 한다는 것은 교감 체계와 부교감 체계를 동시에(신경생물학적으로 보면 '멀티태스킹'을) 작동시키는 것이고, 건강을 해치는 것이다. 이것은 아이들과 청소년들에게도 마찬가지다.

35) 이런 말은 고용인들의 건강이 악화되고 있다는 새로운 통계 수치가 나올 때마다 마치 주문을 외듯이 주기적으로 반복된다. '독일 연방경영자총협회Bundesvereinigung Deutscher Arbeitgeberverbände(BDA)'는 2012년 말 정신적인 질환으로 조기 은퇴자들의 수가 증가하는 것과 관련하여 본문에 인용된 말을 보도했다.

36) Anette Dowideit · Flora Wisdorff, "Beitrag zu den neuesten Zahlen der Deutschen Rentenversicherung zu deren Frühberentungsstatistiken(Mit Wellness gegen die Frührente)", *Welt am Sonntag*(2012년 12월 30일), 27쪽에서 인용.

37) 그렇다고 필자가 향정신성 약물 복용을 비난하는 것은 아니다. 향정신성 약물은 심각한 정신 질환을 치료할 때, 특히 정신병 환자를 치료할 때, 중증 우울증과 조증 환자들을 치료할 때 효과가 크다. Joachim Bauer, *Das Gedächtnis des Körpers. Wie Beziehungen und Lebensstile unsere Gene steuern.*

38) 노동보호법이 규정한 위험 평가 항목에는 직장에서의 근무 환경, 물리적·화학적·생물학적 영향, 일에 필요한 기구와 설비, 노동시간과 노동시간 조정이 포함되어 있다. 여기에 정신적인 부담도 평가 항목으로 들어가 있다.

39) Bundesministerium für Arbeit und Soziales, *Psychische Gesundheit im Betrieb.*

40) Hans-Jürgen Urban u. a., "Das Handlungsfeld psychische Belastungen", Lothar Schröder · Hans-Jürgen Urban (Hrsg.), *Jahrbuch Gute Arbeit*(Bund Verlag, 2012).

41) Thomas Öchsner, "Vernachlässigte Psyche. Die Bundesregierung räumt große Probleme beim Arbeitsschutz ein", *Süddeutsche Zeitung*(2012년 7월 24일) ; Manfred Albrod, "Gesundheit als Führungsaufgabe", *Arbeitsmedizin, Sozialmedizin, Umweltmedizin* 46(2011), 124~125쪽.

42) Bundesministerium für Arbeit und Soziales, *Psychische Gesundheit im Betrieb.*

43) 슈퍼비전을 이끌어가는 진행자는 일반적으로 심리, 사회복지 분야의 석사학위 소지자들 가운데 추가로 교육을 이수한 자에 한한다.

44) Richard Sennett, *The Culture of the New Capitalism.*

45) Stefan Gryglewski, "Sicherung der Produktionsarbeit in Deutschland", *Beitrag auf der Tagung 'Arbeitsorganisation der Zukunft' am Lehrstuhl und Institut für Arbeitswis-*

senschaft der RWTH Aachen(2005년 9월 15일) ; Richard Detje u. a., "Paradigmenwechsel in der Arbeitspolitik", *Zeitschrift für Arbeitswissenschaft* 60(2006), 140~143쪽 참조.

46) 의료 종사자들에게게서는 번아웃과 조기 은퇴 비율이 높게 나타나는데, 그 수치가 40%에 이른다(건축 미장 종사자와 지붕 올리는 일 종사자의 경우에도 이와 비슷하다). 정보통신 분야에서는 노동자의 25% 이상이 만성적인 소진을 느끼고 있다. Wolfgang Hien, "Arbeitsverhältnisse und Gesundheitszerstörung der Arbeitenden. Eine Forschungsskizze am Beispiel der Entwicklung in Deutschland seit 1970", *Soziale Geschichte Online*.

47) Lothar Kamp · Klaus Pickshaus (Hrsg.), *Regelungslücke psychische Belastungen schließen. Dokumente und Gutachten der Hans Böckler Stiftung*(Setzkasten GmbH, 2011).

48) Johannes Siegrist u. a., *Psychosoziale Arbeitsbelastungen und Gesundheit bei Erwerbstätigen : Eine europäische Vergleichsstudie*(Hans Böckler Stiftung, 2009), 59~74쪽.

49) Bernd Raffelhüschen · Klaus-Peter Schöppner, *Glücksatlas 2012*(München : Albrecht Knaus Verlag, 2012).

50) 지니 계수Gini-Index에 따르면 가장 극단적 불균형을 보이는 국가는 멕시코, 미국, 이탈리아, 영국이다. 1980년대부터 지금까지 조사된 불균형의 증가와 감소만을 보자면 독일은 불균형이 증가한 나라 가운데 1위를 차지한 영국 바로 다음이다. Armuts-und Reichtumsbericht der Bundesregierung vom Herbst 2012 und Daten der OECD(Plickert, 2012) ; Georg Meck u. a., "Geht es bei uns gerecht zu?", *Frankfurter Allgemeine Sonntagszeitung*(2012년 9월 30일).

51) Georg Cremer · Gerhard Kruip, "Reich der Freiheit oder Hartz IV für alle? Sozialethische und ökonomische Überlegungen zum bedingungslosen Grundeinkommen", *Stimmen der Zeit*, Heft 6(2009년 6월). 기본 소득에 관해서는 Marco Herak, "Ihr seid wahrlich systemrelevant!", *Frankfurter Allgemeine Zeitung*(2012년 7월 10일) ; Rainer Meyer, "Diese verflixten tausend Euro", *Frankfurter Allgemeine Zeitung*(2012

년 7월 18일) 참조.

52) Richard Sennett, *The Culture of the New Capitalism*.

53) Frank Schirrmacher, "Bürgerliche Werte : Ich beginne zu glauben, dass die Linke recht hat", *Frankfurter Allgemeine Zeitung*(2011년 8월 15일) ; Franziska Augstein, "Warum Marx recht hat", *Süddeutsche Zeitung*(2012년 9월 21일) ; Nikolaus Piper, "Warum Marx unrecht hat", *Süddeutsche Zeitung*(2012년 9월 21일) 참조.

54) 여기서 반대 방향으로 나아가고 있음을 보여주는 예가 바로 전 세계에서 볼 수 있는 아동 근로이다. 세계적으로 5~14세의 어린이들 중 2억 1,500만 명이 일을 하고 있고, 그중 1억 1,500만 명이 위험한 일을 하고 있다. 이들 대다수가 아프리카와 아시아의 아이들이다. 그들은 대부분 농업 분야에서 일하고 있고(최대 60%), 서비스업에서도 일하고 있다(26%). 이들의 3분의 2 이상이 가족의 생계와 관련되어 있다. Internationales Arbeitsamt Genf, *Das Vorgehen gegen Kinderarbeit*, www.ilo.org/declaration(2010).

55) Ernst-Wolfgang Böckenförde, "Woran der Kapitalismus krankt", *Süddeutsche Zeitung*(2009년 4월 24일).

56) '노동의 발명' 시기에 대해서는 존 로크뿐만 아니라 클라우스 슈미트도 이와 의견을 같이한다(제6장 참조).

57) 석기를 만들어낸 시기는 지금보다 약 200만 년 전이다. 이에 대해 Joachim Bauer, *Schmerzgrenze. Vom Ursprung alltäglicher und globaler Gewalt* 참조.

58) 이에 대해서는 Joachim Bauer, *Schmerzgrenze. Vom Ursprung alltäglicher und globaler Gewalt* 참조.

59) 양육과 교육은 모두 영어로 'education'이다.

60) Alice Miller, *Am Anfang war Erziehung*(Frankfurt/Berlin : Suhrkamp Verlag, 1983). 〔옮긴이주〕 흑색 교육학schwarze Pädagogik(혹은 유해 교육학)은 아이의 교육에서 폭력과 위협을 도구로 정당화하는 억압적인 교육법으로, 1977년 카타리나 루츠키Katharina Rutschky가 처음으로 언급했다.

61) 우리가 동물적인 차원을 벗어나 노동을 통해 만들어낸 모든 것은 직간접적으로

상호 협력이 전제되었기 때문에 (덧붙이면 상호 협력적인 과정을 거쳤기 때문에) 가능했던 것이다.

62) 감정 체계는 소위 '림프계'와 동기부여 체계, 스트레스 체계로 이루어진다. 지적·인식적 체계는 대뇌피질과 해마가 담당한다. 사회 체계는 위에서 언급된 두 체계, 감정과 지적·인식적 체계를 통해 작동되고, 사회적 능력, 즉 다른 사람의 입장에서 생각하고 그들의 의견을 이해하는 능력을 담당하는 전뇌의 일부분(전전두엽)이 추가적으로 작동한다. 전전두엽의 신경계 체계는 두 살 때부터 세 살까지 '훈련을 받기 위해' 성장한다. 그렇기 때문에 아이가 두세 살이 되기도 전에 사회적 능력을 키우려는 시도는 의미가 없다. 오히려 아이가 세 살이 되어도 사회 적응 능력을 시작조차 하지 않을 때 해롭다! Terrie Edith Moffitt u. a., "A gradient of childhood self-control predicts health, wealth, and public safety", *Proceedings of the National Academy of Sciences* PNAS. Doi: 101073/pnas.1010076108 (2011) 참조.

63) 감각 운동의 발달이 지적·인식적 발달과 연관되어 있다는 것은 놀라운 일이다. 하지만 앎의 세계는 독일 관념론에서 등장했던 것처럼 우리 뇌보다 더 높은 망루에서 들어오는 게 아니라, 로크에게서 발견되고 현대 신경생물학에서 확인된 것처럼 우리가 세계 안에서 받아들였고, 받아들이고 있는 감각 운동의 경험을 통해 들어온다. 예를 들어 언어중추가 뇌피질 안에 들어 있는 것은 신경, 지리적으로 우연히 그렇게 된 것이 아니다. 이는 사고와 언어가 행위 경험과, 이로부터 나온 행위에 대한 생각이 걸러져 얻어진 생산물이라는 사실에서 비롯된 것이다. 이에 대해서는 Joachim Bauer, *Warum ich fühle was du fühlst. Intuitive Kommunikation und das Geheimnis der Spiegelneurone* 참조.

64) 학교 의무교육의 도입은 결과적으로 아이들의 상황을 상당히 개선했다고 해도 자선 행위가 아닌 여러 유용함을 고려해서 시행된 제도다.

65) 이미 언급한 것처럼 5~14세의 아이들 2억 1,500만 명이 일을 하고 있다. Internationales Arbeitsamt Genf, *Das Vorgehen gegen Kinderarbeit* www.ilo.org/declaration (2010).

66) Joachim Bauer, *Lob der Schule*(Hamburg : Hoffmann und Campe, 2007).

67) Georg Cremer, "Der Reform zweiter Teil. Es braucht eine Arbeitsmarktpolitik für gering Qualifizierte", *Herder Korrespondenz* 60(2006), 26～29쪽.

68) Statistisches Bundesamt, *Qualität der Arbeit*(2012).

69) Johannes Siegrist u. a., *Psychosoziale Arbeitsbelastungen und Gesundheit bei Erwerbstätigen : Eine europäische Vergleichsstudie*.

70) Johannes Siegrist u. a., *Psychosoziale Arbeitsbelastungen und Gesundheit bei Erwerbstätigen : Eine europäische Vergleichsstudie* ; Michael B. Buchholz, "Lebensstile und ihre Krankheiten", *Psycho- News-Letter* Nr. 91(2012) ; Techniker Krankenkasse, *Gesundheitsreport 2012 : Arbeitsunfähigkeiten*(2012). 또한 교육 수준이 높은 사람들이 치매에 걸릴 확률이 낮다. Michael B. Buchholz, "Lebensstile und ihre Krankheiten", *Psycho- News-Letter* Nr. 91(2012).

71) Georg Cremer, "Der Reform zweiter Teil. Es braucht eine Arbeitsmarktpolitik für gering Qualifizierte", *Herder Korrespondenz*. 전체 인구 가운데 고등학교를 졸업하지 못한 비이민자 출신의 독일인이 1.8%, 이민자 출신의 독일인이 14%를 차지한다. 또한 직업교육을 받지 못한 비이민자 출신의 독일인이 16%인 반면에 이민자 출신의 독일인은 41%에 이른다. Statistisches Bundesamt, *Bevölkerung mit Migrationshintergrund*(2012) ; Claudia Ehrenstein, "Migranten holen auf", *Die Welt*(2012년 9월 20일).

72) Anke Grotlüschen, *Level-one-Studie* Online-Newsletter der Universität Hamburg Nr. 24(2011).

73) Clemens Sedmak · Gottfried Schweiger, *Work 2030 and beyond. Internationales Forschungszentrum für soziale und ethische Fragen* Manuskript(Salzburg, 2012).

74) 이것은 부모가 아이들을 위해 어떤 부모가 되어야 하는지를 잘 보여준다. (물론 부모의 교육 수준에 따라 아이의 교육 기회가 달라진다고 필자는 믿지 않는다.) 교육 가치에 대한 부모의 태도를 바꿀 수 있는 방법은 (1960년대에 "당신의 자녀를 좋은 학교에 보내세요"라는 캠페인을 벌인 것처럼) 캠페인과 공개 토론일 수 있다. 만약 부모의 60% 이상이 아이의 교육에 힘쓰고 그중 70% 이상 아이가 자

신의 의무를 이행하려 애쓴다고 한다면 성공적이다. 이를 역으로 보면 부모로서 의무를 다하지 않는 비율은 20~30% 정도가 된다.

75) 〔옮긴이주〕 방어기제의 하나로, 공격의 피해자가 자신을 공격한 사람에 대한 복수심과 공격당했을 때의 불안감을 극복하기 위해 적극적으로 공격자를 닮아가는 현상.

76) Bertrand Russell, *Lob des Müßggangs*.

ㄱ

가속화 11, 14, 32, 91, 188
감정노동 39
거리 두기 196~198
게으른 무위 170
《게으를 권리》 24, 181~182
《게으름에 대한 찬양》 183, 272
결근주의 90
경제주의 175
경증 우울증 121, 123
고전적인 스트레스 42~44, 46, 50
고타강령 24, 180, 233~234
공감능력 37, 41
공감체계 37, 145
공격성 53~55
공동 결정법 139
공명의 경험 18, 193, 275
공명체계 39~40, 236
관계 관리 209
관계성 56, 80
관점 전환 38, 41
관조적 삶 165, 167~168, 176, 272
광인과 범죄자 147

괴베클리 테페 154~158
교감신경 44, 237
〈교육학에 대하여〉 177
구약성서 22, 163, 226
구조 조정 14, 89, 143~144, 207
국가사회주의 26, 74, 139, 185, 234, 265
국제노동자협회 181
규율 사회 147
균형 43, 112, 115, 118, 194~196, 198, 200, 210~211, 227
금융 시스템 14, 141
금융경제 144
기계화 32, 131, 135, 178~179, 188, 214
《기사 예법서》 168
기업 차원의 노동자 건강관리 195, 212~214
긴밀감(통합성) 56~58, 240
《꿀벌의 우화》 175~176

ㄴ

나쁜 스트레스(디스트레스) 45

나태함 160, 165
내인성 오피오이드 34
내적 거리감 112, 125
내적 반감 98
노동 너머의 삶 189~190
노동 이론 151~152, 176
노동 임금 64, 69
노동 조건 57, 63, 65, 130, 133, 144,
 189, 216~218, 229
노동 중독 182, 184, 228, 270~271
노동 착취 63, 189
노동 해방 169
노동력의 발명 157~159
노동보호법 213, 280
노동시간 72~73, 88, 133~135, 141,
 183, 185, 228, 280
노동심리학 95, 112, 137, 263
노동운동 133~134, 181
노동윤리 24, 226~227
노동의 발명 36, 153~157
노동인구 20, 65~66, 69~70
《노동자》 25~26, 185
노동조합 139, 189, 216~217, 274
노동하는 동물(일하는 동물) 147, 185~
 186, 265, 273~274
노동하는 인간 273
〈노동하는 인간〉 187~190

노력-보상 모델 97, 114~115, 117~120
노르아드레날린 45
노예 도덕 228
뇌 과학 14, 48~50, 54, 147, 252

ㄷ

단체교섭권 139
대화로서의 노동 16
더 이상 할 수 없음 99~100, 104, 147
도구적 인간 186, 273
도파민 34
독일 혁명 263, 133
동기부여 34, 37, 58, 197, 235, 271, 283
동기체계 34~35, 37, 42, 145, 204,
 208~209
동료애 57, 108, 126, 203~211
동료의식 75~76
디폴트 모드 네트워크(불안-스트레스 체
 계) 43, 48, 50, 52~53, 77, 148,
 202~203, 238

ㄹ

레세페르 47
리더십 36, 40~41, 57, 195, 203~211,
 214
리탈린 52, 82, 213

ㅁ

마음 이론 38, 41, 236

만성 스트레스 45~46, 81

만성적 소진 81, 248

매슬랙 번아웃 척도 107

맥잡 145, 194

맨더빌 패러독스 175

멀티태스킹 12, 32, 49, 52~53, 59, 76~
    77, 88~90, 111, 144, 148, 202~203,
    239, 279

면역 체계 118, 146

모빙 75, 204

미니잡 68~69

ㅂ

바이마르 공화국 139, 234

번아웃 진단지 106

《베네딕트 교단 규율서》 165~166

보어아웃 증후군 111

분노 53~55, 78, 108, 209, 219, 237

불균형 114, 117, 146, 213, 218, 261,
    281

불링 204, 206

브레턴우즈 협약 214, 264

비인격화(이인증) 106~107, 112, 256

《비타 악티바 혹은 활동적 삶》 25

ㅅ

사이버 따돌림 75~76

사회다윈주의 74

사회민주주의 운동 139

사회복지 138~139

사회심리학 101, 224

사회적 따돌림 55

사회주의 원리 23, 180

사회주의운동 24

사회주의자 법 134

산업혁명 32, 130~134

선한 양심 182, 272

성과 사회 147, 176

성과 압박 65, 88~90, 146, 252

소극적 유의성 98, 254

소외 16, 19, 24, 91, 135, 179~180, 232

소진 18, 45, 77, 81~82, 86, 89~90,
    103, 106, 112~114, 118~119, 122,
    125

소진 플러스1 113

솔리다르노시치 운동 16, 187, 231

수동적 공격성 53

수면 장애 57, 77, 81, 90, 103, 201

수정의 밤 101, 255

슈퍼비전 그룹 41, 215, 237

슐레지엔의 직조공 폭동 131

스탠퍼드 감옥 실험 106, 255

스트레스 센터 44

스트레스 인자 44

스트레스 호르몬 118

스트레스성 질환 79~80

시간 압박 65, 90, 116~117

신경가소성 67

신경생물학 13, 17~19, 31~33, 41, 56,
58~59, 67, 121, 137, 145, 203~204,
208, 221, 228, 271, 275, 279, 283

신경세포 34, 46

신경쇠약증 32, 107, 235

신경전달물질 18, 34

신석기 혁명 157~158

신약성서 163

신자본주의 문화 140~143, 146, 206,
216

실물경제 141~142, 144

실업 21, 55, 89

실업수당 67, 71, 242

심리기법 137~138, 263

심리적 포만 98~99, 103, 107, 260

ㅇ

아동노동 133

아드레날린 44

아레바이트 168

안티 번아웃 프로그램 108

알로스타시스(신항상성) 43~46

업무 스트레스 20, 81, 249

업무 연속성의 단절 76~77, 89, 111

업무 자율성 77, 111, 116, 211

업무와의 동일시 196

ADHD 52~53, 82, 213, 239, 264

ADHD 노동 모드 145

여가 160, 167, 184~185, 198, 202,
221, 227~228

예기불안 57

옥시토신 34, 41, 236, 278

우울증 환자와 낙오자 147

유대 기독교 162~165

유동자본 142

유용성의 예식 184

육체적 부하 32~33, 79

의료사회학 56, 95, 114

의무 중독 198

의미 부여 19, 108

의미 상실 56~58, 178

의미 있음 56~57

의미 추구 56

의욕 상실 121, 125

〈2012년 독일 스트레스 보고서〉 73, 87~
90, 243~244

인간의 욕구 56, 137, 186~187

인간화 과정의 수단 26

인본주의심리학 102
일중독 18, 23~24, 198, 229
일로부터의 해방 19
일반노동의무 24
일일 근무시간 72
일자리 불안 78, 84, 144
잉여가치 36

ㅈ
자기 영향력 194, 197
자살 충동 58, 125
자아실현 12, 21
자유노동조합 139
자유주의 140, 175~176
자율신경계 90
장거리 통근 12, 79
장인의 작업 141, 194
전뇌 41, 221
정서적 소진 81, 106, 112, 118, 122, 125
정신 건강 32~33, 46, 96, 98, 108, 212, 217
정신의 과정 179
정신의학 53, 95~96, 121, 123, 212, 214
정신적 부하 32, 213
정신적 소진 82
정착 153~158, 220, 231, 265~266

《정치학》 160
조기 은퇴 86~87, 118
조직 문화 57, 211, 214
존엄성 159~160, 162, 179, 188~189, 193
종교개혁 167, 169~170, 180
종속 노동자 63, 68, 88~90
〈종의 노래〉 24
좋은 스트레스(유스트레스) 45
좌파적 엄숙주의 180
주당 근무시간 72
주목경제 63
중증 우울증 84, 118, 121~123
직무 내용 진단지 112
직무 요구 110~113, 116~119
직무 요구-자원 모델 112~113, 118~119
직무 요구-통제 모델 110, 116~118
직무 이탈감 112~113, 118~119
직무 자원 113, 119
직무 통제 110~112, 116
직무 환경 109, 111~112, 115~116
직무상 번아웃 106~107, 110
직업교육 66, 69~70, 85, 102, 224
진화론적 선조 43~44, 51, 153
집단따돌림 75~76, 204
집중력 49~50, 52~53, 202~203

ㅊ

창조설화 22
천박함의 승리 145
초과근무 72~198
총력전 26
최저생계비 133
출근주의 90

ㅋ

칼뱅주의 24, 171
코르티솔 44
쾌락원리 34

ㅌ

테일러리즘 15, 136~137, 179, 216~
    217
통각중추 54
통제 가능 46
통제 불가능 46
투명성 56, 108
트라우마(외상 후 스트레스 장애) 57~
    58, 105

ㅍ

파편화 12, 32, 49, 76~77, 88, 90~91,
    145,
평균임금 70~71

폭넓지만 피상적인 집중력 49
폭력 56~57, 146, 158, 204
프로테스탄티즘 24, 170~171
프리 클리닉 102~103, 105
플래시백 58

ㅎ

하르츠IV 67
하찮은 일 22
항시 대기(연락 가능한 상태) 73, 88
행복지도 21
헬퍼 증후군 104
《현상학과 일에 대한 철학적 이론》26
협업 35, 37~38, 40~41, 54, 75, 156,
    221
호메오스타시스(항상성) 443~44
활동적 삶 25, 165~167
휴식 21, 23~24, 45, 105, 189~190,
    211
흑색 교육학 221
《희망의 원리》25
힘든 선 188
《힘에의 의지》25

| 찾아보기 · 인명 |

ㄴ

나폴레옹 176
다윈, 찰스 34

ㄷ

데메루티, 에반겔리아 97
데카르트, 르네 172

ㄹ

라이크, 테오도어 102
라파르그, 폴 24, 181, 183, 189, 228
라펠휘셴, 베른트 20
러셀, 버트런드 183~184, 189, 198, 228
레닌, 블라디미르 23, 165
레빈, 쿠르트 98~99, 101, 103~104
레싱, 고트홀트 에프라임 177, 189
로크, 존 173, 180
루소, 장 자크 221
루터, 마르틴 23, 170
루터, 한스 170
리카도, 데이비드 178, 219,

ㅁ

마르크스, 카를 19, 24, 135, 178~179, 180
매슬랙, 크리스티나 97, 105
매슬로, 에이브러햄 102
맨더빌, 버나드 175
뮌스터베르크, 후고 137
뮐러, 제버린 26

ㅂ

베네딕투스 165~166
베버, 막스 171
베이컨, 프랜시스 172
뵈켄푀르데, 에른스트 볼프강 219
블로흐, 에른스트 25~26
비스마르크, 오토 폰 134

ㅅ

샤우펠리, 빌마르 97, 112~113, 118
세네카 182
세넷, 리처드 140~144, 206
쇠프너, 클라우스-페터 21
슈미트, 클라우스 154

슈테른, 빌리암 137
스미스, 애덤 174~176, 178
시르마허, 프랑케 219
실러, 프리드리히 24, 177

ㅇ
아렌트, 한나 25, 27, 184
아리스토텔레스 160, 166
아우구스티누스 165
아퀴나스, 토마스 166~168
안토노프스키, 에런 56
에크하르트, 마이스터 167
엥겔스, 프리드리히 26
요한 바오로 2세 15, 187~190
윙거, 에른스트 25~27, 184~185

ㅈ
지크리스트, 요하네스 97, 114~115, 117
짐바도, 필립 105~106

ㅋ
카라섹, 로버트 76, 97, 110~112, 116~117,
카르스텐, 아니트라 98~100
카스틸리오네, 발다사레 168
카우츠키, 카를 24

칸트, 이마누엘 23, 173, 177
칼뱅, 장 171, 227
크레머, 게오르크 218
크루이프, 게르하르트 218
크세노폰 161
키케로 162

ㅌ
테오렐, 퇴레스 76, 97, 110~112, 116
테일러, 프레더릭 15, 135~137, 179

ㅍ
페스탈로치, 요한 하인리히 177
포겔바이데, 발터 폰 데어 168
폴로, 마르코 169
프로이덴베르거, 헤르베르트 97, 101~106, 108
프로이트, 지그문트 34
프루동, 피에르 요제프 181

ㅎ
한병철 49, 146
헤겔, 프리드리히 178~180
헤시오도스 160
헤어, 로버트 206
흄, 데이비드 173~174

**왜 우리는 행복을 일에서 찾고,
일을 하며 병들어 갈까**

초판 1쇄 발행 2015년 9월 25일
초판 4쇄 발행 2023년 7월 7일

지은이 요아힘 바우어
옮긴이 전진만

펴낸이 김현태
펴낸곳 책세상
등록 1975년 5월 21일 제2017-000226호
주소 서울시 마포구 잔다리로 62-1, 3층(04031)
전화 02-704-1251 **팩스** 02-719-1258
이메일 editor@chaeksesang.com
광고·제휴 문의 creator@chaeksesang.com
홈페이지 chaeksesang.com
페이스북 /chaeksesang **트위터** @chaeksesang
인스타그램 @chaeksesang **네이버포스트** bkworldpub

ISBN 978-89-7013-941-8 03300

ARBEIT
WARUM UNSER GLÜCK VON IHR ABHÄNGT UND WIE SIE UNS KRANK MACHT